我们都不是完美的家长,也无须做完美的家长。我们不必拿着刻度尺,小心地测量。我们也不是在走钢丝,战战兢兢左右摇摆。我们只是拉着孩子的小手,一路向前同行。

父母教养孩子,只要是从无条件的爱出发,尊重孩子的个性和天性,细心观察,用心想办法,慢慢地,我们总会找到适合他生长的水土,发现他这个小种子的秘密。

亲子关系，是孩子来到这个世界上最初接触到的人际关系。我们，代表了未来他将遇到的所有人类。我们向孩子诠释了什么是爱。我们，示范了与人相处之道。

　　认同孩子的感受，让他知道大人理解他的渴望，用各种方式来确认爸爸妈妈对他的爱。孩子要买东西，的确有很多时候只是——他在索求爸爸妈妈对自己的爱，而不是真的想要那个东西。

只把目光聚焦在孩子身上,到他那个童话般可爱的世界里驻足一会儿。这样,你的心会变软变暖,你的万千种感知触角会统统开启,你身体里的那个小孩被唤醒,你和孩子的眼里会闪着同样的光芒……这些是多么值得珍惜啊,哪怕只有片刻。

孩子在童年时感受到的乐趣,将以某种方式,一直延伸到他未来的一生,成为他生命中的动力源泉,帮他享受顺境,渡过逆境。

妈妈强大了孩子才优秀

Positive Parenting

你是最能帮孩子的那个人
孩子心理成长的规律之书

罗玲 ◎ 著

江西科学技术出版社

前言 | PREFACE

我们都是不完美的家长

我现在常去各地讲课。每到一地，当地接待我的朋友们就会与我聊起孩子的事情。在从机场到酒店的路上，在从酒店到讲课地点的路上，在席间，我们聊的都是孩子教育的话题。他们的孩子大都比我女儿大，除了问我具体问题，有时，大家仅仅只是因为我的讲座，还会记起过去教养中的"重大事件"。

有位朋友的孩子刚上大学，听完我的讲座，他感慨地说："老师你讲到十三岁孩子的特点，我回想起儿子初中那段时间，那真是最糟糕的一段时间！我们俩几乎天天吵！现在想起来太可怕！"另一位大姐孩子上了大二，她说自己的女儿在高一时曾节食——为了更瘦，最后几乎到了厌食的程度，把她吓坏了，好在后来好了。现在她女儿是一个健康、漂亮的大学生。还有一次，一位接待我的很能干的女生，一路上回忆了很多她成长中的重要片段……

我在各种地域风貌背景下，在一段段或长或短的路途中，听着各地的朋友们讲述了一个又一个教养故事。

在我对教养话题已经写过这么多、说了这么多之后，听到这些真实的成长故事，我的头脑里，没有分析和评判，我只是被深深地打动！

天下没有完美的家长。所有的父母都是一样，每天，在各种遗憾、欣慰、困惑和了悟中跌跌撞撞地前行。我们和孩子一起，面对一个又一个未知的阶段。我们此刻竭尽全力要做得完美、怕留遗憾，而若干年后，我们大概会发现，尽管自己曾经做错很多，做得太不完美，但孩子依然能很好地成长，长成一个身心健康的年轻人！

那时，我们大概会暗暗松一口气，好像完成了一个艰巨而神圣的任务。我们会开始渐渐忘掉那些疲惫、抓狂、不完美，只留下美好的记忆去品味。谢天谢地，一切居然都很好——我们究竟做了什么，才能得到这么好的一个孩子？

而我们做错的那些，其实也并未消失，它们将成为孩子身上的某种印记，比如一个性格特点，或仅仅是一个好笑的往事。如果这不是特别糟糕的错误，那么它的影响常常没有家长当初以为的那样严重。孩子在成长中，还有很多机会去征服它、修复它、超越它。幸运的话，它甚至会激发孩子的斗志，使他们把弱项变成强项，发展独特性，获得锻炼的机会……

最终，有一天，孩子长得足够成熟时，他们会像我们一样，学会对父母的教养、对自己的成长经历去接纳和认同。他们会感激我们这些不完美的家长所做过的一切。

与那些或成功、或失败的成长故事相比，这，或许是个更接近真实情况的描述。就是说，当我们把时间尺度拉开去看时，我们会更加看清自己的影响幅度——很重要，但没有让我们每天都焦虑那样重要。并且，这样去看，那些我们平时在乎的技巧办法、斗智斗勇也都淡去，我们这时看到的，是一种深深的爱，还有生命之流的恢宏和生命成长的神圣力量！

我接触到很多新手父母，他们每天一边在克服自己的焦虑，一边在带孩子。我想，看到教养孩子这件事真实的全景，或许会帮我们放下焦虑，也放下自以为是——这两个常是一回事。静下心来，想一想，我们可以怎样做好父母？我们在自己对孩子有影响的那个范畴里，究竟可以做哪些？我们将给孩子未来的人生，带来怎样的不同？我们如何利用自己有限的资源，辅助他们成长为最好的自己，成长为一个个有热情、有目标、心中有爱的人？

如果您的孩子还小，那么我有很多好消息要与您分享。

第一个好消息是：在教养孩子这个领域，虽然我们并不知道一切，但我们已经有了大量的理论资源，发展心理学对此已有很多研究。此外，近年来，其他各学科的最新成果也都可以为我们所用，比如积极心理学、脑神经科学、教育学等。现在，对于人的大脑、心理、行为方式，对婴儿、幼儿的发育进程，对家长教养方式的影响，对情绪管理、压力、抗挫力、正念冥想等领域，专家们都比以往有了更深入的了解。

借助这些研究结果，我们对孩子的教养可以不再是盲目地乱抓一气。我们不需要做得最多，而是要做得对——"指南针"比"秒表"更重要！

我们家长还可以从中国儒释道传统智慧，从西方的帮助个人成长的各种理论中，吸取养分，实现自己的人格与心灵的成长。

第二个好消息是，幼儿期得到怎样的家庭教养，对于一个人的一生非常重要！

人的发展有很大的可塑性，所以教育孩子任何时候都不晚。但是，在〇至六岁的幼儿期，有太多重大的事情在孩子身上发生：他的大脑和身体都在飞速发育，他的情绪管理与交往等各方面能力在逐步增强，他关于这个世界的各种理论与信念正在形成……此时，家长的教养方式常常决定了一个孩子生命中最核心的一些东西，究竟是怎样构建的。

我们不可能跟着孩子一辈子，帮他一辈子，我们只能在家长对孩子影响力最强的时期，在孩子成长最关键的时期，做好、做对，帮他建设好那些最核心的品格与人格、素质与能力，然后放手，带着信任和祝福，看他经历各种磨砺，以种种我们预想不到的方式创造他独特的生活！

我常说，人的成长进程中，有一种"种子效应"。我们此时给孩子提供的资源、对孩子的教养，也都好比是在他生命中埋下各种小小的种子。这些种子都将在未来伺机萌发,影响孩子的一生。

第三个好消息是,在孩子幼儿期,与各种外界因素相比,家庭教养对孩子的影响力更大。

孩子是否能很好地成长,这不取决于家长的财力,不在于您带他去多少个国家旅游过,是否给他吃黑猪肉、笨鸡蛋等营养食品,也不在于他是否上过哪个名牌幼儿园或小学……而在于我们的教养方式!

从孩子出生起,我们就学习了很多照料孩子的常识。我们关心何时开始喂辅食、如何做抚触按摩,我们知道孩子大致几个月能坐、爬、走,何时换牙……那么,在对孩子生理发育规律学习的同时,我们是否也努力了解过孩子心理发育的规律?我们是否能读懂孩子的举动和表现?是否能知晓他一次次哭闹背后的情绪源头?

只有多学习,了解他的心理成长规律,学会读懂孩子,我们在每次发生"教养危机事件"的时候,才能知道怎样恰当地回应和引导;我们才能在每天最平凡普通的生活里,与孩子有积极良性的互动,从而帮他在大脑里、在心灵中,构建一个良性、和谐的小环境,让孩子走上身心健康成长之路。

所以,在这本书里,我最希望与您分享:如何去认识孩子不同阶段的心理成长规律,如何以积极而科学的教养方式来回应孩子的各种表现。请相信,当我们更新了观念,以全新的眼光去看待孩子,以不同的做法去回应孩子时,您的教养之路将会越来越轻松。这些年来,已经有无数家长和我一起,印证了这一点!

书的后半部分还包括了一些关于家长怎样做好自我提升的内容。家长们常说:"道理我都懂,可为什么我做不到?"我一直相信,我们自身的成长,是我们有能力做到好的教养方式的前提!

有关三代家庭的代际研究表明,家长的教养方式,无论是积极还是消极的,所影响的不仅是孩子，还可能是孩子的下一代。就是说，我们此刻多学习，当好父母，其意义不仅限于让孩子更好地成长，这也是给他展示一个教养孩子的典范。当他未来长大，也成为父母时，他会有意无意间，按照我们的做法，去对待他自己的孩子。

为人父母，在养育孩子的过程中，我们自己也得到了脱胎换骨般的成长，我们学会了有游戏力，学会了无条件地爱别人，变成了一个心里有更多爱的人！

当家长，使我们成为了爱的管道——此刻您在孩子心里放进去的那些爱，他会在日后，把它们传递给他的下一代，传递给他身边的人。

所以，从这里开始，以新的观念和做法，开始您崭新的教养之路吧！

我会一路陪伴您！

我的女儿现在上小学二年级。就在昨晚，当她听说我在为新书写序时，她开始从书包里翻出语文、英语、数学课本，甚至字帖——她翻到每本书的第一页，要找个序言给我做参考——哈哈！以后，我会一如既往，在各种网络平台、地面讲座、书刊纸媒，与您继续分享我的收获与感悟。您可以百度"罗玲"，或在新浪微博搜"罗玲的空间"，或扫描书前勒口上的微信二维码，就可以找到我了！

在此，我要特别感谢所有关注和支持我的家长朋友们！感谢您的信任与分享！您是我努力的动力！

大家一起加油吧！

罗玲

2015 年 12 月 15 日

目录 | CONTENTS

第一章 / 不懂孩子的心，孩子怎么会听话
——〇至十二岁孩子各阶段的典型表现及应对方法

1 养孩子累，是因为你在"错位教育" / 002
2 孩子长大成人要面临的八个危机或冲突 / 003
3 〇至一岁孩子的心理发展要点：与养育者建立依恋关系 / 004
4 一至三岁孩子的心理发展要点、典型表现与应对方法 / 005
5 三至六岁孩子的心理发展要点、典型表现与应对方法 / 012
6 六至十二岁孩子的主要心理特点和典型表现 / 022
7 穿上合适的鞋子，脚才是自由的——孩子人生的生长痛 / 025

第二章 / 养孩子千万不能养得内心软弱

1 "油罐原理"——孩子情绪和行为问题的根源 / 028
2 对孩子最好的管法——"隐恶扬善"，正面教育 / 033
3 把"管"变成"给帮助和支持" / 035
4 接纳、无条件的爱——允许孩子脆弱、有负面情绪 / 038

5 正是你的期望和要求，才能帮助孩子成长进步 / 039

6 如何教孩子依内心原则行事 / 042

7 您可以给孩子做哪些正面建设 / 043

8 养育孩子，我们不应该是一个人在战斗 / 044

第三章 不让内向的孩子在误解中长大，你可以这样做

1 一个内向小孩的真实故事 / 050

2 内向的孩子生理、心理有什么特点 / 051

3 与家长的安全型依恋关系，会帮助孩子走向独立 / 053

4 对内向孩子的批评要适度 / 054

5 如何教内向的孩子人际交往技巧 / 054

6 帮内向的孩子动起来，给他足够的独处空间和时间 / 055

7 教内向的孩子认识到自己的独特和优势 / 055

8 在生活细节上照顾好内向孩子的日常生活 / 056

9 不要给孩子的潜力设置上限 / 056

第四章 别忙着训斥惩罚，看看你可以为外向的孩子做什么

1 尽量利用游戏的方式来训练外向的孩子 / 060

2 对外向的孩子，多讲一些同理心，多培养后果意识 / 061

3 给规则包上糖衣，让外向孩子更愉快地接受 / 061

4 批评外向孩子要慎重 / 062

5 带孩子出去玩时别忘了做背后的功课 / 062

6 让孩子动个够 / 063

7 多给孩子提供交往和表现的机会 / 063

8 不要用自己的标准去要求孩子的生活习惯和学习方式 / 063

第五章 / 学会"游戏力"，你才与孩子处于同一"频道"

1 请不要用你的左脑和孩子的右脑沟通 / 068

2 每个妈妈都是故事妈妈 / 070

3 你是否正在使用"游戏力"沟通法 / 071

4 为什么家长普遍缺乏"游戏力" / 073

5 一个有趣的家长，才是一个优秀的、有效率的家长 / 074

第六章 / 让孩子当下幸福，更要给他终生受用的幸福观

1 让孩子知道，快乐不仅仅只有一种 / 078

2 要孩子主动做"好事"，就别让他以为这是"坏事" / 080

3 妈妈的心境，就是孩子幸福成长的软性环境 / 082

第七章
每个孩子都能长成参天大树——如何发展孩子的多元智能

1 人生来就有八个方面的智能 / 088

2 改变对孩子的评价方式：没有完美的孩子，也没有不完美的孩子 / 089

3 家长的哪些做法会阻碍孩子各种智能的发展 / 090

4 如何引导孩子合理发挥自己的优势 / 091

5 早一些让孩子了解各种职业 / 092

6 各种智能，没有高低优劣的等级之分 / 092

7 允许孩子过不一样的人生 / 093

第八章
这样做，可以提高孩子的人际交往能力

1 给孩子提供接触人和自由交往的机会 / 098

2 引导孩子多跟自己比，少跟别人比 / 099

3 教孩子具体实用的语言表达方式 / 100

4 积极乐观的家庭氛围，让孩子学到化解矛盾的技巧 / 103

5 孩子就是大人内心世界的镜子 / 104

6 爱心比社交技巧更重要 / 104

7 不同年龄段孩子的交往冲突，有不同处理方法 / 105

8 孩子间的交往冲突，正是他成长的宝贵机会 / 107

9 受到过大人尊重的孩子，才能明白尊重他人的意义 / 110

10 教孩子尊重，就是在优化他未来的人际环境 / 112

11 教孩子如何得体地反对或拒绝 / 113

第九章
给孩子马力强劲的发动机——德商的教育

1 当我们只关注孩子是否抓紧时间写作业时，我们错过了什么 / 116

2 呵护孩子心中的那个"亮点" / 118

3 培养孩子品德的捷径——从培养同理心开始 / 120

4 品德教育要考虑到孩子不同成长阶段的特点 / 121

第十章
家长早点放手，孩子早点自立

1 孩子不好好吃饭，常是家长控制过多所致 / 126

2 让孩子爱去幼儿园的小故事 / 129

3 帮孩子尽快渡过入园适应期的小办法 / 132

4 如何让孩子早点自立 / 134

第十一章
培养孩子的抗挫力、乐观性格与情绪管理能力

1 挫折教育的误区 / 140

2 帮助孩子提升抗挫力的十个做法 / 141

3 怎样教给孩子乐观的心态 / 149

4 不要把"争抢"的观念植入孩子的头脑 / 153

5 人生的起跑线究竟是什么 / 154

6 孩子在学校总受到老师负面评价怎么办 / 155

7 对治人生难题的"四字人生策略" / 155

8 好家长,是孩子的情绪管理教练 / 157

9 一个对幼儿所有情绪问题都有效的做法——家长的同理心与共情技巧 / 161

第十二章 家长的权威来自家长的正能量

1 管教孩子的一个"雷区"——和孩子搞"权力争夺战" / 166

2 为什么我们总是输给孩子 / 167

3 如何让孩子懂得规则与后果 / 168

4 家长的权威究竟来自哪里 / 172

5 鼓励孩子不断挑战他小小的极限 / 173

6 权威型教养方式效果最好 / 174

7 给孩子指明界限 / 176

8 孩子要学着接受各种小"震惊" / 176

9 要孩子听话吗?——独立思考与理性服从并不矛盾 / 178

10 孩子喊不动该怎么办 / 181

11 迎来第二个宝宝时，我们应该怎样做 / 184

12 比"要大宝让着二宝"更好的教养方法 / 190

第十三章 / 在学习上，用最科学的方法帮助孩子

1 上小学前，家长要抓紧培养孩子哪些能力和习惯 / 196

2 把"让孩子适应学习"变成"让学习适应你的孩子" / 197

3 不要用命令和责怪的语气让孩子学习 / 199

4 学校更关注的是学业、成绩，家长应该关注的是孩子全面的成长 / 199

5 好家长一定要培养孩子在学业之外的兴趣点、关注点 / 200

6 关心孩子品德的完善、价值观的建立，比关注成绩重要得多 / 201

7 一次讲清小学低年级写作业的事 / 202

8 我们每天所见所闻的事实，真的是事实吗 / 209

9 教孩子塑造"积极现实"的具体办法 / 210

第十四章 / 假期如何帮孩子做好自我管理

1 假期是培养孩子自我管理的最佳时机 / 218

2 家长上班，老人无力带孩子怎么办 / 219

3 孩子在家总看电视，怎么办 / 220

4 上小学前家长要为孩子准备什么 / 221

5 小学生假期有必要上补习班吗 / 222

6 在假期，让孩子做好平凡的事情 / 222

7 如何让孩子的英语学习不走弯路 / 223

8 关于兴趣爱好学习中的问题，这里都可以找到答案 / 227

9 我希望女儿学些"没用的"知识 / 233

第十五章 大自然是孩子的"成长维生素N"

1 被太多家长忽视的"成长维生素N"——大自然 / 238

2 怎样给孩子补充"成长维生素N" / 240

3 如何把大自然带回家中 / 241

第十六章 这个时代，我们为孩子做得太多了

1 对孩子日常的照料并不需要那么精细 / 245

2 过度关注给了孩子更多压力和更少的空间 / 246

3 不要让"过度辅助"束缚孩子的成长 / 246

4 我们真的需要为孩子铺设完美的成长"路径"吗 / 247

5 不要给孩子过多物质的、感官的、即时被动的享乐 / 248

6 替孩子屏蔽一切负面体验，恰恰使孩子变得更加脆弱 / 249

第十七章　家长的格局决定孩子的命运

1 你此刻的富足心态,就是孩子未来所生活的富足世界 / 252
2 万物的云图——以道育儿 / 254
3 成功,只是你顺应了大循环的自然结果 / 256
4 每天都能用上的黄金法则 / 257
5 请把你的孩子放在主动的位置上 / 258

第十八章　做内心强大的家长

1 你和孩子都比你想象的更强大——写给新手妈妈的一些话 / 262
2 妈妈强大的第一步:减少心理能耗 / 264
3 妈妈强大的第二步:接纳自己 / 266
4 我们如何变成状态饱满的家长 / 268
5 一生只有一件事 / 275

后记 此刻即是最美 / 278
附录 受益家长真情反馈 / 280

第一章

不懂孩子的心，孩子怎么会听话

——〇至十二岁孩子各阶段的典型表现及应对方法

1 养孩子累，是因为你在"错位教育"

2 孩子长大成人要面临的八个危机或冲突

3 〇至一岁孩子的心理发展要点：与养育者建立依恋关系

4 一至三岁孩子的心理发展要点、典型表现与应对方法

5 三至六岁孩子的心理发展要点、典型表现与应对方法

6 六至十二岁孩子的主要心理特点和典型表现

7 穿上合适的鞋子，脚才是自由的——孩子人生的生长痛

1 养孩子累，是因为你在"错位教育"

很多家长觉得自己教育孩子，劲儿也没少费，为什么不见成效？这其中很大一个原因就是对孩子的生长规律缺乏了解。

比如，一岁的孩子闹，家长认为他在和自己作对，或者认为他是在要挟自己。其实，孩子只是遇到了完全陌生的情绪，不会表达而已。你可以逐渐去教他表达。国外甚至有人教婴儿使用手语，帮孩子沟通。

两岁的孩子闹，常是因为他既渴望独立做事，同时因为能力有限又做不好，导致有焦虑情绪。两岁是个小叛逆期和各种敏感期并存的年龄。他现在的闹，在两三岁期间还会多次出现，但只要您现在态度平和地同孩子理性、正向沟通，那么到了四岁，孩子的情绪管理就会做得比较好了。

再如，两三岁的孩子，看到妈妈手破出血了，漠视走开，妈妈心里顿时悲从中来，觉得孩子不知心疼自己，是不是该教育教育了。

其实妈妈不必伤心。发展心理学的研究表明，幼儿看到不幸，会表现出好像自己同样在体验痛苦一样，这是一种移情式唤醒。他们会用离开、漠视，甚至攻击对方，来缓解自己的这种不适。随着孩子长大，他才能逐渐做到把这种共情体验，转向对痛苦者的关心和帮助。

再比如，有些幼儿家长常说孩子不虚心、逞能、不让大人教。其实孩子这样的表现很正常。研究发现，三至五岁的幼儿，通常倾向于高估自己的能力，他们常觉得自己似乎什么都能胜任。为什么会这样呢？因为人在这个时期需要学习大量的技能，他们的这个心理特点，恰恰是为了让他们有学东西的自信。

我们现在常说，教育要顺应孩子的生长规律。**什么叫顺应孩子的生长规**

律？就是不超前、不滞后，不是总在做错位的教育——婴儿期把孩子交给别人带、不陪伴，没有培养安全型母婴依恋；孩子一两岁时，过多立规矩、不顾孩子各种敏感期，为了培养"品德"而和孩子无谓地较劲；孩子四五岁时，他的大脑开始有执行控制能力了，但家长该给的界限却没有给，该培养自理能力，让孩子自由地玩和交往，却不做，而把重心放在超前学小学知识上了；上学后，又把孩子的成长、独立看作失控，越发加紧监控；孩子上大学又去陪读；毕业又替孩子去相亲（这都是在补学前家教落下的课——因为在孩子幼儿时，交往的窗口期，我们没让他自由交往）……

错位教育，大人孩子都累！

养孩子是农活儿，要了解时机、节气。

所以，我们家长多学习、了解孩子的心理成长规律，在恰当的时间做恰当的教育，可以事半功倍。

2 孩子长大成人要面临的八个危机或冲突

我曾半开玩笑地说过，应该给产妇发个孩子说明书告知，除了生理发育规律之外，孩子的心理、行为的发展都有哪些规律，有怎样的时间表。

我在微博里写过：婴儿期会吃手；一岁多胆小黏人、喜欢微小的东西、喜欢钻进小空间；两岁爱说反话——什么都不行不好、故意尿裤子、生气了会趴地上打滚蹬腿，还有各种疑似强迫症的敏感担心；三岁有小脾气、开始享受玩伴；四岁喜欢说臭屁屁、爱比谁大谁小、不认真听讲、不虚心学习、总被告知专注力有问题；五岁话多、爱交往；六岁小叛逆；七岁怕黑、怕鬼；八岁在意同伴的评价；十二至十八岁独立；二十岁放纵折腾；三十岁自信；四十岁接纳不惑；七十岁随心所欲不逾矩……

这条微博好多朋友转发，家长在转发时常感慨："太准了！我孩子真的这样！"我暗想，当然准了，因为我女儿是个正常的小孩，您孩子也是个正常小孩。孩子有差异和个性，但共性大于个性。这就如同孩子大致在几个月时长牙、会走路一样。

关于这些，各种发展心理学教材里有很多专业研究结果。耶鲁大学还曾有专家对此做过一项系统的研究，并把最终结果出版成书，国内也有引进，叫《你的N岁孩子》系列，有兴趣的朋友可找来看看。

以下着重介绍著名心理学家爱利克·埃里克森的一个理论——"人生中的八个危机"：

人在其生活道路上面临八个危机或冲突。每一次的冲突都有其出现的时间，它是由人们在一生中某个特定时间所体验的生物成熟与社会要求决定的。人必须妥善地处理好每一次冲突，才能为圆满解决下一个冲突做好准备。

各年龄段所面临危机具体如下：

〇至一岁，信任对不信任。

一至三岁，自主性对羞愧和怀疑。

三至六岁，主动性对内疚感。

六至十二岁，勤奋对自卑。

十二至二十岁，同一性对角色混乱。

二十至四十岁，亲密对孤独。

四十至六十五岁，繁衍感对停滞。

六十五岁以后，自我整合对失望。

（以上引自《社会性与人格发展（第5版）》，人民邮电出版社）

以下是我的解读……

3 〇至一岁孩子的心理发展要点：与养育者建立依恋关系

一个孩子来到这个世界上，通过和养育者之间的互动，他的脑子里会得出一个理论——别人是怎样的？这是关于人际关系的理论，是关于爱的理论，关于自我与他人的理论——当我有这样需求的时候，别人大部分是好的，还是怀有敌意的？我是怎么样的一个孩子？我有没有能力吸引他人的关心？

如果这段年龄的孩子和养育者建立起了安全型的依恋关系，那么孩子就有了对他人和世界的基本的信任，这是他今后一生心理健康发展的基础。

常常有一岁以内孩子的家长问我："罗老师，我该怎样培养孩子？"其实，这个阶段除了正常养育之外，最重要的是家长要和孩子有同步的互动，比如，孩子哭，不一定每次都抱他，但是家长一定要有回应，比如您可以躺在床上跟宝宝一起玩。

再如，如果家长觉得一直逗孩子让他烦了，孩子想自己待会儿，这时候您就不要继续逗，让他自己玩一会儿，这也是高回应的互动。

小婴儿最喜欢什么游戏？同步游戏。他做一个表情，你也做个同样表情，对他来说，这会给他带来很多力量，他会觉得"很好，我们能沟通上"。这就是对他心灵上的滋养，就是同步互动。

4 一至三岁孩子的心理发展要点、典型表现与应对方法

这个阶段的孩子渴望自己做事，自己掌控自己的生活，有自主的感觉。如果不能做，他就会对自己的能力产生怀疑，有羞愧感。

想想有些家长，不让孩子自己吃饭、自己决定大小便、自己穿衣，却又抱怨孩子各种所谓的吃饭问题、大小便问题……

真实的情况是——育儿的问题常常就来自家长的过多控制！很多家长按照我的建议，减少了对孩子吃饭和大小便方面的过多控制，然后孩子的能力很快就恢复了。

我还常听家长说，四五岁的幼儿，什么都不敢尝试，都觉得没意思，没信心做好。这里当然有性格和其他教养方式的原因，但在孩子三岁之前，家长控制过多，给孩子自主、自理机会太少，也是一个因素。

下面列出几个常常让家长困惑的、这个阶段孩子的典型表现。

表现1：先天的性格开始有明显表现，比如胆小和好动

孩子从一岁开始，先天的特质会表现得越来越明显。有的孩子刚生下来几个月时，家长发现他有点胆小了。以后，他甚至会越来越胆小，可能别人大笑

一下,他都会打哆嗦。同样地,好动的孩子会变得更加好动,这都是孩子先天性格的鲜明表现。

表现2:不爱自己走路

宝宝会走路以后,常常不爱自己走,要大人抱。为什么会这样呢?这可能有两方面因素:一方面是缺乏心理的安全感。如果你发现孩子在周围没人的时候也能好好走路,如果前面多了一些小朋友,或者一到小区广场这种人多的地方,他就让你抱,或许是因为他感觉这个环境对他构成一定的威胁了。另一方面可能是体能上的原因,小朋友走了一会儿,确实累了。

那么家长应该怎么办呢?

首先,我们要接纳孩子,相信他这样做是有原因的,然后再想一些方法。这就是我常说的:"先接纳,后推动。"

比如我们让孩子推着小车子走。这实际是把孩子放到主动的位置上。当他推着小车子的时候,他是主动去照顾别人的,他就是有力量的。

我在女儿小的时候,曾经让她自己做一个风车,拿着风车出去,为了让风车能呼呼地转,她就开心地跑。还有一次,她拿着小手电,傍晚出去玩,一边跑一边追着要踩上地上的光亮。您还可以和孩子玩"藏猫猫"。这些都是用游戏的方法来推动。

最糟糕的情况是什么?我曾经见过一个家长走在孩子的前面说:"你看小姐姐都自己走。"其实,这种方法并不能使这个孩子自己走,反而是在钝化他的自尊和羞耻感。通常,我们会看到,孩子趴在家长身上,抱得更紧了。我猜这个小宝宝心里在想:你爱说就说吧,我趴一会儿是一会儿。

孩子没有做到,或者做不好的时候,家长要先接纳他,然后想一些小方法去带动他。当然,也要尊重孩子的感受。孩子如果真的累了,该抱您就抱,不要太在意外人的压力,因为只有我们才了解实际情况。

表现3:打人

对于打人的孩子怎么办呢?我建议家长多观察、分析原因。两岁左右的孩子打人有很多具体的原因，有哪些呢？

有的孩子是语言表达能力需要提高，他只是想和别人玩，甚至是喜欢人家，但是他不会表达，可能就会动手打一下。有时，别人冒犯了他、违反了游戏规则，而他又不知道该怎么说，这时他也会直接打人。还有的孩子属于运动型，喜欢用肢体语言来表达，那么他随时都可能在做肢体冲撞。

这些情况下，家长要提高孩子的语言表达能力，平时多和他聊天，多给他读书、讲故事，孩子说话时我们耐心倾听。

有的孩子是需要做一些相应的感觉统合训练（感觉统合就是人体在环境内有效利用自身的感观，从外界获得不同的感觉信息，如视、听、嗅、味、触等输入大脑，大脑对输入信息进行加工处理并做出适应性反应的能力。感觉统合不足或感觉统合失调就会影响大脑各功能区、感觉器官及身体的协调发挥，引发学习、生活等方面的问题）。

我们多带孩子做户外运动，比如爬山、玩水等，这都能帮助孩子身体的感统协调发育。

还有的孩子是缺乏安全感。比如说，他到了一个新的地方，或者突然多了很多人，他感受到很大的威胁，他保护自己的本能方式就是——先出手。或者，孩子初次跟小朋友玩时，曾受到其他小朋友的攻击，以后，他和别的宝宝玩，就常常带有防御心理。

这种情况，我们要在带孩子出去玩的时候，多和他强调友爱："你看这个小朋友又帮助我们了。"这样就能让他多感受到别人的友好。

另外，如果家长对孩子动辄打骂，孩子自然也会学到用武力来表达情绪。

两岁左右的孩子打人，多是因为上面这些原因，家长从这些方面用心改善就可以。

表现4：被打不还手

如果孩子被打不还手怎么办？

这个时候，您要告诉孩子一些基本的做法，比如，及时躲避、保护自己，采取自卫。眼睛看着对方，大声地呵斥对方："不许打人，住手！"寻求大人的帮助。

如果三四岁的孩子因为性格的原因做不到上述这些，家长千万不要因此训斥他。因为他小小的心里，装不下那么多愤怒。我们不希望孩子因此而害怕或憎恨对方。您可以告诉孩子："对方打人，是因为他还不懂事，希望他以后可以成长、做好。"

平时，我们可以在家里和孩子玩一些有肢体碰撞的游戏。比如，让孩子和家长两个人站着谁也不许动，互相推手；或是拿枕头靠垫，玩枕头大战。这对他就是一种积极的推动。

无论是这个年龄段还是再大一些的孩子，有个办法是你可以鼓励孩子去做的，就是——让他和对方"谈判"（两岁左右的孩子没法自己谈，需要家长帮助），进行同伴间的协商谈判也是一种重要的交往技巧；并且，这样解决常常比家长和老师去参与效果更好。

表现5：晚睡晚起

常有家长问我，孩子两岁了，每天晚睡晚起，怎么办？

其实这还是反映了我们教养中的一个大问题，就是——家长不能随着孩子的成长而调整自己的教养方式。

我们首先要了解孩子两三岁时的现状，调整对孩子睡眠的固有想法，才能解决这个问题。

成年人每天都没有很大的变化；而孩子从一个小婴儿长到两岁了，我们能够看到他的变化。但是对待睡眠这件事，我们的头脑还停留在他四五个月的时候。我们在孩子婴儿时期，哄他睡觉哄怕了，认为让孩子睡着比什么都重要，他的睡眠是神圣不可打扰的。

家长一定要知道，孩子长到两岁了，有非常大的变化，他的精力非常充沛，对睡眠的需求减少了，他需要很大的运动量去消耗掉过多的精力。并且，对于刚刚获得了强大的探索世界能力的两岁孩子来说，这个世界太有趣了，而睡眠恰恰是剥夺他探索这个大游戏场的事情。让一个精力充沛的孩子"停玩"、躺下不动，在他看来，是变相的软禁。

另外，小婴幼儿对于睡眠也有着某种特殊的恐惧——那是他独自一人去面对一个未知黑暗世界的时光。

了解了这些，您就不会再觉得孩子不爱睡觉是个错误。

很多家长晚上常常和孩子较劲，一定要孩子几点睡着。等得不耐烦了，家长越来越焦虑，开始训斥孩子，孩子哭闹；最后等他终于哭累了睡着了，家长看着他挂着泪珠的小脸，又开始懊悔自责……

请记住——我们永远无法强迫一个人睡着。你只能控制你能控制的！睡前，孩子需要您的爱抚，来给他"爱的油罐"多多加油（关于更多"爱的油罐"内容，请看第二章）。越是训斥，就越是在剥夺他的心理能量，激怒他的情绪，他反倒更不容易入睡。

我们可以做的是：

白天，父母应该给孩子充足的运动量。

午睡时间不要太长。我女儿小时候午睡通常是一个半小时，最多两个小时，除非身体状况不好。我发现当小孩睡着后半个小时或一个小时，好像有一个睡眠间歇，这时她会翻身动一下，然后又重新再睡。在孩子的睡眠间隙，叫醒他，准备一些水果，或当天喜欢的玩具，叫醒时哄逗一下。

晚上，家长保持轻松愉快的状态，给孩子讲讲故事，说说爱他的话，聊聊有趣的事情。如果孩子说不想睡，您可以说："好，我们不睡，我们就躺着闭眼休息一下。"这种接纳的态度会让孩子更安心、更平静。然后，您自己的心像个寺庙一样静，再适时地打两个哈欠……

对于两岁以上的孩子来说，我们可以在早晨逐渐提早叫醒他，保证他有大致规律的作息时间。每天早上提前十分钟，一周之后他就可以有一个新的生物钟了。

表现6：吃饭坐不住

孩子与我们不同。如果您观察两岁的小孩吃饭，会发现：他"上半场"还行，"下半场"就坐不住了。对于两三岁的孩子来说，吃饭是一件有点无聊的事情——"我就一口口往肚子里装呀，有什么乐趣可言呢"——对他来说吃饭就是这样的感觉。所以家长在要求孩子坐在餐椅上、坚持吃完全程的同时，多想办法增加吃饭的乐趣。

比如，我女儿一岁多的时候，我喂她吃饭，就会说一些和吃饭有关的好玩的事："哎，这一口小土豆进你的肚子里玩儿去了。哎呀，小米饭也喜欢他，也跟着他去呀……"这样能帮孩子把吃饭这件事变得不那么无聊。切记:千万不要用电视、手机、Ipad和玩具来哄逗孩子吃饭。

孩子再大一些,我们鼓励孩子自己吃饭,这也会帮他增加乐趣。我们可以允许孩子有一个"玩饭"的阶段。玩饭,是孩子通向自主吃饭的必经阶段。玩到一定程度,他自然会渴望用餐具代替手。

对于两三岁以上的孩子,我们要让他明白,离开饭桌就表示吃饱了。我们教孩子说:"我吃饱了,请慢用。"这样的语言,让他清楚,吃饭是个有始有终的事情。孩子一旦下桌,家长一定不要追着喂。这样就能逐渐培养孩子自己吃饭,而且吃完全程。

表现7:发脾气、逆反

两岁多的孩子容易发脾气,什么事都和你拧着来,都说"不"!两岁的孩子一发脾气,常常直接就躺在地上了——似乎他们认为,躺在地上就是表现出不与大人合作的一个最便捷的方式。还有的孩子会扔东西、尖叫、哭闹。那么,这时家长应该怎么做呢?

首先,您要理解,两岁是个特殊的阶段——这时他什么事情都想自己做,但是又都做不好;他长大了,有了更强的自主意识,凡事都渴望自己掌控。当他说"不"的时候,他只是在表达一种独立自主的姿态,而不见得真的不同意或者要跟您作对。

所以,这时家长首先要肯定他的成长,说:"哎呀,看来你真是长大了,有自己的想法了!真是大宝宝了!"然后,家长可以引起他的思考:"你认为这个事情怎么做比较好?我们一起来商量商量……"如果我们认同他,那么孩子就没有了必须跟我们对抗的动力。并且,您的问题也可以帮他从情绪状态里跳出来,引导他理性思考。

如果孩子已经开始哭闹,家长要保持平静,在一旁平和陪伴。哭,不是那么糟糕的事情,不是您教养失败的表现。每个孩子都需要用哭来宣泄情绪。我们要把哭看得中性一些,这样我们自己才不会被激怒。

记得我在女儿两三岁的时候,有一次她哭闹,我就在旁边念菜谱,念着念着,她就过来了,趴我腿上要看看菜谱的图,忘了为什么而哭。

还有一次是女儿三四岁的时候，她有点儿小脾气，还没发作呢，我就开始泡脚，处于一个无为的状态。后来，家里人发现，她自己躲到卫生间里去吃了点儿面包片——孩子这时即便是因为饿了，也可能不直接承认。

如果孩子哭，家长也被激怒了，孩子就会持续哭很久。两三岁的孩子往往一开始是因为某一件小事而哭，不会很长时间的；但是，当家长暴怒时，他会感觉像天塌了一样，彻底陷入无助状态。

常常听到，家长在小幼儿哭闹时怒斥："你给我憋回去！"其实，孩子当然做不到憋回去，如果真的做到了，那么反倒容易积累更多的心理问题。我们应该在当下，暂时放下对错的判断和管教的念头，多与孩子连接，帮他恢复理性——那时，您的这些教育，才能被孩子听进去，他才有了提高的可能。

家长的平和状态，可以帮助孩子恢复平静的情绪。多次这样的重复，孩子的情绪调节能力就会逐渐锻炼出来，他在四五岁以后就会做得更好。

所以，除了当场保持稳定的情绪，我们要在孩子情绪转好之后，和他稍微回顾一下刚才的事情，启发他思考：以后怎样防止，有哪些做法可以解决问题、转化情绪。

表现8：憋大小便、不坐便盆

孩子憋大小便、不坐便盆，这些常是家长过度训练大小便所导致的问题。

家长对于如厕训练不要过于紧张，不要过度控制。每个孩子即使月龄相同，发育早晚也不同，不要因比较而给孩子太多压力。孩子憋大小便，多是他在以这种方式表达对家长控制的反抗。当家长减少控制，孩子通常都会恢复本能。

另外我也认为家长不要太晚给孩子撤尿不湿。在孩子两岁左右的夏天给他提供便盆，无须多说，孩子很自然地就会去用。如果拖到三岁以后，当你再给他提供便盆的时候，他会认为这是对他的否定，是批评，是证明他不好，所以他常常更加抗拒。

表现9：认为每件事情必须得是完美无缺的、有序的

这个阶段很典型，孩子会有一个秩序敏感期，他会认为每件事情必须得是什么样的。比如，一块饼干咬掉一块儿，他就不要了。一件事情，如果你做了一点

跟他预想的不一样,他就要时间倒转,从头开始,这就是孩子的秩序敏感期。

我的建议是,在这方面,家长尽量在大部分时候顺从孩子,但是,无意中挑战了、违反了他,孩子因此哭闹了,那您也不要太内疚。随着他逐渐长大,家长要逐渐恢复正常互动,而不必事事小心翼翼。孩子四五岁以后,需要学会去接受外界的各种变化和意外情况,去理解别人、理解周围的情势。

表现10:不肯分享

孩子在三岁以前,常会不愿意分享,很多家长为此着急。

家长需要了解,能让孩子主动分享的前提:他要懂得东西分你的我的;他要知道自己有权处置自己的东西,知道借给别人的东西还会被还回来,有这个安全感;他开始享受跟玩伴在一起的时间,这时分享才有意义;他曾接受过别人的分享,并记得那种感觉很好,他有足够的思维能力,可以换位思考,因此也希望对方有这样好的感觉。

如果孩子不愿分享,我们看看上面这些条,哪些是由于孩子的发育还没到时候,他的思维程度还没有达到;哪些是由于家长没有给他创造这个前提,比如家长强迫孩子分享,使得他对自己的物品控制权失去安全感。

很多男孩在社交方面的发展会晚一点,他们可能需要到三岁半、四岁,才开始喜欢跟小朋友一起玩。所以家长可以多提供机会,但不要太心急。

5 三至六岁孩子的心理发展要点、典型表现与应对方法

三至六岁的孩子往往高估自己,他们努力尝试各种能胜任和不能胜任的活动。他们的这些大胆探索尝试的行为,常常会和外界构成冲突。

解决办法就是,帮孩子平衡好主动性和遵守界限之间的关系。

换句话说,这个年龄的孩子要同时发展两个方面的技能:一个是主动性,我们要提供鼓励他自发、主动地去做事的氛围;另一个是自控力,我们要让孩子清楚怎样的行为是可以或不可以接受的,界限在哪里,他可以怎样灵活变通。

家长要记得两方面兼顾，缺一不可。

表现1：不认错

孩子不认错，有时是孩子做错的时候你批评他，他不认错；有时是明明他说的是错的，你说的是对的，他自己也清楚，但却一直坚持他说的是对的。

其实，要求三四岁的孩子说"谢谢你指出我这个错误"，这是不现实的——我们成年人都不一定能做到，对吧？孩子当下的主要任务是发展自我，他的自尊还很脆弱，没有强大到可以"虚心认错"的程度。

孩子的所谓"错"，大致可以分两种：一是他能力不足没有做好；二是他明知故犯。

对于第一种，如果不严重，我们鼓励孩子想一些办法，以后怎样能做好，就可以了。如果是比较严重的事情，比如在原则性的事情上犯了错误，我们要严肃地指出界限来，让他清楚后果是什么，然后鼓励孩子思考补偿办法、以后如何做好。

对于第二种情况，明知故犯，家长要去分析，孩子背后的情绪或动机究竟是什么，然后去解决那个"因"，而不只是惩罚这个"果"。

不论怎样，家长都可以尽量把说法变得正面一些，让孩子清楚，我们是跟他站在一起的，而不是对立的；我们的目的不是羞辱他，而是让他清楚是非，知道以后可以怎样去做。

认错的心理"资本"是——孩子心里的"油罐"是满的，他有高自尊。所以，家长平时多给孩子树立积极的自我形象，多增强他的自信心，才是最根本的办法。

表现2：磨蹭

理解幼儿的"磨蹭"

大概所有的幼儿家长都会抱怨自己的孩子磨蹭。为什么会这样呢？

①三岁以下的小幼儿，特别是一两岁的孩子，他们的大脑发育程度使得他们

很难预期未来，所以，即便一会儿要做的是他们喜欢的事情，他们也不会抓紧现在的时间。对此家长不要有苛求，用好玩的方式去引诱、带动他们就可以了。

②小幼儿做事不以效率为目的，"抓紧"时间对他们没有意义。他们时刻都沉浸在当下，所以，或许他们才是真正地比我们大人更抓紧眼下的每分每秒呢！

③有些孩子的确天生是"慢性子"，比如，性格内向的孩子，他们大脑在做事时所需的神经回路更长，他们用更多时间去思考每件事，所以家长常会觉得他们说话慢、动作慢、吃饭慢。

④有些事情，对于幼儿来说难度比我们想象得大，他们的确需要更多时间才能做好，比如扣纽扣、整理东西。

大点儿的孩子如果特别磨蹭，那么除了他们可能在过去没有养成好的习惯外，还可能是他们对家长的控制、要求和管教不满，或者对所做事情没有动力，便用磨蹭来消极抵抗。

对孩子的"磨蹭"如何正面教育

理解了上面这些原因之后，我们就可以清楚怎样正面地跟孩子沟通。

平时对孩子少催促。很多家长没有意识到的一点是：有时孩子的磨蹭恰恰是家长催促出来的。过多的催促，使孩子丧失了感知时间快慢、事情急缓的能力。我们要让孩子理解，有些事情我们可以随意，但有些事情有时间限制。对于三岁以上的孩子，偶尔给他们一些机会，感受磨蹭的后果，培养孩子自己对时间的感知力。

当孩子沉浸于眼下的事情时，跟孩子讲清整体安排，帮他从眼下的事情里跳出来、看到全局，这会帮他们理解你的要求，也是在帮他们提高认知能力。比如，跟孩子说："我知道你现在很想继续做……""我们刚才一起……很开心。""但是，我们一会儿需要几点钟去……还有……分钟。所以，现在我们开始加快动作，军事行动……"

对慢性子的孩子，和他讲清楚："有些小孩需要练习能坐住，你需要练习能快起来。这样，你既能静又能快，那就太好了！"

对于四岁以上的孩子，当他的注意力像小红帽一样，随时被撞见的任何事情而岔开时，我们就得多提醒他，记得此刻的真正目标是什么。

对于五岁以上的孩子，给他准备小闹钟、玩具手表、计时器和沙漏等，把看管时间的权利交给他，鼓励他学着看表，请他告诉你们时间，让他练习自我管理。

表现3：敏感、胆小、怕脏

敏感、胆小、怕脏，是很多孩子在三四岁阶段会有的表现，他不会做让自己有奇怪感觉的事情。他们甚至会拒绝穿新的衣裤。到了换季时节，拒绝换不同薄厚的衣服。这其实也常常是过度教养的结果。比如，有的孩子可能是和不同家人接触少，有的孩子可能是出去玩得少，活动受到限制太多，平时养育过于精细，等等。

家长在孩子婴儿期，要多做抚触，用不同材质的东西接触宝宝的皮肤。等孩子大一些，要让孩子多接触大自然，让他们玩水、玩沙子、玩草、玩石头、走不平的路、爬山……这些都能够帮助他们改善胆小、过于敏感这些情况。

对于拒绝换不同衣服的情况，家长不要太跟孩子较劲。有时，先把这事放一放，跟他一起玩点什么，让孩子从对自己的拒绝和反抗的情绪里跳出来，然后，您把衣服放在那里，或者轻描淡写地说一下，他自然就去穿了。平时多在前文写的那些正面建设的事情上下功夫，才是真的在帮孩子。

表现4：不爱主动和大人说话

孩子见到别人不愿意打招呼，这是很多家长的困扰。其实，这与性格关系很大。那么，我们可以怎样去帮助孩子改进和提高呢？

首先，我们要接纳孩子的性格和眼下的能力水平，允许他跟您心中的完美儿童有不同。这种接纳，是孩子发展的起点。

其次，在孩子三岁以前，我们不必对他有过多的要求，只需自己开心地用孩子的称呼跟对方打招呼，创造一个愉快的氛围。这个年龄，只要亲子关系好，他自然就会模仿家长所做的事情。

在孩子三四岁之后，如果他仍然做不到跟人打招呼，我们可以试试这些办法：

给孩子多介绍对方。小孩为什么不爱和大人说话，因为那个大人对他来说只是个无关的陌生人——"我为什么和他说话，他也不是我的好朋友"。所以，我们要给孩子介绍对方是谁，跟我们是什么关系，帮助他们熟悉起来。

鼓励他多做真实的交流，比如："你抱的小白兔叫什么名字啊？"

家长在跟外人聊天时，多聊些愉快的内容，多尊重孩子。有的家长恰恰相反，每当跟外人谈话时，除了讲各种负面的事情，就是给孩子"揭短"，或讲孩子好笑的事情，或批评孩子不打招呼，或只是夸奖对方的孩子，或大人们聊起来没完没了。久而久之，孩子会感觉，碰见这些大人真是个糟糕的事情。

四五岁以后，打招呼这件事，我们应该要求他去做，因为这是最基本的与人交往的技能之一。我们给孩子讲明道理，聊一聊，人与人之间的礼貌、礼节究竟有什么意义。

如果一个孩子到四五岁以后，见到一个他认识的人，能够主动打开对话通道，与对方进行沟通，那么他会得到对方的积极反馈；这种反馈，反过来又会增强孩子的自信心。

表现5：不能自己玩儿

有的家长问我："我的孩子在家里什么时候都缠着我，不能自己玩儿，怎么办？"我说："很简单，八个字：态度支持，行动保留。"

家长做不好，往往是因为他们的做法缺了前面的四个字，缺了对孩子的接纳、支持，缺乏给孩子爱的油罐里"加油"。我们常常是直接拒绝——只有推动，没有接纳。

其实，您越拒绝，孩子爱的油罐越空，他越需要和您玩。您完全可以说："没问题，妈妈陪你。"然后您就坐在那儿。当您有了这种姿态，那么，孩子不见得真的需要您跟他一起玩。就是说，他不一定是真的不能自己玩，他要的只是通过您陪他玩，来跟您连接，给自己的心理油罐加点油。所以，您其实可以先跟他做一个很有效的连接，比如抱抱，然后说："好，你先在这儿好好做这个，等我一会儿回来要看你的成果。"如果家长没有这个连接和支持的态度，那么孩子感受到的就是您在"推"他，越"推"他，他越黏您，越要您陪着他。

当然，如果您发现，孩子真的需要您一起参与游戏，那也应该尽量满足，然后再逐渐提高他独自玩的能力。

表现6：说脏话

幼儿的脏话有不同类型：厕所脏话，比如臭、屁、屁屁、尿；在外面学来的骂人的脏话。

厕所脏话，这大概是每个四岁左右孩子的"最爱"。说这种字眼，似乎能给这个年龄的孩子带来无尽的满足感。我对此一般不多关注，允许孩子私下里过过瘾。孩子们大一些自然就不说了。

但是，如果孩子说了在外学来的侮辱人的脏话，我会严肃指出。孩子通常并不理解这些脏话的真实意思，他们只是在追求脏话所带来的那种力量感。

我们必须告诉他："我相信你不是这个意思。你对自己的话和行为一样，都要负责任，每个人的语言也是有力量的。你说这样的话，会伤害到别人。如果你不是这个意思，不想让对方有这种感觉，也不希望别人对你说这种话，以后就一定不要这样说。不然对方也会误解，会认为你是一个爱说脏话的孩子。"

我们家长平时也要注意自己的语言。 有些孩子，的确是从家长无意中说的话里，学到了很多不礼貌的语言，比如"闭嘴""笨蛋"等。

表现7：爱比较，爱炫耀，过于计较是非，爱纠错，认知缺乏一定灵活度，爱告状

幼儿的思维发展程度有限，三至四这个年龄段的孩子过于计较是非，爱纠错，认知缺乏灵活度，认为这个世界非黑即白，不是对的就是错的，不觉得有一个灰色的中间地带。

对此，家长不必特别在意，每个幼儿都有这样一个阶段。我们需要通过平时跟孩子聊天、讲绘本等，来帮助孩子发展思维水平。比如，遇事多分析各种因素，内部的、外部的，可控的、不可控的，帮他从多个角度去理解事物。

引导孩子，在跟小朋友有冲突或分歧时，多冷静地想想，除了A和B方案，除了你的和我的想法，是否还有第三个办法，是否有双方都能接受、受益的"共赢之策"。

通常，当孩子长到五六岁以后，他们就能更加客观地分析事情了。七八岁以上的孩子，对自己和别人，都可以有更客观真实的评价了。

表现8：事情做不好时，哭闹，发脾气，爱抱怨

很多家长跟我说，孩子因为事情做不好而发脾气：三四岁的时候，他们做不好会哭闹；四至六岁时，他们可能责怪别人、抱怨连连。

孩子这样是因为：一方面，他们能力有限；另一方面，他们又不能准确评价自己的能力和事情的难度，会高估自己，凡事都要尝试，想自己做成。做不好，他们的情绪控制能力又不够强，自然有各种不快。

我建议，**在孩子做事情时，只要他没有求你，就尽量先让孩子自己去做**。家长少围观、少指导。让他清楚，需要帮助，父母随时提供就可以了。平时我们也少评价结果，多关注过程中的具体细节，多鼓励孩子分享乐趣、感受、努力和进步。

这样，没有了大人在一旁的压力，孩子可以自己去决定下一步怎么办，是放弃还是坚持。有了情绪，他也有机会锻炼自己平静下来。

在孩子有情绪、抱怨时，家长要做的就是这几步：首先，耐心地积极倾听。多鼓励他说出自己的感受，您可以复述以确认他的话，让他知道你理解他了。其次，具体地描述事实。这个与倾听其实可以是同时进行的。这样的描述与倾听中，家长始终不必有太多的评判、鼓励、安抚、劝慰。这样，您才能更多地让他说出自己的真实想法，也给孩子留出自己去判断的空间。然后，鼓励孩子自己去思考下一步的解决办法。如果他完全没有办法，您可以把大困难变成几个小的困难，让他具体思考每个小困难该如何解决。

对于五岁以上的孩子，如果他的抱怨很过分，那我们应该把真实的情况指出来，让孩子看清事情的全景，而不是陷在自己的情绪里。比如，哪个是你的决定，是你该负责的；哪个是你该做的事情；别人已经为你付出了哪些努力；我们对你的要求和期望是什么，等等。

有时，的确有外界因素，把事情变得很难。那我们就告诉孩子，有些外界的我们改变不了的事情，要学着接受，或者想想应变的办法……

就是说，家长首先要让孩子说出真实的感受，因为我们的猜测和判断不一定是实情，然后鼓励他自己思考、解决；同时，也不要一味地只想着怎样去开导他，怎样把他糟糕的情绪变好。

我们的任务从来都不是让孩子时刻都开心！孩子有必要体验挫败和沮丧，

需要去面对外界的各种情况。我们的任务是帮他成长——给他感受的机会、自主解决的空间,并引导他如何去应对。孩子只有经历挫败,才能学会如何去管理失败,提高自己的逆商。

表现9:玩比赛游戏时接受不了失败,不虚心,不让别人教自己

比较小的幼儿,在游戏比赛中,的确接受不了失败。那么,当家长跟孩子玩这种比赛时,可以先让着他。这时不是真的比赛,就是一种亲子游戏。此时家长的任务是向孩子演示自己是如何处理失败的。

以后,随着他认知能力的提高,他就会知道这种社交暗示了,他能看出来你是故意在让着他,他开始渴望真正的比赛,这时就可以开始和他真实地玩游戏。当孩子失败,要发作时,提醒他家长过去是如何应对的。在游戏结束前的最后一两次,你最好让着他,让他赢。这样孩子会保持对这个活动的持续兴趣。

至于虚心不虚心的问题,我认为太小的孩子,很难和他解释清楚什么叫虚心。**虚心是需要有心理资本的,需要有足够强大的自我。**

当我女儿拒绝家人教她东西时,我曾经跟她单独来到房间里,这样说:"首先,你可以先看看别人的做法,然后再决定,这样你有更多选择。其次,小孩自己做非常好,但是,我们所有人都需要学习,特别是孩子。你学到了,以后可以在这基础之上,继续研究创造。否则我们现在还在自己钻木取火呢。第三,如果拒绝教,要礼貌表达:'谢谢,但我想自己做。'"这样,站在孩子的立场上,客观地讲一些他能听得懂的语言,会比抽象地讲什么是虚心要好,也比强势命令效果好。

其实只要关系融洽,家长说话的角度和语气得当,没有各种抵触和不安全、不自信、自我防御的情绪阻隔在里面,孩子也是愿意跟大人学的。

表现10:到商店非要买某个东西,不给买就哭闹

我认为,对于两岁以下的孩子,我们尽量少带孩子去买东西。这么大的幼儿,大脑的发育水平使得他们几乎还没有自控力。他们看到甚至听说到什么,就会要什么;看不见,就不想。

对三岁以上的孩子，我们逐渐带孩子一起购物。这个过程有三个意义：让孩子接触真实世界；逐步锻炼孩子的自控力；学习消费技巧。我们通过每件事，带孩子一起来体验、分析，如何判断价值、分析需求，如何规划、取舍。这样下来，等到孩子七八岁了，他各方面能力达到了，我们才可以给他零花钱，由他支配。

当孩子想要什么喜欢的东西的时候，大致有这几种情况：

①这是生活必需品，比如食物、衣服或其他日用品。这些，我们就不必跟孩子过多地讲条件、限制。该买的就买，不必无谓地制造障碍。

②孩子喜欢，但不是必需品。这时我一般会跟孩子去分析，这个东西的价值怎样。我曾跟女儿说过，对你来说，是否有价值，就看它对你的成长是否很有好处。比如，一个魔仙棒，我们大人可能觉得没有价值，是粗制滥造的塑料制品。但如果孩子目前正好可以用它玩很多模拟扮演游戏，可以玩很久、玩出很多乐趣，那么它对孩子来说就是有价值的。

③有些东西孩子喜欢，但我们觉得很贵，这时我们可以跟孩子一起分析性价比。比如，我们觉得这个玩具车很好，但就是贵。我们告诉孩子，可以在其他地方买到更便宜的同样东西，或者可以试试讲讲价。

④孩子当时喜欢，但很可能只是一时冲动，回家就会把东西放在一边。这时，您要想办法给他制造一个冷却期。比如，先让孩子自己去问问店员，这个东西是否有很多货，让他放心。然后和他说："我们记下了，但妈妈还要买另一样东西，我们先转转，万一还有更好的呢。"或者说："我们回家做点别的，或者等到某个特殊日子再买。过一阵儿，如果你还是特别喜欢它，我们就再回来买。"

很多家长可能觉得，只要当时不给买，他一定就会大闹的。其实您放心，如果您过去一直做了前面写的那几条，始终能与孩子理性沟通，而不是直接回绝了，那么，三四岁的孩子，都可以做到接受这个做法的。五六岁的孩子，甚至会自己提出这个想法，因为他们也不希望自己花了很多钱，买了自己过后不喜欢的东西，然后又没有钱买真正喜欢的东西了。

孩子常常是转身就会忘了这事。如果好多天他依旧惦记着，那说明他真的特别喜欢，这种情况我基本上也是会给买的。我会偶尔给女儿买那种虽然我觉得价值一般，但是她特别钟爱的东西（我一直觉得她的眼光还挺好，看东西很准）。

⑤孩子喜欢，但这是您绝对不会买的东西。比如，费用超出你的承受范围太多，东西不适宜孩子，等等。这时您直接、清晰地讲明原因。生活中，一定会有这样需要家长直接拒绝的情况。

我们不能满足时，也要肯定他的感受，告诉他可以怎样等待、争取、放弃或替代。

总结一下，就是——**家长要给孩子机会陈述自己的理由，我们也真的要去理解孩子的想法，而不是把我们自己的喜好强加给孩子。**这样做，可以帮孩子发展思维能力，提高判断和决策力。当我们对孩子凡事都诉诸理性时，孩子是在动脑筋，这本身就可以使他的大脑不那么情绪化。

适度、合理的满足，可以避免这些情况：对物质的过于纠结、在乎；要求总受挫带来的习得性无助——反正我渴望、争取都没用，我干吗要努力。

关于满足孩子物质需求，太严格地限制和全部满足，都是极端。我们更多是遵从自己对生活的理解，有所满足、有所节制，珍惜已有的、期盼未到的美好。这其中，最重要的是，**认同孩子的感受，让他知道大人理解他的渴望，用各种方式来确认爸爸妈妈对他的爱。孩子要买东西，的确有很多时候只是——他在索求爸爸妈妈对自己的爱，而不是真的想要那个东西。**

需要提醒的是，很多家长自己是在物质匮乏中长大，结果就特别愿意用东西来表达对孩子的爱。**我们给孩子买过多的东西，满足的不是孩子，而是我们内心的那个饱尝匮乏感的小孩。**其实，孩子对物质本来没有那么多欲望。或许跟小朋友一起玩，比给他高档玩具可以带来更多乐趣。所以，家长要清理好自己的内心，不要为了自己疗伤，而误导了孩子。现在的小孩似乎反倒需要一点不满足，他们需要在这种经历中，去学习放弃、变通，去感受期待和珍惜的美好。

另外，在现在物质丰富的年代里，我们特别要留意——多带领孩子去做用低消费来获得乐趣和满足的事情，比如，去大学操场玩球、去公园野餐、拿个计步器做市内远足、逛博物馆、收集落叶……平时，我们有积极情绪、给孩子爱和乐趣的油罐加油、跟孩子一起品味美好、正面沟通、建造大本营，等等。通过这些，给孩子的心理"存款"。不花钱，我们也一样让孩子有内心富足、生活美好的感受。

这样做，我们就是在给孩子丰富获得满足的渠道。未来，他可以从多样的事物里得到乐趣，而不是仅仅依赖这一件事——买东西。

每当我听到小学生家长聊孩子的问题时，家长说的是小学的问题，可是我看到的就是学前各时期积累下来的问题。

比如，和家长对着干、写作业磨蹭、不会玩、没有朋友、不好好听课、乱花零花钱……实则是：亲子关系没建立好，孩子没有积极的自我形象（因为孩子缺乏自主做事的机会，对自己能力和价值有怀疑、有羞愧感），主动性发展不好，所以做事没有内在动力，没机会练习自控，所以无法适应外界要求……

那家长该怎么做？没有其他途径——从头补课。从亲子关系、建立相互的尊重信任以及树立积极的自我形象开始补。

所以，解决幼儿和小学生的各种问题，不要从对问题的管教入手，因为问题都是外在表现。忙着救火，就永远没有触及真正的核心，所以总是不得要领。

6 六至十二岁孩子的主要心理特点和典型表现

根据埃里克森的理论，这个年龄段的孩子，主要危机是勤奋对自卑。这时他们刚刚进入一个密集学习各种社会技能和文化知识的时期，他们越来越在意自己在学校的表现，和同伴对自己的评价。

关于学校学习和成绩

需要提醒的是，现在有些新派家长，因为对自己的成长经历矫枉过正，结果对孩子的学习持过于宽松的态度，无意间给孩子传达了学习不重要的想法。

我认为，如果孩子的成绩不够理想，那么家长和小学的孩子可以从这几个方面沟通：爸妈很重视你的学习；成绩是检验指标，目的是提醒你哪些方面需要更多的努力；明确你全面发展目标，除了学业和成绩，你还有哪些方面要发展；确认孩子的优势；一起找原因，想具体办法。

学前期的家庭教养质量，在很大程度上影响了小学生在一二年级的学习水平。此外，低年级时的成绩，或许还提示这些：孩子上学前学了多少；孩子的年龄和学业要求是否相符。很多孩子低年级时成绩不够好，常常只是因为一个简单的因素——他们的年龄小、发育晚，各方面发育程度与学业要求不相符。

所以，家长不要只是严厉地批评孩子，认为这是不够努力的结果。如果经过努力，成绩依然明显落后，那么家长要细心观察，多跟老师沟通，找具体原因。看看孩子是否上课听课不认真、手部肌肉锻炼不够影响写字、视力不好、整体发育稍晚（有时这不是坏事）、智商低……然后再想对策。

家长鼓励小学的孩子在学业上做好，可以让他们感受到努力和结果之间的关系，并且在人生的这一阶段，继续树立积极的自我形象。

☆ 孩子在学校总因为纪律问题被老师批评

很多孩子，特别是好动的男孩，上小学后最大的问题不是学习吃力，而是自律自控能力差，经常因为纪律问题被老师批评。那么，这种情况我们应该如何帮助他们改进呢？

现在有些家长总是认为，幼儿园或小学的老师对孩子的纪律要求就是对孩子的束缚。其实，幼儿需要在成长中逐步提升自己的自控力。这种能力不是一蹴而就的，需要我们从入园前的家庭教养中做起，帮孩子在点滴的日常生活中去锻炼。孩子入园、入学，其意义之一也正是——他需要在集体环境里，去学习如何控制自己的行为，以照顾到他人和环境的需要，从而成长为社会性的人。如果我们不去做这些，那就错失了帮孩子提升自控能力的机会，妨碍他的成长。这些幼儿期所错过的、没做好的，在小学时期就会体现出来，表现为行为控制能力不够、纪律差。有时，这还会进而影响孩子的学习和自尊。

那么，关于自律和自控，幼儿的家长可以做哪些呢？

①在孩子三岁以前，我们可以利用生活中的小事，逐渐锻炼他控制自己行为的能力。比如，有时我们和好动的孩子一起看鱼儿在水里游，看云在天上变成了什么形状，观察水烧开了会冒出蒸汽，告诉他妈妈需要把手洗净擦干才能给他拿吃的……这些小事，都需要小幼儿付出一点点的耐心。

②与孩子一起玩一些需要专注的游戏，比如搭积木、找不同、拼图。幼儿需要每天有足够量的身体运动，但他们同样也需要每天有一定的时间静下心来，

做一些安静的事情。家长要把握好动静相宜的度，而不是让孩子整天都在外面自由活动。

③在孩子的各种游戏中，提出挑战、设置难度，促使孩子付出努力和耐心，去坚持，征服困难。这个过程往往也是提升孩子专注力和自控力的过程。

④我们可以在和幼儿玩肢体冲撞的游戏中，制订一点小规则，比如，不可以用脚踢对方，这就是最基本的对孩子身体自控能力的一个锻炼。大一些的孩子可以通过学一些运动项目，来感受和锻炼对身体的自控。

⑤对五岁以上的大幼儿，家长可以找一些孩子喜欢的智力游戏，带领孩子玩或学，比如棋类、魔方、复杂的乐高积木等。

⑥在生活中，随时对孩子有一些与他年龄相符的行为规范要求。这些要求，我们给孩子解释清楚道理，正面与孩子沟通，事先多多提醒，那么，孩子逐渐就可以做到。孩子就是在这样的过程中锻炼自控力的。

⑦鼓励孩子自我管理。锻炼自控，不只是要家长去约束孩子，更有效的做法是：把道理讲清楚以后，给孩子机会自己管理自己。这时，他锻炼的才是"自控""自律"，否则只是他律。当孩子有更多自主掌控感时，他们会在自律方面做得更好。

对于小学生，家长除了继续做好上面这些，还可以给孩子讲清遵守学校纪律的道理，从正面去解释学校的各种规则；帮孩子想一些可以辅助他做好自控的小办法，比如，在笔袋上贴个小贴画，提醒自己上课不要随意讲话。

精力旺盛的、好动的孩子的家长，必须有信心和耐心，持续地去努力。您要相信，孩子每天都在长大，他的自控能力是可以在您的帮助下，一点点地提高的。

一个人越是在年幼时，他发展的越是他生命内核的东西。年龄越大，发展的越是外围、枝节的部分。人与人之间的各种差异，自幼年起开始产生，之后滚雪球般逐渐增大。正所谓"性相近、习相远"；差之毫厘，谬以千里。一切都是环环相扣，都在持续积累中。

而家长对孩子的影响幅度，大概也是逐渐在递减的。上小学后，孩子受同伴的影响开始增大。中学，逐渐步入青春前期，更加渴望自主，反叛脱离父母。到了上大学，我们的逐渐放权应该已经进行到最后一步了，我们父母能做的只是给孩子提供一个温暖的港湾而已。

所以，作为幼儿的家长，我们真的要好好珍惜此刻！

7 穿上合适的鞋子，脚才是自由的——孩子人生的生长痛

春天，有些孩子会有生长痛。其实，如果拉大尺度看，在整个人生的历程中，我们都会经历一些"人生的生长痛"。比如，对孩子来说，可能体验到生长痛的事情有：离乳、自理、入园、分床、上小学……

现在我们都说，要尊重孩子的成长节奏，给孩子无条件的爱与呵护，这当然没错。需要提醒的是，家长不能用自己的爱心妨碍孩子的成长。

比如，不同的孩子，可能在不同的月龄学会自己吃饭、自己穿衣等事情，这是家长要尊重孩子的节奏。另一方面，在他已经能做了之后，如果没有特殊情况，那就要尽量让他做。我们允许孩子有各种反复、倒退，也可以尝试各种好玩的办法，帮他自己做到。但我们总体的方向，要是向前的。如果总是你替他做，或者完全不要求，那就妨碍了他的成长。有时，仅仅是家长自己怕这个生长痛，承受不了，就人为地给孩子拖延着。

近些年，国外曾有心理医生接诊过一些比较奇怪的问题儿童，说奇怪是因为，这些孩子并没有经历各种逆境噩运，也没有被虐待、忽视，他们的痛苦仅仅是教育的问题。具体说，他们沉溺于退化的乐趣，生长停滞。而当家长按照医生的建议，给他们相应的界限和要求之后，他们的问题行为就消失了，变得和正常儿童一样。

我们可以这样去想：**成长、蜕变经历了痛苦，为的是迎来新的快乐与成就。正如花落才能结果，这就是自然。**父母们以为孩子离乳、入园很难，很痛苦吗？其实，孩子的身心已经准备好了，他将享受到更多、更适合他年龄的新的乐趣。

说个极端点的例子。我们都听说过，一些民族传统的成人礼，很残酷。那当然是陋习。那它为什么会存在呢？因为生存本就是残酷的，这种成人礼也正是为了让孩子成长，让他能生存下去。换成现代的话就是"什么时间做什么事"。

现代社会，缺乏成长的仪式感，一切都模糊起来。结果，人一方面在丧失童年；另一方面，又总是没有长大。

养孩子是农活儿，拔苗助长不对；压住不让他长，也不对。

每个人都是独特的，但同时，人又是共性大于个性，有着大同小异的成长

路径。因为有这些规律,所以,发展心理学、教育学等关于人的研究才成为可能。

我曾看到有句话写得非常好:

我们都渴望自由,但同时又都在误解自由。自由不是去打破一切规律的限制,因为真正的规律是任何人都无法打破的,也是万事万物都必须遵循的。真正的自由是顺应规律,就像我们的脚穿上合适的鞋子,我们的脚才是自由的;就像火车行驶在铁轨上,火车才是自由的一样。真正的自由就是这顺应规律后的行止无碍。

在孩子教养上,也是同理。

我们要怀着谦卑与敬畏,多学习、多陪伴、多观察。当我们顺应了孩子的成长规律,少去扭曲,孩子就可以长得更自然、更本色、更健康,他就能发挥出种种潜能,长成他可能的最好的自己。

童言妙语

> **"万一把我当成伴娘怎么办?"(五岁)**
>
> 我们去参加一个很隆重的亲友聚会,闺女特意穿了一条纱裙。车到了饭店,看到有结婚的气球拱门,她抱怨一声:"哎呀,真是的!"我问:"人家结婚你真是什么呀?"她很为难地说:"万一人家把我当成伴娘怎么办?"

第二章

养孩子千万不能养得内心软弱

1 "油罐原理"——孩子情绪和行为问题的根源
2 对孩子最好的管法——"隐恶扬善",正面教育
3 把"管"变成"给帮助和支持"
4 接纳、无条件的爱——允许孩子脆弱、有负面情绪
5 正是你的期望和要求,才能帮助孩子成长进步
6 如何教孩子依内心原则行事
7 您可以给孩子做哪些正面建设
8 养育孩子,我们不应该是一个人在战斗

1 "油罐原理"——孩子情绪和行为问题的根源

我常收到家长这样的提问：我孩子三岁，动不动就发脾气坐地上，还总说反话，训他、不理他、讲道理都不管用，为什么会这样？该怎样对待？

两岁小孩说反话是开始有自我意识了；三岁小孩说反话，多数时候是一种情绪的表达，比如对对方的不信任和不接受，或者自己心里还有不好的情绪有待处理。我女儿三岁前不高兴都是因为饿了，仔细回想，我觉得还有漏掉的情况。比如，有时刚刚换个环境，她需要时间缓冲调整一下；有时是她刚刚做了什么特别高兴的事情，兴奋过度，事情结束后情绪就有落差，就显得不高兴。还有的时候仅仅是因为她累了，这时只要让她休息片刻就好了，不要继续催促、要求她，她还没有在压力下运作的能力。

我感觉通常幼儿三岁以后会表现得就懂事。两岁时，他饿了就沉浸在饿的状态里难以自拔，那可真是活在当下，他似乎很难把"去吃"和"不饿"联系起来。三岁以后，他的联系事情因果关系的逻辑思维能力增强了，因此就更讲道理、更乐于合作。如果孩子三四岁以后脾气更大，很可能是和家长的情感连接不够顺畅所致。对于大一些的孩子来说，我觉得情绪和行为问题的根源，有一些时候还是因为孩子感到无聊；另一些时候，各种行为问题追溯到根源，依然是因为孩子心里爱的储备有些匮乏。

我们常说，孩子闹、有情绪和行为问题都要去找根源。这个根源当然有很多，但是如果追究到最深的一层，我觉得很多都和爱的匮乏有关。我们可以这样理解，孩子闹，就是他感觉到了爱的匮乏而发出的求救信号。

我认为人的心里有两个"油罐"：一个储备乐趣、热情，一个储备爱。就

像我们的身体每天都要消耗体力一样，我们的心理活动也要消耗这两个油罐里的库存。库存足了，我们的心理和情绪就动力强劲、游刃有余；库存短缺，我们就出现心理问题，继而引发行为问题。或者，这两个油罐其实是一个，因为乐趣在某种程度上也来自爱。

"爱的油罐"这个说法，是美国心理学博士、畅销书作者约翰·格雷提出的。我多年以前看他写的《男人来自火星，女人来自金星》，看到这个比喻。他说，我们之所以很多时候有情绪问题，不能付出奉献，不能愉快地交往合作，只是因为我们心里的那个爱的油罐有些空了，需要补充。只有当自己满足了，我们才有能力和外界愉快合作。所以很多时候夫妻矛盾不要看表面现象，如果我们想办法把自己的或对方的油罐补充上，冲突自然就不存在了。我当时觉得这个说法很有道理。有了孩子以后，我发现这个理论对孩子同样适用。有的时候，女儿显得没精打采，有些蔫，或者找茬闹事，我就抱抱亲亲她，或者和她游戏嬉闹，她马上就恢复了活力。于是，我想起了爱的油罐这个说法，一下子明白了——我给她的油罐又充满了，她心里有了能量，就又有劲头去独自玩了。

这样看，我觉得其实在孩子教养方面，父母最大的一个任务就是给孩子心里的那个油罐不断加油。小孩正在生长，就像他们的新陈代谢越快一样，他们对爱的需求也越大。有些父母或许害怕宠坏孩子，刻意控制爱的表达，觉得孩子知道父母的爱。但我们常常忽视的事实是：孩子每时每刻都在消耗这个库存。所以，用爱充满孩子的心，这需要父母持续地做，长期地做。

从短期来看，充满爱的油罐，可以让孩子减少情绪和行为问题。从长期来看，这个爱的储备将影响孩子的一生。父母给孩子的爱，可以支撑孩子的一生，帮助他有健康的心理。

人在最初几年所得到的爱的能量至关重要。最新的研究发现，十八个月的小婴儿，已经在他头脑里形成了关于这个世界的各种"理论"。比如，他通过跟养育者的互动，形成关于"爱"的理论，关于"自我"和"他人"的理论，关于"人际关系"的理论。这个理论或者说信念，将影响他的一生。如果他和养育者形成了安全型的依恋关系，那么，这就好比——他的爱的油罐是满的。他未来在其他人际关系，包括跟伴侣的亲密关系中，都会受到这个理论的影响。

还有更多研究表明，有安全型依恋关系的孩子，不仅未来在人际交往方面会做好，而且在道德感、亲社会行为、学习能力、自尊自信等方面，都会有更好的表现。

如果最初几年孩子所得的关爱甚少,那就好比他这个油罐不满,甚至还会漏,他很可能会感觉以后怎么去填补也难以充满。当然成年以后的补救是非常有用的,但是难度大,他需要花费额外的力气,去改变他最初的理论和信念。

☆ 怎样给孩子"加油"

那么,我们怎样才能给孩子的这个油罐"加油"呢?根据心理学中的依恋理论,婴儿是从和妈妈或其他主要养育者的互动中获得安全型依恋关系的。促进安全型依恋关系的养育方式有:敏感性、积极态度、同步性、亲密、支持、刺激。**妈妈和孩子之间,贵在有互动,妈妈要对孩子的情绪做出相应的反应,妈妈和孩子的情绪要同步。**

那么,不安全的依恋关系是怎样形成的呢?如果妈妈对孩子的需求没反应、冷漠;或者妈妈过于严厉、缺乏温情;或者妈妈自己就抑郁;或者妈妈给孩子刺激过多,这些都会让孩子恐惧,进而形成回避或矛盾的依恋类型。

这些对于婴儿期母子关系的研究,其实已经给了我们足够的启示,已经教会我们给孩子加油的窍门。这里揭示的道理,也适用于任何年龄段的孩子。

我们给孩子更多的爱,并不意味着要给孩子过多的夸奖或事事包办,关键是要和孩子有互动、有连接。所以,除了抱他、亲他、说妈妈爱你之类的表达外,当孩子哭泣、害怕、兴奋、失望的时候,我们都要有回应,让孩子知道我们明白他的感受。

共情就是最基本的一种和孩子连接的方式,它相当于在给孩子的油罐加油了。这就可以解释为什么当孩子有了负面情绪时,先共情,之后就更容易处理了——因为加了油,孩子才有能量去应对挑战。

此外,和孩子游戏、嬉闹、分享、陪伴,这些也都是在给他加油。有时,一个会心的笑、一个两人私下分享的玩笑话、一个属于你俩专有的动作,都足以让孩子满足,找到安全感,恢复心理能量。

对不同年龄、不同性别的孩子,家长和他连接的方式一定是不同的。比如,对于男孩,有时你不必问他过多的话,而是可以跟他一起做事。共同做事时,你们就是在连接了。另外,**随着孩子的成长,我们给孩子加油的方式也要随之**

升级。有时如果没沟通成功，说明方式不合适，需要调整，多尝试。

那么，什么样的做法不是给孩子加油呢？

首先，以恶劣的态度对待孩子，都不是在给孩子补充爱。比如，当孩子在外面遇到问题时，给孩子倾听、理解、同情、关爱，并且鼓励他想办法，给他技术支持，这是给孩子的油罐加油。很多家长批评训斥，或不予理睬，完全让孩子独自面对，这都不是孩子需要的。

过于严厉的批评、指责、训斥、抱怨等，这些不但不是给孩子加油，相反，是在消耗孩子的心理能量。 很多家长有这样的体会，当你批评训斥孩子时，他可能会顺从不反抗，因为他知道自己理亏。训完了，我们以为事情就这样结束了。但是我们常常会发现，一转身，孩子就会在别的事情上发作耍赖。为什么？很简单，因为当他被训斥时，你在消耗他心里的爱的库存。消耗空了，他没有心理能量去应对事情了，自然就又闹了。

当然这不是说要放纵孩子，该要求的仍然应该坚持，只是家长的态度需要调整，要用建设性的、积极的方式去引导孩子，以帮他改进为主。

现在一些家长迫于生活压力，孩子很小时没法带在身边，经常见不到，或者让孩子读小学就开始寄宿。还有更多的家长虽然和孩子生活在一起，但由于忙工作，实际上高质量的接触时间太少，即使每天见面，也都是浅层沟通，没有深层连接。或者，家长图省事，索性让电脑、电视去陪孩子……这些情况都表明家长错失了很多给孩子补充爱的能量的机会。

当然现在我们明白了这里面的道理，那么如果客观条件所限，我们真的不能常常和孩子在一起，家长也不要放弃，也要努力想办法补救。比如，身处异地的家长，要多和孩子通电话，多写信，或在网上视频聊天。总之，**要不惜代价，找一切机会和孩子多沟通，争取达到深层连接。**

我还常常听到一些大孩子的家长抱怨，说孩子总是没精打采，对什么都没兴趣，也不爱交往，和自己也不沟通，对他好也没反应，批评训斥更不管用。家长不知道自己的孩子怎么了，觉得刀枪不入，无处下手。

我想，这样的孩子常是因为他心里的这个油罐已经空了太久，孩子已经变得对大人缺乏基本信任，不相信他们会给自己什么。他这油罐的盖子已经太久没有被打开，锈住了，想要打开，已经有点难度了。所以，当大人对他好，给他爱时，通常大人会觉得碰一鼻子灰，遭到孩子的抵触，好像这个爱传递不过去。

这时，家长不能放弃，更不要翻脸教训孩子，而是要继续努力，坚持不懈，需要费点力气才能开启他的心灵油罐。通常这种情况需要家长有耐心和创造力，要从不同角度尝试各种方法。只要我们能真诚地、谦逊地去了解孩子，那我们早晚能找到这个切入点。而且，一旦孩子感觉到你的诚意，他迟早会接受的。

这个现象我们可以举个更普遍的例子来说明。现在很多爸爸都忙于工作，和孩子接触少。爸爸下班回来，热情满满地过来和孩子亲热，经常会遭到拒绝和冷遇。如果爸爸赌气就此走开，那么其实孩子心里是更伤心的，他加深了你不给他爱的信念，而这和他天性中渴望爸爸的爱是矛盾的。这样做，其实爸爸就不是家长，而是和孩子站在一个高度了。这时，如果爸爸能坚持，死皮赖脸地和孩子慢慢沟通，你会发现孩子过一会儿就接纳你了。

另一种不能给孩子爱的情况是，家长自己的油罐也空了，没东西可给，或者说没有心气去给。

妈妈们都知道不应该和孩子发脾气，但是我们还是忍不住，为什么？因为我们自己没有处于充盈的状态。我们发作，通常都是当我们有压力、疲惫、面子被挑战、达不到自己的期望和要求时。这些情况下，我们都在消耗自己爱的库存，我们的心里开始变空，所以没有足够的心理能量去帮助孩子。就像前面讲依恋理论时说过，妈妈如果有抑郁症状，孩子就会感到恐惧不安。

当然，妈妈也是人，不能保证自己的油罐随时都是满满的。**所以教育孩子，家长自身的提高和修炼很重要**。妈妈们要学会怎样减压、怎样接受不完美的自己、怎样爱自己、怎样在心理上自给自足。

妈妈们只有将自己的油罐充满爱，才有能力去爱孩子。

☆ 要给孩子当好"加油站"，自己先"加满油"

家长要给孩子当好"加油站"，就要学会经常给自己充满爱、加足油。那么，我们怎样"加油"、怎样爱自己呢？

首先，要接纳自己。换个说法，就是无条件地对自己感觉好。比如，你一天要做多少事情，有多少成绩，才能觉得这一天没有白过？

以我自己为例。过去，我对自己要求苛刻，像个拙劣的上司一样按照业绩测评来对待自己。现在，如果一天没做很多事，可能只是有一些小进步或小领悟，我也能对自己感到满意。

另外，想办法与周围多建立连接。连接就是爱。我知道这句话听上去像是通讯公司的广告语。不过，这就是事实。

想一想，是不是这样：当我们感到自己与他人或与周围的什么事物有连接时，我们就感觉比较好，好像自己是在被爱着。

生活中这样的例子太多了。失恋时听一首伤感的歌，我们好像减轻了一些疼痛。欣赏艺术或陶醉于大自然，我们像被充了电。好朋友愉快聚会，我们感到焕然一新，仿佛自己的价值有所增加。年节要回家团聚，不为别的，就为了和家人的情感连接。即使长大成年了，回到父母身边，什么都不做，也感觉得到了休养生息。年迈的父母更是需要时常和我们通个话。现在我开通了微博，微博上的这种互动没有什么功利性在里面，却让我欲罢不能，因为觉得和很多人有了连接，这让我感到开心，就像得到了更多的爱一样……

热恋中的人有时会有一种"巅峰体验"，说白了，就是因为两人的精神上有了足够充分的连接，两个人的心灵都融合到了一起，以至于感到一种极度的幸福。一些人通过修炼或是药物，达到心理上的"顿悟"状态，据说，这种状态就是一种觉得自己和宇宙万物融合为一体的幻觉，有这种幻觉的人自称体验到极致的幸福感。

心理学家说，交往多朋友多的人，更快乐更健康。这很好理解，因为他们有更多的机会去连接，去给自己的油罐加油。我们也还听说过，智者多不惧怕孤独，可以"飘飘乎如遗世独立"，为什么呢？因为他们有更丰富的连接方式，能从更多的渠道获得爱的能量。对他们来说，随处都是加油站，他们随处可以补充爱的能量。我想象，他们只需看着日月星辰，就可以给自己的心灵加油了……

这样看来，中国传统文化中所说的天人合一，其实就是教给我们爱自己的终极方法啊！

2 对孩子最好的管法——"隐恶扬善"，正面教育

在没有孩子的时候，我们是怎样想象自己当上父母后的感觉呢？应该多是

美好的画面吧：亲子共读、在晨雾中一起跑步、开心进餐、嬉闹、鼓掌、拥抱、欢笑……一切都如电视广告般美好。

但实际上等我们真正当了父母，却发现情形早已变得不妙了。我们成了监工，时而愁苦、时而凶神恶煞，孩子成了麻烦制造者，我们当父母的似乎就是消防员，整天处于警戒状态，时刻准备着去救火。最糟糕的是，火灾此起彼伏，一波未平一波又起，让我们没有喘息之机……

怎样才能改变消防员的角色呢？那就是"隐恶扬善"，改变关注点，改变"管"的想法。那到底家长该怎么做呢？

☆ 多使用正面语言

要用正面语言来教育孩子这个道理，我相信家长都听说过。但大多数家长可能会觉得很难做到。为什么呢？

第一，家长很多时候分不清哪些是正面语言；第二，对孩子说正面语言的习惯需要持续地练习，没法一蹴而就，有时家长在给孩子说话时意识到了要使用正面语言，但没过几天又退回到旧的语言习惯里；第三，家长没看清说正面语言带给孩子的好处，所以觉得说不说没有多大关系。

哪些是正面语言？哪些是负面语言？孩子端一碗水走，你说："当心，别洒了！"这是负面语言；你说："好好端，慢慢走，嗯，端得挺稳呀！"这是正面语言。

孩子写作业慢，你说："快点写，再磨蹭，十点之前又睡不成觉！"这是负面语言；你说："我们要抓紧喽，提高效率，然后我们就可以去……"这是正面语言。

现实生活中，几乎所有的家长都是狂热的负面语言爱好者，似乎提醒孩子即将发生的坏事就是我们唯一的天职。

☆ 引导孩子有积极乐观的思维模式

为什么说正面语言这么重要？

首先，幼儿对语言的接受常是片段的，你说"小心别洒了"，他也能听懂"别"的意思，但他印象比较深的就是"洒了"。心理学上讲，我们所有人都对负面的事情印象更深,这叫"负面偏好",是人类多年进化所致,因为这可以让原始人保命。对于孩子,就更是如此。并且当这种坏事情的景象在他脑子里蔓延开来,它就会在潜意识里影响行为。所以,正面语言和负面语言对孩子的心理暗示有很大不同。

我们常常会发现,你刚一提醒他别洒了,马上他就真的端洒了。这时家长还会接着说:"你看,我说什么来的?刚说完……"

当然,也不能说孩子犯的错就是家长的提醒给搞的。但我猜想,有时,这种消极的心理暗示在一定程度上真的影响了孩子的行为——孩子少了信心,多了顾虑,自然容易发挥失常,所以这里的因果还真是难说清。

其次,**正面语言是引导孩子向前看、向好的方面看;负面语言是引导孩子向后看,鼓励他瞻前顾后、担忧,甚至惧怕**。所以,这也关系到孩子的情商发展。

我们都希望孩子有乐观的思维方式,有勇于挑战、坚韧不拔、面对失败和逆境能越挫越勇的性格,而不是总有以安全、保险为做事动机的防御型思维模式。

语言就是外化的思维。我们大人的语言就是给孩子的思维方式在做典范。甚至,家长的语言,常常会成为孩子在未来很长时间里头脑中的内部对话模式。

在孩子幼年期,我们无意中的语言,塑造了可能影响孩子一生的意识或潜意识里的各种信念。所以,我们改变语言习惯,多从正面讲,以积极的方式去引导,少利用恐惧心理,少用坏事去威胁孩子,这是正面教养的第一步。

3 把"管"变成"给帮助和支持"

这样说,并非意味着我们对孩子不能说一个"不"字。我始终主张,和孩子要"以诚沟通"。我们要诚于己,诚于自己的内心。但问题是,我们的这个"己",常常需要优化。

我们很多人,是在自己父母的负面语言里"泡"大的。从小到大,我们自己的思维模式很可能就是典型的悲观者思维模式。如果不去觉察、改进,那么我们实质是在用过去艰苦环境下家长的教养风格对待自己的孩子。

另外，家长需要有能力审视自己的情绪和语言，搞清楚——你究竟是在和孩子有效沟通，还是借沟通之机在宣泄自己的焦虑恐惧。

太多时候，孩子很无辜地成为家长负面情绪的垃圾桶。然后当家长把自己的情绪垃圾倒好了之后，便开始责怪孩子的闹。想想，存了那么多垃圾，闹，那是孩子本能的保护性反应；不闹，您倒该担心了——那些垃圾迟早会在其他地方呈现出来，那将是更大的问题！

隐恶扬善、正面教育的另一个层面就是，我们家长要把关注点放在积极的事情上。这其实是教育中的一个大话题，这关系到我们怎样去理解教育。很多家长朋友问我，在这种情况下，我是该管还是不管？不管，他的问题会更严重；管，他就烦。**我劝家长，彻底改变"管"这种想法，变成"给帮助和支持"。**

我的建议里也常有这样的话：**先放下这个行为问题，站在孩子的角度想想他的困难在哪，可以怎样帮他，可以给他哪些办法。**

孩子出了点问题，不必惊慌，不必围着问题转，要着眼于基本建设，想想可以在哪方面多做点"扶正"的事情。

比如，孩子写作业磨蹭，做什么都磨蹭，我们要想的不是怎样去催促，去威逼利诱，而是教给孩子时间管理方法、增强他的学习兴趣，想办法给他有趣的事情让他盼着。

孩子胆小不爱交往，我们平时要在给他树立自信上下功夫，同时教给他交往技巧，多提供交往机会。

孩子看电视控制不住时间，我们要给他提供比看电视更有趣的活动，同时自己少看电视来做表率。

孩子撒谎，我们要改善管教方式，增强亲子间的信任度，让孩子可以在我们眼里安全地犯错误，同时满足孩子合理的需求；对不太合理的需求，认同孩子的感受和情绪。

孩子太黏人，我们要给他安全感，平时高质量陪伴，逐渐给他自己留一点空间，并多给他提供与其他家人和外人接触的机会。

孩子不讲理，我们要多关照他的情绪，并鼓励他说出自己的感觉和想法。

孩子总和小朋友打架，我们要反思在家是否太以他为中心，处处过于满足他；是否教给他社交技巧；是否培养过他的同理心；是否需要提高他的语言表达能力。

……

总之,如果围着孩子的每一个问题转,只是表层的"教育";如果方式不好,这就成了反向的力量。与此同时,家长还恰恰错过了进行真正的、深层教育的机会。这样,家长越来越焦虑,并且会无比沮丧地发现——自己已倾尽全力,但问题居然越来越多。

教养孩子,是良性循环还是恶性循环,就在你的一念之间。

总的来说,正面教育,并非让我们时刻小心翼翼不敢说话,而是要家长从内心有正面的、积极的态度。有了这样的态度,您说出来的自然就是正面语言,做的自然就是正面教育了。

所有的教养问题,都不是教养问题,而是家长自己的生活方式和生活态度的问题。能否对孩子进行正面教养,在于我们自己平时是否有成长型的思维模式,是否认为每个问题都是提示,是我们应该好好珍惜的机会;在于我们在生活中,是否真的能够拥抱、感谢每个小挫败。

作为家长,我们要有足够强大的心力、定力。您相信生活是好的、世界是好的,那么您就会把世界如实呈现出来,让孩子看到。

您,是孩子在这个世上遇到的最相信他的一切都会做好的那个人。我们的信念,就是孩子健康成长的沃土!

童言妙语

"我最近经常觉得我像男孩……"(五岁)

闺女很少买零食,今天在超市忽然要买一个小食品,为的是里面赠送的变形金刚玩具。我很惊讶,问她确定吗,她点头,说:"我最近经常觉得我像男孩……"我边交钱边说:"我也经常觉得我像男人!"

4 接纳、无条件的爱——允许孩子脆弱、有负面情绪

先看一个家长向我反馈的事例：

"儿子八岁，上二年级，做不好事情就哭。比如写作业，写字写不好就生气，纸都擦破了，一直哭。我过去想抱抱他，安抚他，说：'没关系，写不好就不写了。'没想到他更生气了，把我推开。后来我也生气了，说了些不该说的话，他狠狠地看着我的眼神让我心惊……"

类似的小事，或许每天都在发生。这时，我们怎样做才可以给孩子力量，才可以帮助孩子变得有抗挫力、更加强大？

上面例子中，首先，孩子做不好时沮丧哭闹，这让家长很生气，那怎么办？接纳！

接纳的意思就是：**允许孩子脆弱、崩溃，他可以在受挫时沮丧哭泣。**

如果我们真的能有这样的接纳，那么，在孩子有这些脆弱表现时，我们就不会再有那种挫败感，就能更好地保持平和的情绪。孩子需要我们多多接纳，尤其是下面这些情况。

第一种：敏感、脆弱、玻璃心，打人、不知危险、冲动……

我常听到家长抱怨，说他的孩子（三岁以下）如何敏感、脆弱、玻璃心，比如，被别人稍微冒犯，就崩溃大哭。我想提醒这些家长：您知道吗，此时，另一半家长正在发愁的是——自己的孩子打人、不知危险、冲动……

我的意思是，孩子的这些表现不一定都是您教养的问题。他现在的问题，只是因为他还小、正在成长。我们坚持好的做法、保持乐观、耐心等待他成长就好。

第二种：在成长过程中，允许孩子反复，允许停滞、倒退。

幼儿，特别是男孩，他们的成长可能是进三步、退半步。他们在某个方面突飞猛进时，或者即将要突飞猛进时，在另一个方面，常会有退行表现，比如，突然尿裤、突然不好好吃饭、情绪易爆发，等等。所以，当您觉得孩子最近突然问题特别大时，要把眼光放远，相信他一直在进步。有这样的接纳和承载，孩子就可以更快地度过这个阶段，继续他的成长。

再有，当我们感觉孩子脆弱不堪、哭闹点低时，多想想，他是否处于什么特殊状况中。比如，刚搬家、家里人员有变动、刚生过病体质虚弱，等等。有时，一向

很懂事的孩子，突然无故哭闹，那很可能只是因为他身体不舒服了。这时，家长需要细心观察，而不要满脑子都是要他坚强、怕他玻璃心之类的念头。

总之，要孩子坚强、强大，前提是，他知道他有父母的接纳和承载，他随时可以安全地"脆弱""崩溃"，这样，他才能放心地成长，逐渐强大起来。

5 正是你的期望和要求，才能帮助孩子成长进步

现在很多家长不敢提"高期望"这个词了，好像一说起这个词，就想起过去那种望子成龙型家长。其实，家长自然都渴望把孩子教育好。并且，专家研究家长的教养类型，得出的结论都是，教育效果好的家长，对孩子不仅有关爱接纳，也有高期望和要求。道理很简单：正是你的期望和要求，在帮助孩子成长进步。

记得有段王朔谈关于女儿的话，流传很广，大意是——我为什么要她成功，不就是挣一些钱、被一些人知道吗？我也很喜欢这段话，这说出了我们对某些世俗价值观不从众的独立姿态。

但是，作为家长，我们要清楚：无论是兴趣激情，还是各种能力，都不是一蹴而就，都来自我们在孩子出生以后的点滴教养。

我们需要提醒自己的是：第一，我们的教养目标要是全面的，而不只是成绩和成功。我们心里要有清晰的教养大方向，就好像指南针。第二，我们可以有高期望和要求，但是，遇到不如意的表现，多从原因上去改变，而不是只对结果发怒——只问耕耘不问收获。做最好的努力，接纳现状和以后的结果。

关于期望和要求，可注意下面这几点：

☆ 给孩子定要求和标准——比他目前水平稍高一点

孩子的自信并不仅仅来自他人的夸奖，还来自他对自己能力和价值的见证。比如，如果孩子开始学琴了，那么家长就应该对孩子有一些要求，要他每天练一点。这样积累下来，他的水平才真的有所提高，他的信心和兴趣也会随之增

强。当然，家长的期望和要求需要比较合理。我们给孩子定要求和标准，一个原则就是——比他目前水平稍高一点，要让孩子需要做一点努力，但又不让他费太多劲，以至于绝望、崩溃而放弃。这也符合教育家维果斯基很早提出的"最近发展区"理论。

✨ 对孩子的期望和要求必须从正面提出

正面提出对孩子的期望和要求，才是对他能力和潜力的信任。

这一点，不论是在最初提出要求，还是遇到问题需要解决时，都是如此。

比如，我们让孩子开始学一样东西本是好事。但有的家长说出来，就好像这是个惩罚。遇到孩子做不好时，我们可以说："我看你平时做事都很努力的，这个我们再多花一些时间练习，应该也可以做好的。"

不论具体怎样说，只要我们心里真的有这份信任，有正面的心态，我们就能说得比较到位。其实，**我们每时每刻，都要让孩子感受到我们的信任**。

有一次，我对正在吃西瓜的女儿说："我知道，你不论是我看着时还是没看见时，都在很好地成长，这让我很高兴！"

✨ 孩子做不好不生气，不过于主动去指导，保持平和情绪

孩子遇到瓶颈、挫败时，我们要教孩子积极应对。

比如，小幼儿因做不好而哭时，家长既不要为此烦躁生气，也不需要马上去把他哄好、止哭。孩子只有体验这种感觉，才有机会自己调整，自己选择应对方式，这对他的情绪发展很重要。

现在家长都知道共情很重要。但有时，真的不需要立刻去共情，可以在稍后和他聊时，说一句表示理解的话。并且，请一定记得，共情只是其中一个环节，最后一定要以启发孩子积极思考解决方法来结束。

对于大一些的孩子，比如前面提到的例子，孩子作业写不好这种情况，这时，家长要诚实于自己的心——如果这是他经过努力可以做到的，并且也是应该做好的，那么您就不要说"没关系，写不好就不写了"。

想一想，您真的认为"没关系，写不好就可以不写了"吗？

这时，我们观察一会儿，给他机会自己去处理。如果他需要家长帮忙，再去帮一点。

记住，只帮孩子需要的那一点，最后要让孩子觉得通过他自己的努力，是可以做好的。事后，把孩子叫来谈一下，平时可以做哪些去提高写字能力，还可以制订个小计划。

有一位家长向我诉苦："昨天早上起床后，孩子自己搭乐高的飞机，机翼部分他安装不了，就一边哭一边搭。持续了大概十多分钟，还是没有安上。最后他拿过来要我帮他装。我当时火很大，觉得他哭得我很烦，就给他收了。事后我又后悔了。然后趁他上兴趣班的时候偷偷给他弄好了。请问罗老师，我这么处理是不是有问题？"

像这样去帮助孩子效果恰好相反。为什么？家长先是为孩子的挫败情绪而烦恼生气，在孩子需要帮助时没帮，事后反倒替孩子做了，使得孩子没有亲手完成，没有获得成就感，以后仍然会缺乏信心。

✦ 什么样的要求让孩子内心充满自信

比如，有关自控自律的要求，可以提升孩子自控能力。当幼儿感到可以控制自己的行为，与外界减少冲突时，他会觉得自己有掌控感、有力量。再如，对孩子礼貌的要求，可以让孩子赢得外界对他的尊重，更有尊严，这可以给孩子内心增值。关于团结友爱的提醒，可以帮孩子建立更积极的人际关系……

不知是否有家长很怕自己的孩子，怕自己的约束和要求让孩子哭闹？我感觉，**对孩子有适合他年龄的、必要的约束、要求和一些拒绝，这对孩子有益。在这样的关系里，互动更有活力和张力，孩子更容易体验到自己的力量。** 否则，哪都碰不到边界，像陷入深不见底的深渊，反而会让人绝望。

✦ 任何时候都别夸大孩子的负面感受

似乎很多家长都有夸大孩子感受的倾向。小孩无论是哭闹、身体不适、受挫、对幼儿园学校不满……他所表现出的都只是他当时的情绪，家长爱子心切，感受起来，无意中就放大了很多倍。我们可以承认孩子的感受，指出事情可以变得更好，这些都是暂时的，帮孩子看到全景；同时启发孩子一起想，告诉孩子可以怎样做。

比如，当你的孩子回家抱怨小学老师如何不好时，我们可以表示理解孩子的情绪，但不能一直和孩子一起自怜自艾，并愤愤地要找老师去理论。有时老师的确应该做得更好，但只要老师的行为没有越过界限，那么，我们要教孩子尽量从正面去理解老师，对其有基本的尊重，同时多自省、做好自己。家长也要增加跟老师的沟通，多以支持配合的态度去跟老师交流。有时，当我们做了这些，我们跟老师的互动就会转入良性循环。

我们要帮孩子从受害者角色里跳出来。 孩子在未来一生里，都会遇到他难交往的同事或上司，他的生活里还会有各种tough（艰难的）的人和事，让他学会怎样应对，才是帮他强大。

☆ 年龄不一样，沟通方式和教养方法也要不同

正常情况下，孩子的身心只会越来越强大。但有些家长似乎沉湎于让孩子保持小宝宝的状态。 比如妈妈对待七八岁的男孩，用对待小宝宝式的抱抱来安抚，显然不适宜了，这只会增加孩子的抵触情绪。

我女儿在三岁半时，开始哼唧，当时我想：哈哈，你真是长大了，学会哼唧了！等她五岁之后再哼唧，我常会说："好好说话！"

现在如果她很过分地抱怨，我就会严肃地指出——你看，我们为你付出了哪些努力，你已经玩了……享受了……你付出了哪些努力呢？我对你的要求有哪些……我觉得，有时孩子自己沉浸在一时的情绪里，需要大人帮他清醒起来，回到正轨上来。

孩子当然可以有各种消极感受，但他们更需要学习的是，这时怎样转念，怎样让自己从情绪的泥沼里拔出脚，回到安全的地方，重新站立起来。

6 如何教孩子依内心原则行事

孩子在成长过程中，如果有自己内在的评判坐标，依内心原则行事，这比

较接近心理学家科尔伯格提出的道德发展的第六个阶段。我们当然不能强求孩子做到如此，但我们大人自己要努力去做到。不论对大人还是孩子，这都可以让我们内心强大。

比如，幼儿常常对他人的评论很在意，跟家长投诉说，别的孩子说自己怎样不好了。这时，问问孩子，你自己怎样判断？别人的话有没有改变你？引导孩子多听自己的判断，学会听自己心里的声音。

又比如，当我们在付出、帮助他人时，我们是富足而强大的。我们不必强求孩子做到怎样。但您要记得，时常把孩子放在主动的位置上，鼓励他做事，服务他人、关爱他人，那么他就有更多机会去感受自己的价值与力量。

为什么谈到这一点，是因为我看到越来越多的孩子，在被养得内心软弱无力，不是说没有变得更强大，而是没有正常成长应该有的那些强大。

不只是中国孩子如此，在全球都有这个倾向。那些要学生伐木、喂马、参与各种劳作的美国大学，比哈佛还热门，大概也跟这有关。

人类的基因变化速度是很慢的，但人类的生活方式、对孩子的养育方式，这些年却有了巨大的变化，所以有很多值得我们反思。

7 您可以给孩子做哪些正面建设

①家人间关系好、家庭氛围和谐，让孩子多和家人玩（特别是爸爸）。
②鼓励孩子多运动、多交往、多接触大自然、多接触社会、去各种地方开阔眼界。
③把孩子放在主动的位置上，鼓励他自理和做家务；在外鼓励孩子主动做事。
④照顾不要过于精细，不要过度教养；物质上档次不要太高，生活朴素一些，即便经济条件很好。
⑤经常给孩子讲有关勇敢、坚持、勇气、探险等主题的故事。
⑥给孩子示范怎样建设性地面对错误和失败。
⑦注意培养孩子发散思维、一个问题多解、从不同角度去看事情、换位思考。
⑧教孩子怎样保护自己、处理冲突，怎样理性地表达自己的感受和要求。
⑨不要试图屏蔽生活中一切负面东西，通常它们才是真正让人变得强大的

契机。当然,对于孩子来说,这些负面事物或压力,要适度,不要超出孩子的身体或心理的承受范围。

每天都有很多家长问我各种关于孩子敏感、胆小、脆弱、哭闹点低等问题。家长,特别是小幼儿的家长,**请不必因为那些现象发愁,仔细看看上面这些条,逐条对照。相信我——只要坚持正面去建设,那些小现象随时都会改变。**

 童言妙语

> **我对生活的满意之处(五岁半)**
>
> 周末和闺女聊对生活的满意之处,她说:"第一是我的性别;第二是妈妈;第三是我住的地方;第四是小学和幼儿园。"外婆在一旁追问:"那外婆呢?"她说:"妈妈代表了。"我深感,小孩的纯真和现实的荒诞,时时在相互映衬……

8 养育孩子,我们不应该是一个人在战斗

我女儿在幼儿园有个好朋友,她妈妈是朝鲜族人,是个不折不扣美丽、温柔、贤惠的妈妈,也很会教育孩子。孩子上幼儿园后,她家保姆离开了,孩子的爸爸又非常忙,她就成了全职妈妈。我们有时会在周末一起出去玩。某个星期一,她见到我说:"昨天上午和你们玩得挺好,不知为什么,下午孩子就发脾气了,什么原因也没有。"我笑了,因为我太了解这种情形了。我说:"我猜,问题不在你身上。"我知道她一定什么都做得很好。"没别的,就是因为她只和你一个人在一起,待久了,就会闹。你以后常约人来家里玩,或者带她去亲友家,有了别人,就好了。"

估计这种情况妈妈们都不陌生。一个人带孩子时,我们什么都做得很好、很对,但孩子就是别扭,他自己都说不出来为什么。我总结,这不是因为你做错了什么,而是因为,你是一个人在战斗。

为什么会这样呢？我分析有两个主要原因。在心理学上，关于自我，有"前台""后台"的说法。通俗地说，就是我们在人前表现出一种自我，在私下里表现出另一种自我。妈妈带孩子，如果妈妈和孩子单独在一起待久了，那妈妈和孩子就都是在"后台"了。也就是说，你和孩子之间，没有外人，都是自己人。

有时我们看孩子和爸爸、奶奶或者家里的阿姨玩得挺开心，等到转过来和妈妈玩时，事儿就多了，各种不舒服、各种烦恼都来了。我们深感委屈不解——明明自己是最辛苦的一个，凭什么这么对待我啊！其实，不是孩子欺负你，只是因为他没把你当外人，他从"前台"回到了"后台"。理解了这一点，我们就不必焦虑了——这正是妈妈和外人的区别！

另外，如果妈妈和孩子单独待久了，小孩的自我界线就模糊了，他和妈妈快要混成一个人了，这也会让他不开心。为什么呢？因为他好不容易才从没有自我的婴儿成长出来啊，他需要感受到自我，他需要感受到自己在长大。

同时，他当然也明白妈妈和他是两个人，这样妈妈自然就成了他推卸责任、倾倒情绪垃圾的好靶子。其实我们大人之间有时也会这样吧。

所以，当孩子莫名地不开心时，如果你越哄他逗他，效果越糟糕。此时，带孩子走出去，见见不同的人，或者请人来家里。

当孩子单独和别人接触时，他没有了在你这里的种种"前科"，没有各种情绪"债务"，他是以一个崭新的、完整的自我出现的，这种拥有独立人格的感觉，会让孩子焕发出新的能量。

如果你的确找不到其他人来参与的话，比较好的办法，就是用平和的情绪和孩子拉开一些距离，有界限，有你我之分。当你和他保持距离时，他的自我的界线就清晰了。他没有谁可以去发泄抱怨了，他就有机会自己调整好自己，然后，以完整的自我出现，重新和你寻求沟通（当然三岁以下的小幼儿自我调整的能力还很有限）。

另一个原因是，我有一种感觉——幼儿的确可以从更多的人身上汲取到心灵的力量。如果总是妈妈一个人，那即便你做成了超人妈妈，似乎你能给他的能量也是有上限的。前几天一位家长给我留言说，孩子近来变得非常敏感，总是担心这担心那的，都想带她看心理医生了。她说家里唯一的变化就是老人回老家了。我建议她带孩子多接触人。这位妈妈说，这阵子的确没怎么带她和别人玩。第二天她留言说,她和孩子讲,要请老师吃饭,包括那位对她曾经有些凶的老师,孩子一听就乐了,那种开心的笑是好久没有的了,似乎心里一下子多云转晴。

我这样给她建议,是因为她的事让我想起,我女儿经常会回想某个十一长假的日子。其实我们没去任何地方玩,但是那几天有两拨亲戚从外地来看我父亲,孩子都参加了聚会。她回想时,提到的就是"见了好多亲戚"!那几天舅舅也回来了,孩子和爸爸、奶奶也单独出去玩了几次,我又带她去和朋友聚会……总之,那是"人情能量大补"的几天。我在这里的亲友不多,平时难得有这样的机会,所以孩子留恋至今。

过去有朋友问我为什么不在国外生养孩子,我说其中一个原因就是国内有更多的家人。现在我也不打算在孩子很小的时候带她出国上学,也是觉得孩子同老人、同其他家人间的这种亲情纽带很珍贵,不忍心割断。我觉得这种亲情能给孩子心灵上带来的能量,是什么教育也无法相匹敌的。

当然也不一定非要是亲属才能和孩子有这种连接,如果亲戚很少的话,那么,其他熟人也都可以——邻居、同事、好友、小区里的服务人员、小超市的营业员等都可以。我女儿上幼儿园之前每天在小区转悠,和回收废品的阿姨、保洁阿姨、外婆的朋友们甚至保安叔叔,都混得很熟。

有一年夏天,我们小区有一栋楼的几家邻居,在小区院里支起投影仪看世界杯、吃烧烤、喝啤酒,几家的孩子们在旁边跑着玩,很温馨。还有一次在大学操场,看见一个小女孩和她爸爸足球队里的人很熟地玩在一起。这些都是很好的例子。

我猜,每次孩子和不同的人有积极友好的接触,这都是在给孩子补充爱的能量,都会滋养他的心灵,这些储备都会帮助他快乐成长。

所以,养育孩子,我们不应该是一个人在战斗。**我们要做的不是牺牲自己的一切,希望能把自己的全部能量都给孩子,而是搞好家庭关系、搞好周围的人际关系,给孩子打造更广阔、更丰富的能量加油站。**

外国有句话叫:"It takes a village to raise a child."——养孩子是个集体活儿,需要团队合作。作为父母,我们协调关系、净化情绪、营造积极氛围。**我们把人情环境搞好了,就可以放手让孩子在里面畅游。**

我和女儿的小朋友们都很熟,经常逗得他们缠着我玩。我们在淘气堡遇见的女孩被我逗得哈哈笑，然后把我拉进去，拉着我的手和我讲这讲那，我相信那天我给她补充一些能量了。**我们每个大人，其实都可以是别人的育儿团队里的一员。**

或者换句话说，**我们所有的家长，共同组成了一个无比庞大的育儿团队。我们互相支持、互相加油，我们的孩子现在和将来也都注定要互相支持、互相加油。**

比如，我写书既是为大家更好地育儿，也是希望我女儿能生活在更健康快乐的同龄人中。甚至，这或许也只是为了我自己——我们都将在孩子们主宰的世界中退休、变老，希望他们能把这个世界打造得更美好，这样等我们人老力衰时日子也会比较好过。

总之，为人父母者，从对自己孩子的爱出发，就应该有这种全局观，有团队意识。

把"我"的界线不断拓展、扩大，直至最后淡化，这是人生幸福之本。

所以请牢记：无论此刻还是未来，你永远都不是一座孤岛，你永远都不是独自一人！

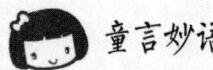
童言妙语

"我不想把我做的蛋糕送给别人……"（四岁）

闺女的班级要求每人做个小礼品，圣诞节时互相送。她做了3个轻黏土小蛋糕，忽然表情沉痛地和我说："妈妈有个事情……""啊？""我不想把我做的蛋糕送给别人……"说着眼泪就"吧嗒嗒"掉下来。"嗨！我以为什么事呢！那你就再做个别的呗。"她轻松转身去做，后来看到，她只做了几个纸星星放在盒子里想对付了事。我说："你自己满意吗？你要想象，如果是你拿到这个礼物，应该感到惊喜开心。你的礼物应该有你的真心祝福在里面！"她又去继续做。后来几经返工做出一个很特别的手工礼品。她自言自语："糟糕，我又舍不得了，不过没事，我照这样给自己再做一个！"

第三章

不让内向的孩子在误解中长大，你可以这样做

1 一个内向小孩的真实故事
2 内向的孩子生理、心理有什么特点
3 与家长的安全型依恋关系，会帮助孩子走向独立
4 对内向孩子的批评要适度
5 如何教内向的孩子人际交往技巧
6 帮内向的孩子动起来，给他足够的独处空间和时间
7 教内向的孩子认识到自己的独特和优势
8 在生活细节上照顾好内向孩子的日常生活
9 不要给孩子的潜力设置上限

1 一个内向小孩的真实故事

有个小孩很小就知道"内向"这个词,因为每次遇到陌生人,妈妈让她打招呼,正当她迟疑时,妈妈就忙解释道:"这孩子内向。"所以,在她小时候的印象中,内向是个不那么好的事情,是个需要和别人解释,好让人家能包容的事情。

内向不好,这也不只是因为妈妈的话,而是因为她自己的真实感觉。比如,当有很多人在场时,她会不知为什么就压抑自己,默默地当旁观者,时间一长,就觉得憋得难受。看到别的孩子欢快蹦跳,她很羡慕,可是自己就是做不到。

好在后来,她上了学以后,从小学到中学一直当班级干部。这给了她很多锻炼自己的机会。

但是即便这样,她知道自己还是内向的。因为她仍然不喜欢在人多的场合成为焦点;家里来客人时,她还是会感到手足无措,浑身不自在;很多时候,当她和别人交流时,她会猛然感觉自己是在表演,她的表情仿佛是在做戏,她觉得这很累,总盼着早点"卸妆",躲到"后台"……总之,经常会有那么一些瞬间,她无比清醒地意识到自己很另类,和别人不一样。她似乎总要很努力,才能让自己融入人群。她觉得自己像是潜伏在地球的外星人。

大学时,她的自信多了一些,她在宿舍里能聊得畅快,但她经常我行我素、独来独往。同学夸她气质好,她暗想,那只是因为自己比较内向又懒得表演而已。

后来她做过许多需要和人打交道的工作,也做过许多需要在众人面前表现的工作,她不再纠结内向、外向这回事了,因为她既有了足够的交际能力,又可以选择自己喜欢的生活方式了。没有工作需求的时候,她就宅在家里,读书、写字。她终于安于接受自己的样子，不再有另类的感觉。并且，随着知识的增加，她明白了并不只是自己有外星人的感觉，她还有很多同类。

再后来，她有了女儿，做了妈妈。她很庆幸自己已经有了一些心理学知识，所以不会觉得女儿的某些表现是问题，不为此焦虑。她丝毫不觉得这是女儿的缺点或是自己教养的失误，她很清楚，这些表现都很正常，这一切只是因为——她是一个内向的小天使。

当然了，我就是当年那个内向的小孩。

2 内向的孩子生理、心理有什么特点

研究表明，人们确实在气质上有内向、外向之别，并且这种差别多是先天的。内向、外向的人分别在思考方式、能量获取方式等方面有明显的不同。

✪ 内向的人思考时神经回路更长、更复杂

内向的人更多使用大脑前叶，也就是说，他们的大脑更忙、需要更多的时间思考。 而表现出来，就是我们看到的内向人的一些特点：**他们凡事三思而后行；有时显得犹豫迟疑反应慢；爱静不爱动**——因为他们的大脑经常处于忙碌工作状态。

✪ 内向的人长期记忆力更好，但是有时提取记忆很费劲

因为他们脑子里存了很多的东西，但是提取时会比较耗力。所以当被突然问到时他们显得迟钝，即兴回答能力差，但是**他们的思想有深度、学习效果更好。**

✪ 内向的人常常大器晚成

因为内向的人大脑前叶发育较晚，约在二十五岁才发育成熟，所以他们

常常大器晚成。

✪ 内向的人有自觉抑制自己的倾向，而不是冲动行事

因为内向的人更多使用乙酰胆碱作为神经递质，这使得他们的神经系统倾向于"减速"。

✪ 内向的人行动力差，因为他们想得太多

因为他们在行动之前考虑过多，他们对危险顾及过多，越想越怕，限制了行动。而外向的孩子常常是还没想就已经动起来了。

✪ 内向的孩子行动慢、说话慢、吃饭慢，所以常常被大人催促

其实这只是因为他们的大脑更忙、神经回路更长，并且他们的神经系统使得他们趋向减速。这完全不是一种过错，只是他们的生理特点而已。

我女儿在家里表现欲极强，对来客也非常热情，主动表演节目，给人家拿吃的。客人要走，一般她都要给拽回来几次，最后真的要走了，她还满屋子找礼物，最后随手抓一个自己喜欢的糖送给人家。但是在幼儿园，其他孩子抱着老师亲，她基本上不会那样做。放学换衣服时，别的男孩满地跑打滚，她只是看着笑，最多自己也跑两圈。新年晚会上，她被老师安排代表小三班给大家拜年，说得倒还行，但是表情不太自然，过后看录像自己还嫌声音小不满意。

幼儿园的老师都挺懂得孩子性格的，对我们说："你要是特意让她当众表现什么，她还不愿意；当她自己一个人，你不去干扰她，倒玩得挺好。"

✪ 内向孩子的优势

观察力强，想象力丰富，并且能独自玩更久；思想有深度，记忆力好，自律能力强；更专注、学东西掌握得更好、更喜欢钻研；情商更高，表现出来就

是更懂事、更善于合作……

✦ 内向和外向的人最重要的差别：对能量的处理方式不同

外向的人通过和人打交道或者接触新鲜环境来摄取能量，内向的人需要独处来恢复能量。所以内向的人不是不爱交际，只是交际会让他们感到累，需要静修来恢复。这一点大概外向的人永远都难以理解，正是白天不懂夜的黑。

所以，当我们了解了这些生理上的根本差异，再来看内向孩子的种种表现时，我们就会恍然大悟，彻底释然了。

其实，内向、外向，都不是优缺点，只是不同气质类型而已。

不过，现在的社会似乎是一个属于外向人的社会。我们需要一个人善于交往、张扬个性、表现自己、有行动力、动作快、节奏快、反应迅速，等等。所以，怎样在这样的环境里养育内向的孩子，保证他们不受误解，顺利成长，这是需要我们探讨学习的。

那么，内向孩子的家长该怎样做，才能让孩子更好地发展呢？

3 与家长的安全型依恋关系，会帮助孩子走向独立

有些家长怕宠坏孩子，或为了培养内向的孩子早些独立，就过早地和孩子拉开距离。结果会导致孩子情感上失去根基，反倒妨碍孩子独立。

小孩独立的前提是自信和安全感，所以在一定程度上，孩子小时候和家长的依恋关系越强，将来会独立得越好。

孩子在成长过程中，会把大人对待他们的方式内化。他会根据大人对待他的方式，在心里慢慢地树立起一个"内在看护者"。当他独自面对世界时，他心里的这个"内在看护者"就是他的依靠，而这，就是他自信心的最初来源。

对于内向的孩子来说，这个"内在看护者"尤其重要，因为内向孩子是更需求向自己的内心寻求能量和支持的。所以，对于内向的孩子，最重要的一点就是在他小的时候，给他无条件的爱，和他建立牢固的依恋关系。

4 对内向孩子的批评要适度

内向的孩子天生就趋向抑制自己的行为，自律性更强，做事情更能考虑后果，所以通常他们的行为问题不多。同时，内向的孩子也更容易生出羞愧、内疚、自责等情绪。所以当你要批评他们之前，一定要了解好情况，看看事情是不是自己以为的那样，分析一下孩子为什么这样做，动机是什么，免得误会了孩子。

对于不当的行为，认真告诉他那样做会有什么结果，下次最好能怎样去做，**这就够了**。内向的孩子理解能力都比较强，会听懂记住你的话。过多的指责批评，容易使他们更加退缩到自己的世界中，而失去尝试冒险的勇气。

5 如何教内向的孩子人际交往技巧

内向的孩子不是不能享受社交，只是他们会感觉较累，需要不时调整自己，恢复能量。

首先，我们要教给孩子怎样表达自己的感受和想法。

内向的孩子常常在心里说话，以为别人都知道了，实际他并没有说出来。提醒孩子，必须说出来，别人才能知道。

第二，要教给孩子怎样退出谈话或交往环境。

比如，当他感觉累或者没意思时，他可以找个借口走开，自己待一会儿；教给他结束谈话的方式。这样，他就可以找回自己的小天地，找到自己补充能量的机会。

第三，教给孩子拒绝的技巧。

内向的孩子不喜欢冲突，所以常常会为了避免冲突而委曲求全，结果被大人看作是软弱。而孩子之所以不懂拒绝，不仅是因为他缺乏勇气，更是因为他不知道该怎样拒绝。教给他办法，他就知道自己可以既保护自己的利益，又不会引起冲突，他就愿意去做了。

对于大一些的内向孩子,提醒他们,交往时间不要太长,中间自己累了就多休息。鼓励内向孩子交少数几个好朋友,而不是强迫他们和所有的孩子都要成为朋友。内向的孩子更珍视友谊,他们也通常在少数朋友面前可以更放松、更开心。

6 帮内向的孩子动起来,给他足够的独处空间和时间

内向的小孩爱静不爱动,天性使然。所以很多时候需要大人提醒他们去行动,帮助他们走出内心世界,和外面世界沟通互动。

内向孩子一般不喜欢有对抗冲突的运动。记得我小时候和小朋友玩一种游戏叫"过江城",需要小朋友之间互相撕扯拽拉,我当时也努力地玩,但感觉真是很痛苦,丝毫也不享受。我不喜欢篮球,更别提足球、橄榄球了,但我喜欢排球、羽毛球——就因为中间有个网。

内向的孩子同样需要运动。我们可以多培养他们做一些冲突少的运动,比如慢跑、游泳、武术、轮滑、乒乓球、羽毛球等。他们可以从运动中放松大脑,恢复精力。

几乎所有的孩子都喜欢有自己的小空间,内向的孩子尤其如此。我女儿常常喜欢用大床单蒙起来,或者用垫子搭小屋,当然很多时候也邀请我进去。可以把过去的小床蒙上半透明的窗帘改成小屋,让孩子玩。

7 教内向的孩子认识到自己的独特和优势

不用大人说,内向的孩子会观察到自己和有些孩子有不同,就像我小时候感觉到的一样。对于很多孩子,如果家长自己认识不够、态度不够好、要求很多,他们就会感觉自己有缺陷,进而影响自信心。很多孩子会悄悄地带着这些自我怀疑和困惑长大,在这个过程中,他们会错过很多激发自我潜力的机会,

会有很多时候感觉自己不够好。

家长可以通过对故事中的人物或是身边的亲属或小朋友进行分析，逐渐让孩子看到，不同的人有不同的性格，各有优缺点，并无好坏之分。让孩子知道自己的优势在哪，应该在哪些方面多提醒自己。告诉孩子，不同类型的人，可以有不同的学习方式、运动方式，长大了也可以有不同的生活方式。人和人不同是最正常的，每个人都是独特的。

总而言之一句话，就是让孩子接受自己、敢于做自己。

8 在生活细节上照顾好内向孩子的日常生活

三岁以下的小孩，在饮食睡眠等日常生活中，他的需求常常是有生理方面依据的，是我们应该尽力满足顺应的，不必按照我们心里的家规去严格要求。

我的体会是，外向的孩子主要的问题是更淘气、更闹，而内向的孩子似乎对日常生活中的细节更挑剔。换句话说，**他们对细节的变化更敏感、更难以适应**，所以家长要多理解，不要总认为是孩子不讲理、不听话。

内向的孩子会更喜欢生活有规律，不喜欢过多的变化和刺激。所以，平时我们最好保持有规律的生活。当必须有变化时，我们要提早和孩子讲清楚，给他更多的时间做心理准备。

9 不要给孩子的潜力设置上限

最后提醒一点：了解孩子的气质特征，有利于家长更有针对性地教养；但我们不要因此而给孩子设置过多的定势，给孩子的潜力封顶。**内向者同样可以从事需要交往和出头露面的工作，他们同样可以应付有复杂的要求、高速度的任务。**我们可以列举出比尔·盖茨等无数成功的内向人士。

孩子的性格是在先天的基础上，随着后天经历而不断变化修正的。包括孩子大脑里的神经回路，都是根据所遭遇的事情而不断形成新的快捷路径。所以，任何气质类型的孩子，都有无限的潜力，家长要帮助孩子敞开通向世界的大门，而不是因此把他的世界变小、变窄。

这个社会似乎是偏爱外向人的社会。但是作为一个内向人，其实我有时还会偷偷庆幸。因为我发现，正如我们每个人随着年龄的增长所体会到的那样，一个人内心世界的拓展其实更重要。并且，在一个快速喧嚣的社会里，懂得"慢"与"静"似乎就成了智慧。

所以，好好呵护你的内向小天使，帮助他们连接好内外世界，因为，他们将使这个世界更精彩、更有深意。

 童言妙语

"有没有什么办法让每个学生都满意？"（六岁半）

闺女无意中说，排练一个什么舞蹈，老师把她换到后排边上，前面同学个儿高挡着她，她不满。我说："假如你是老师，你有没有什么办法让每个学生都满意？"她认真想一下说："有，让大家站成半圆，中间的离观众远，两边的离观众近。"我说："你要是觉得可行就和老师建议吧。"

第四章

别忙着训斥惩罚，看看你可以为外向的孩子做什么

1 尽量利用游戏的方式来训练外向的孩子
2 对外向的孩子，多讲一些同理心，多培养后果意识
3 给规则包上糖衣，让外向孩子更愉快地接受
4 批评外向孩子要慎重
5 带孩子出去玩时别忘了做背后的功课
6 让孩子动个够
7 多给孩子提供交往和表现的机会
8 不要用自己的标准去要求孩子的生活习惯和学习方式

1 尽量利用游戏的方式来训练外向的孩子

很多家长觉得外向的孩子太缺乏自控能力、太不专注、坐不住、淘气,难以管教。我想,这里面最大的问题是家长管教的方式不适合孩子。其实,家长要尽量利用游戏的方式来训练外向的孩子。

比如,如果让孩子罚站,客观上也可以起到帮助他控制自己的作用,但是却会引来很多敌对情绪。另外,这样的控制是被迫的,并没有真的锻炼到孩子自觉控制自己的能力。

同样一件事情,如果家长说:"现在我们都开始扮演雕像,或者扮演英国皇宫的卫士,看谁能演的时间最长。"这样用游戏和比赛的方式,孩子就没有情绪问题,也锻炼了自律能力。所以,外向孩子的家长可以多带孩子玩需要专注的游戏,比如找不同、多米诺、拼图等。外向的孩子一般好胜心都很强,所以可以多利用比赛、激励等方法和他游戏,比如,看谁能更长时间不说话、扮演机器人等。

这些游戏只要家长坚持去做,孩子的专注和自控能力就会一点点提高。

另外,对专注力和自律能力的培养,也不只是外向孩子的任务,而是现在所有孩子的事情。只是这些对于内向的孩子更容易一些,似乎不用特意安排,他们自己就很享受这些活动,而外向孩子则需要更多引导而已。

我们常听老人感慨,说现在的孩子没有过去的孩子好带了。我看到美国有专家做过的研究,证明了这一点。比如,同样是保持直立不动,现在的五岁孩子,没有几十年前的三岁孩子做得好。

为什么现在的孩子普遍缺乏专注和自律能力?原因很复杂,比如外界刺激更多、电子产品的影响、自由玩耍的时间减少、养育方式变化、父母自身的变化等。不管原因如何，这说明我们对所有的孩子都要重视这方面的训练。对外向孩子来说，电子游戏的危害似乎更大，因为多数游戏都是鼓励短期奖赏回报，外向孩子本来就更倾向于追求即时奖励和瞬间满足，这种游戏会更加强化这一点，玩久了，孩子会变得难以忍耐和等待，不能忍受延迟满足，如果不能马上得到奖赏就选择放弃。所以，让孩子少玩电子游戏为好。

2 对外向的孩子，多讲一些同理心，多培养后果意识

同理心对孩子的情商和道德感的发展都非常重要。对外向的孩子，家长可以多讲一些同理心的道理，针对具体事件，启发孩子换位思考，尝试站在别人的角度去想问题。

同时，家长在对待孩子时也要多多共情，做同理心的示范。您这样对待孩子，孩子就会向您学习，也同样去对待他人。

外向孩子做事前思考的过程少，所以家长要经常提醒他们，多考虑事情的后果，培养后果意识。后果意识就好比是刹车，可以对外向人喜欢"加速"的神经系统起到牵制作用。

3 给规则包上糖衣，让外向孩子更愉快地接受

对于外向的孩子，规则意识的培养大有益处，这会帮助他们适当地约束自己的行为，以更好地完成各种任务、适应环境。规则的训练，原则是在孩子能力的边缘拓展。就是说，我们不要一步到位，而是先设定孩子只要稍稍努力就可以做到的事情；然后当孩子做到了，大加肯定，再继续增加一点难度。**新的规则要一次只落实一两个，做长线规划。**

另外，最好每个新规则都搭配一点什么好的事情，这个好事情也不见得都是什么奖励，积极的态度、乐观的展望、开心的氛围、漂亮的环境等都算是。比如当我要求女儿布置餐桌时，我拿出漂亮的花篮摆桌上，因为她喜欢摆宴席、喜欢漂亮的点缀，所以这个花篮就是好事情，这算是给规则包上糖衣，可以让孩子更愉快地接受。当然，**我们教给孩子规则时，最根本的原则是，帮助孩子理解规则背后的道理、价值观。让孩子明白，所谓规则，归根结底，往往只是爱的表达。**

4 批评外向孩子要慎重

外向孩子往往很淘气，更容易"犯错"，因此会受到更频繁的批评。其实，很多外向孩子的所谓错误，只是因为他们行动之前欠考虑而已。就像前面讲过的那样，这只是他们的生理特点，家长对此要多理解，不要上升到道德高度去批评。家长要做的是，帮他想办法，比如告诉他，当他下次觉得自己太激动时，先从1数到10，然后再去做某件事情。或者当他拿不准自己的做法是否正确时，先在脑子里"演电影"，预演一下，看看做完后，可能会发生什么事情。总之，给他方法，这比批评更有用。外向的孩子对别人的肯定和夸奖都很重视，所以多从正面引导最重要。

5 带孩子出去玩时别忘了做背后的功课

外向孩子喜欢去新鲜的地方玩，所以多带孩子出去，他们既开心，又可以开阔眼界。这里的建议是，**在出去玩之前、之后，家长别忘了引导孩子做一些功课，以帮助孩子加深思考深度，增强观察力、分析力。**

比如，带孩子去外地玩之前，可以引导孩子多看介绍当地情况的资料；去游乐场玩之前，可以找一些有关游乐场的故事书或科普书。如果家长了解具体情况，还可以给孩子布置一些观察思考的题目。回来之后，可以和孩子一起回顾游玩的经历，一起总结。

总之，外向的孩子出去玩容易走马观花，只顾着新鲜兴奋，家长帮助孩子做这些功课，就是利用孩子性格的特点，做顺势教育。

6 让孩子动个够

外向的孩子精力充沛，所以体育运动可以帮助他们消耗过多的精力。很多外向的孩子之所以坐不住，其中一个原因仅仅是——他们没动够。另外，在体育运动中，孩子也可以培养专注、坚韧、自控等方面的能力和品质。

7 多给孩子提供交往和表现的机会

外向孩子喜欢交往和表现，家长提供这样的机会，孩子会感到如鱼得水。家长也可以利用这些机会，去延伸、拓展，落实自己的教养想法。比如，我们可以让孩子在社交活动中增强同理心、后果意识；可以让孩子为了表演而忍受一点枯燥单调的练习；可以让孩子筹划社交活动，锻炼规划和思考能力，等等。

8 不要用自己的标准去要求孩子的生活习惯和学习方式

有心理学家曾对即将期末考试的大学生做过实验，结果发现，在图书馆里，选择喧闹开放地点学习的，多数是外向学生；选择封闭安静地点学习的，多是内向学生。

他们发现，对于外向的人来说，环境过于安静，他们会觉得沉闷难忍，反倒无法安心学习；而适当地有点外界刺激或社交接触，他们倒觉得自己很舒适，可以保持兴奋状态，所以能学下去。似乎这可以让我们理解，为什么有的孩子听音乐甚至电视开着也能学习。

但是对于幼儿来说，睡前的情况似乎正好相反。外向的孩子睡前最好没有任何外界刺激，否则他们会总是兴奋，静不下来。而内向的孩子，他们大脑过于忙碌，有时倒需要一点轻柔背景音乐，以帮助大脑放松下来。

所以对于孩子的一些生活习惯和学习方式，家长都不要用自己的标准去要求，而是要鼓励孩子自己多尝试、理性去选择，找到最适合自己的方式。

我们分析内向、外向，只是为了帮助家长更有针对性地教养。而对于孩子，我们可以通过讲故事、聊天等方式，根据他的理解能力，适当介绍不同性格的特点即可，目的是帮助孩子更好地认识自己，敢于做自己。对于一些敏感的孩子，这些如果说得过多，就会变成负担，变成心理上的框框。

其实，人受教育、成长的过程，就是要突破自己与生俱来的限制和定势，学会让自己的左右脑、大脑的前叶和后叶，更好地协调合作。

一个受教育少、成长发展幅度小的人，如果他外向，那么他就显得鲁莽草率、没头没脑，每天被自己的冲动所驱使，四处乱忙一气；如果他内向，那么他就显得沉闷孤僻。总之，两者都会让人觉得不可救药。

一个人如果受到的教育足够好，成长发展的幅度足够大，那么不管是内向还是外向，他都会显得很明智，在社会上找到一个让自己舒适的位置。既能恰到好处地聚拢同类，又能让微妙互补的人在他周围，同时也能更好地发挥自己的优势。

另外，就像我曾说的，每个人都是奇妙的复合体，人的性格是在先天的基础上，随着后天的种种经历而在不断变化修正。关于人的气质、性格类型，从过去到现在，曾有过很多种类的分法。这里之所以提内向、外向的分法，一是我个人的体会较深，另外也是这方面的研究结果较多，但毕竟，这也只是笼统的一种分法而已，不能概括各种具体情况。

所以，归根结底，**父母教养孩子，只要是从无条件的爱出发，尊重孩子的个性和天性，细心观察，用心想办法，慢慢地，我们总会找到适合他生长的水土，发现他这个小种子的秘密。**

延伸阅读：外向的人有哪些特点

有关专家的最新实验显示，内向人和外向人在思考时，大脑不同部位的血流量不同。外向人比较活跃的部位是大脑后叶，这表明外向的人思考时经常使用较短的神经回路。所以，**外向人的一个特质就是，反应快、行动快、行动力强，但是容易冲动行事，思考容易欠缺深度。**

再有就是我们都了解的一点：**外向人喜欢与人打交道、喜欢新环境、喜欢更多外界刺激，新鲜的信息让他们感到精力充沛、兴致盎然。另外，我们通常会觉得外向人更容易快乐。研究表明，这是事实。**

心理学家曾让内向人和外向人连续八十四天汇报他们每天的情绪状况，大家都是周一情绪较低落，随着周末的来临，情绪逐渐提升。但不管哪一天，外向人都比内向人拥有更多的积极情绪。就是说，至少在他们自己的主观感觉来看，外向人觉得自己更快乐（尽管内向人可能将外向人的某些快乐评价为"瞬时""肤浅"）。

外向人更快乐主要有两个原因：一是因为他们社交机会多，而人的很多需求，如归属感、价值感、成就感，等等，都能够在社交活动中得到满足；朋友也能起到缓解压力的作用。另一个原因是，外向人似乎更乐观一些，他们对奖赏更敏感。

比如，一个研究显示，同样遇到好事情，外向人会比内向人更开心。而当同样遇到不好的事情时，外向人却比内向人更少感到失望、受到打击。在同样模棱两可的信息中，外向人更倾向于乐观的猜测和预期。生活中我就有这样的感觉，当听到一个巨大的好消息时，外向人会把快乐爆发出来，欢呼蹦跳；而内向人则可能只是微微一笑，甚至会皱皱眉头。别人还以为他们在装酷，其实他们是真的一下子就想到了好事情也可能带来的种种副作用和小麻烦。

当然，这并不是说外向人一定真的是更快乐。他们的很多烦恼可能来自莽撞行事、判断失误，他们有时也会忽然发现自己整体在忙一些并不是很重要的事情。一些外向人到了一定年龄，有时会感到精力透支，因为他们给自己找了过多的事情在做。

 童言妙语

"真的把他教会了!"(六岁)

我闺女特别喜欢小弟弟小妹妹。有一次我讲课,她在外面和一个两岁多的小弟弟玩。小男孩很可爱,讲话也很好,就是不会用人称代词"我",什么都说"豆豆这样""豆豆那样"的。下课后豆豆妈告诉我,说我闺女花了好长时间,变换各种方式,教他用"我",最后居然真的教会了!终于成功让豆豆说"我"了!

第五章

学会"游戏力",你才与孩子处于同一"频道"

1 请不要用你的左脑和孩子的右脑沟通
2 每个妈妈都是故事妈妈
3 你是否正在使用"游戏力"沟通法
4 为什么家长普遍缺乏"游戏力"
5 一个有趣的家长,才是一个优秀的、有效率的家长

1 请不要用你的左脑和孩子的右脑沟通

偶然看到一本书:《故事知道怎么办》,是澳大利亚的一位资深幼儿教师写的。这位教师一直致力于研究故事在教育中的作用,是一位优秀的"故事医生"。她认为故事能够调整孩子的一切行为问题。当孩子出现诸如不诚实、贪婪、懒惰、不尊重、不爱惜等情况时,故事是最有效的良方。作者鼓励家长们"将故事织入家庭的'布匹'",书中列出了编故事的技巧,并整理了八十多个典型故事,按主题分了类。感兴趣的朋友可以找来看看。

这本书让我想起了给女儿编故事的日子。在她三岁半的时候,我就很久没给她编故事了。在她两岁半之前那些时间里,我倒是经常随口编故事逗她玩。当时我甚至都编出了几个系列,其中有的系列还在本上画了出来,那是她很喜欢的一个本子呢。

记得在她一岁多时,我编过一个系列故事,主角都是地底下的根茎类食物。每个故事的开头都是一样的:"小地瓜和小土豆打电话约好了要出去玩,它们不坐车、不走路、不骑车,它们……骨碌!"

还有些故事是我们去地下做客的:"我们怎么去的呢?我们有一天在电梯上忽然发现多出了几个按钮:地下一层、地下二层、地下N层……我们就按了试一试。电梯门一开,我们看到好多地瓜土豆洋葱们正在那里跳舞呢!"女儿无聊时会说:"妈妈,讲讲那些地下的东西吧!"

另一个有趣的系列也是以食物为主角的。其中一个故事讲的是:"小土豆不爱吃饭,出去寻找世界上最好吃的东西。它发现了一个零食王国。那里的草丛中长着五颜六色的棒棒糖,树上结着雪糕,房子是饼干做的,喷水池里喷着各种饮料，汽车是巧克力，总在路上留下很多车辙辘印……小土豆敲开小面包家的门要问路，看到面包妈妈正端着一盘子各色棒棒糖，对不爱吃饭的面包宝宝说着所有妈妈们都说的话：'看，为了营养均衡，我准备了各种口味的，只吃一个怎么能长身体！再多吃点！'（这是我女儿最喜欢的台词）……"

有一次女儿拉肚子，又不舒服又得饿着，就反复让我讲这个小土豆的零食王国，望梅止渴、画饼充饥啊。这个故事曾让她笑着挺过了挨饿的一天！

在我给她编的故事里，除了这些有成型系列的，更多的是随口编的微型故事。我拿眼前的任何东西去编，也会把她知道的所有虚幻人物都编进来。

有很多情况是，我讲她当时喜欢的某个虚幻人物坐车，然后我不动声色地报站名，正是我们这个小区的站名。那个人物进来，正好碰见一个小女孩，穿着女儿当时穿的衣服，两人打招呼……当她听出来那个小女孩就是自己时，总是惊喜万分，有时激动得要尖叫。后来，慢慢地我编的少了，她自己编的多了。

有一天，她还讲过要组织一个大生日宴会，把她喜欢的人物都请来，大人坐一桌，小孩坐一桌。我们曾经认真地研究过，一本书里的一个小豆豆宝宝能否自己坐在小孩桌上吃饭的问题。"加菲猫能不能够到桌子呢？"她说由她抱着。"妈妈坐哪呢？"她毫不犹豫地把我打发到大人桌去了。

仔细回想，我在女儿还是婴儿时就曾认真想过关于故事的问题。女儿一岁以内时，如果有个小玩偶陪她一起吃饭，她就很爱吃；后来，如果说这些食物都从她嘴里坐滑梯下去玩了，其他吃的也要和着一起进去玩，她就吃得很欢乐。当然大一些了就开始少了故事的引逗，多引导她正常吃饭。不过，当时我真的为故事的巨大魔力而震惊。

幼儿的逻辑思维发育尚处于初级阶段，他们更多在用右脑感知世界，他们的大脑对于趣味、游戏、情感等，更敏感、有更多回应。**很多话，如果以故事的方式和孩子讲，对他来说才是有意义的、才有效果，他才听得懂。**

穿衣服是钻山洞；刷牙是给小牙宝宝洗澡；糖吃多了，只有小舌头高兴，小牙和小胃都要生气了；早晨了，小被都睡醒了，要变形了，小被要变成小汽车了；咱们看看客厅里的玩具是不是半夜都活了，现在又假装不动弹了……

每天，无数个故事在逗引着孩子向前，让他向往着下一个生活内容。故事就是孩子的语言。孩子就生活在故事的世界里。

记得当时我还曾想过的问题有：为什么小孩天生对动物们有兴趣？为什么

小孩的故事常常用动物当角色？女儿当时很喜欢小猪。她又没见过多少真的动物，为什么也能接受能看懂动物演绎的故事？是因为动物形态各异好区分吗？还是因为人类在基因里、在集体潜意识里和动物本来就是比较亲近的，而小孩更是表现明显？据说，儿童的成长过程，在某种程度上也反映了人类进化的过程，那么或许孩子喜欢动物故事，也是因为人类在进化初期，就是和动物更接近、更平等的。

2 每个妈妈都是故事妈妈

由此引发的下一个问题就是，为什么在孩子的眼里，一切都是拟人的、有生命的？在孩子看来，周围的每一样物品都可以活起来，都能和他互动。故事总有个圆满结局。世界就是个大乐园，一切皆有可能。

对于这些问题，我现在想想，得出了一个另类回答：我觉得很可能孩子的看法是更正确的，孩子眼中的世界是更接近真实的。孩子的泛灵论，或许倒是更有道理。

想想看，我们和动物应该像现在这样遥远吗？各种物品真的没有生命吗？我们和它们果真没有在互动吗？难道各种事情都没有合理的结局吗？世界不是一个大乐园吗？一切不是皆有可能吗？

我忽然觉得不仅仅是小孩的想象力很可观，关键是小孩对待想象的态度很可取。我们这些大人，为什么每天每时每刻都要过得这么没趣？我们硬是给自己制造了一个比较灰暗的现实世界，还自以为高明成熟。我们也有点想象力好不好？也学一学小孩的世界观。

想象力真的是一种力量，是一种能让我们挣脱沉闷现实的力量，一种能促使改变得以发生的力量，一种解放大人的力量。

我相信每个妈妈都给自己的孩子编过故事，而且我敢肯定，每个妈妈都可以是故事高手，因为我们都有个好老师——我们的孩子。给孩子编故事，不只是为了开发孩子想象力，不只是为了更好地指导孩子让他行动顺利，也不只是为了逗他开心，主要是为了我们自己——为了让我们内心那个快乐的小孩重新活动起来，让我们这些不知不觉长呆了的大人重新发现自己的力量与灵气！

3 你是否正在使用"游戏力"沟通法

说到育儿的具体办法，我们平时最经常使用的方法，应该就是——"游戏力"。在传统的做法里，管教孩子，就是大人训斥，甚至暴力管教，让孩子感到羞辱、恐惧、失败，然后我们指望孩子把这些糟糕的感觉和不好的行为挂上钩，并能因此改进提高，下不为例。

然而事实并不是这么简单。当了几年家长之后，我们都会发现，这么做不灵。为什么？因为小孩常常不是依据逻辑思考去做事，而是凭心情。越小的孩子越是如此。所以，**管教孩子，先让孩子感觉很糟，这是下策；改善孩子的心情，帮助他处于良好的状态，这是上策。**

曾经看到古人对孩子"七不责"的管教方法，就是说，在一些情况下不要训斥责骂孩子，比如，孩子吃饭时、睡前、生病时等。

我理解，除了健康方面的考虑之外，"七不责"里面的道理就是，在吃饭、睡前、生病等这些情况下，孩子的状态不够好，所以表现欠佳可以理解。而且，由于状态不好，他也缺乏改正的心力。他此刻不仅心理的油罐匮乏，生理的油罐也是匮乏的。

很多时候孩子哭闹，事后我们会发现，那只是因为他饿了、渴了、累了、困了……如果这时非要去训斥孩子，到最后，你都会分不清他的闹里面，究竟有多少是因为他不懂事，有多少是因为生理上不舒服，有多少是因为你的糟糕情绪……

所以，这时的管教注定效率很低。

像我女儿哭闹，我都坚信那是因为她当时状态不够好。而她在状态好时都表现优秀，所以我坚信她是个好孩子。

实际上，我相信每个孩子都是好孩子。而家长要做的，就是帮助孩子维持良好的身心状态。我们除了满足孩子生理上的需求外，还要随时在心理上充满他的油罐。

我曾说过，每个孩子心里都有两个油罐：一个是爱，一个是乐趣。我们除了给孩子无条件的爱，还要给孩子乐趣。

怎样给孩子乐趣的油罐加油呢？用"游戏力"的方法。比如，当孩子早晨赖床，对于大一些的孩子可以制定规则；对于小的孩子，或者当孩子有身体虚弱、饿、睡眠不足等情况时，就要用游戏去逗引他。这时，你如果板着脸、催促、责骂等，都会收效甚低，所以最好趁早打住。

如果你乐呵呵地说："哎？我看见窗外的树枝和你招手呢！"你模仿树枝的语调，和孩子对话，和他开玩笑，他可能一骨碌就爬起来了。这不仅因为他好奇，主要是你帮他改善了心理状态，给了他乐趣。

孩子生病不爱吃药，你如果一脸着急的样子端着药劝诱，一定不管用，甚至拿糖诱惑都不见得成功。但如果你把药装到好玩的容器里，或者坐到一个特别的地方，甚至跟他玩不相干的游戏，他玩高兴了，可能不经意间就会把药吃下去了。

孩子学写字，拿笔不正确，不让大人教，写不好还生气。这时，你越是严格地要求、严厉地纠正批评，结果越糟糕。但如果你也在旁边一起写，用有趣的方式写，写他喜欢的字，画他喜欢的东西，练习控笔的能力，用好玩的说法描述字形，让你的字和他的字交朋友，一起玩……总之，把写字变成一种乐趣，他就很容易接受。

所以，**对于小孩子，几乎一切习惯的培养、行为的改善，一切学习和成长，都应该是伴随着游戏和乐趣进行。**

小孩子是一种特殊的生物，除了接受爱，他们还需要呼吸乐趣来成长。少了爱，他们的心中会缺少阳光；少了乐趣，他们就会心理缺氧。

实际上，**给孩子乐趣的油罐加油，意义并非仅仅在于此刻的管教，我们是在为孩子一生的心理健康储备能量。**我们每时每刻给他的乐趣，将会帮他形成一个人生核心的信念——相信世界是有趣的，生活是美好的、值得憧憬的。

孩子在童年时感受到的乐趣，将以某种方式，一直延伸到他未来的一生，成为他生命中的动力源泉，帮他享受顺境，渡过逆境。

对于大的孩子，常让家长发愁的是学习问题。其实，根本的道理是一样的。每天都有家长给我发私信，问孩子做事拖拉没有时间观念怎么办，孩子不爱学习就爱看电视玩电脑怎么办？孩子写作业磨蹭怎么办？

曾有一位妈妈说,孩子边写作业边哭着问:"妈妈,我为什么要写作业?为什么要学习?"我觉得孩子问得很有道理,很值得我们去思考。

这让我想起一句英语:"What's in it for me?"——我做这个事情,我能得到什么好处?想想这个问题,我们能给孩子一个什么样说得过去的答案?**先别谈使命感、理想、前途等这些高远的目标,先想想我们是否在学习的途中给了孩子足以支撑他前行的乐趣;我们是否想了足够多的办法,帮助他把学习这件本来就应该是有趣的事情,保持了趣味?** 如果我们没有做到这些,我们凭什么去责怪孩子不抓紧、不爱学习呢?

4 为什么家长普遍缺乏"游戏力"

"游戏力管教"的道理,我想很多家长不是不知道,而是难以做到。有段时间,我妈妈家又换保姆,中间有一段空档,没人帮忙干活,于是我每天在家时就不停地干活;那时我忽然发现,和孩子的连接变得很困难了。我也抱她亲她,也抽空和她互动,但是效率不高,就仿佛中间隔着什么,似乎我使再大的劲,也总是难以够到她。

为什么呢?仔细一想,是因为我的"游戏力"大大削弱了。

究竟是什么使得家长缺乏"游戏力"呢?想想我们每天的样子吧。我猜想,很多妈妈在单位里工作紧张,回到家,不但没放松,反倒进入战斗状态,满脑子都是紧张的日程表。我们不停地提醒自己,要搞定一件又一件事情。这时,我们不是一个感性的人,而是一个处理问题的机器。

当我们处于这样的工作和战斗模式时,看到迎面走来的这个可爱孩子,我们仿佛都无法准确识别他,我们看到的只是一堆问题,我们大脑的程序里只反应出"给他洗手""现在几点,他饿了吗""要我帮他做什么"等指令。而孩子当然无法和一个按程序运作、只反应冰冷指令的妈妈相连接了。

所以,恢复"游戏力"的关键,就是我们要留意调整自己的模式。回到家,即使再忙,当孩子走过来时,也要努力转换模式,和他温暖相拥一会儿。暂时忘掉要洗的菜、要从冰箱里拿出的肉、地上的脏东西、孩子的脏衣服、明天的工作……

只把目光聚焦在孩子身上,到他那个童话般可爱的世界里驻足一会儿。这样,你的心会变软变暖,你的万千种感知触角会统统开启,你身体里的那个小孩被唤醒,你和孩子的眼里会闪着同样的光芒……这些是多么值得珍惜啊,哪怕只有片刻。

话说回来,即便是从效率的角度来看,这种模式转换也是合算的:你或许花费了一点时间和孩子亲密,但这样的亲密会让你和孩子很快连接好,孩子不闹了,更合作了,你就省下了大量的管教时间。

5 一个有趣的家长,才是一个优秀的、有效率的家长

你是个有趣的大人吗?记得刚出国时,我有一个很大的感慨,就是觉得和外国人相比,自己在好玩、有趣、开心、找乐这些方面,似乎严重发育不良。外国人的快乐和 playful(游戏力)的指数之高,让我不仅仅是羡慕而是不解。

当时我曾想过,我无论如何也不可能嫁给一个西方人,因为我难以容忍他们过于浓郁的快乐。但我也反思:我的血液里究竟是被掺兑了什么,使得我这么趋向严肃?是传统文化?是教育?是不如别人的生活环境?还只是纯粹的民族基因?

现在当了妈妈,我有了几个新的认识:

一是优秀的、有效率的家长或教育者,应该不是威严的而是有趣的大人。

二是寓教于乐。如果我们大人自己都没有乐趣,我们就是徒有一堆素材,没有包装形式和推广渠道;结果,教育的内容就难以进入孩子心里。而我们的家长,幼儿园、小学、中学、大学的老师们,是否都意识到了这一点?是否具备和调动了足够的乐趣资源来进行教育?我们给孩子的教育环境中,是否有足够的乐趣可以让孩子透气?家长和老师们,我们能不能信心满满地对孩子说:嗯,我是个有趣的大人!

三是通过对女儿的观察和自己的反省,我发现人生来是快乐的。游戏精神人人都有,并不是后天学来的。人之初,本快乐。所有的不开心,都是长大过程中蒙上的尘埃。就像佛教认为,人原本都是有佛性的;修行就是拂去尘埃重

见佛性。而消除烦恼，恢复喜悦，这也正是修行的一大内容。

我希望女儿在成长的过程中，能尽可能多地保有现在的开心和欢乐；能和现在一样，随时随处发现喜悦；有力量随时清理尘埃，看到生活中的"亮点"……

我对孩子的要求其实并不高，就是希望她能最终长成一个——有趣的人！

 童言妙语

孩子才是催眠师（四岁半）

某个周日孩子起得早，中午我说："咱俩一起睡午觉。"她教我在幼儿园睡觉的方法——默念：闭上眼睛，身体不动，憋住哈欠——我问她为啥，她说打哈欠就得揉眼睛……最后，想象一大块胶把身体全粘住，就差不多了。如果还没睡着，就在心里讲一两个非常简单的小故事。我很惊讶，这不是催眠语言吗？她说这方法她从小班就开始用了！

第六章

让孩子当下幸福，
更要给他终生受用的幸福观

1 让孩子知道，快乐不仅仅只有一种
2 要孩子主动做"好事"，就别让他以为这是"坏事"
3 妈妈的心境，就是孩子幸福成长的软性环境

1 让孩子知道，快乐不仅仅只有一种

闺女上幼儿园的时候，喜欢一种玩具婴儿推车。她很幸福地期盼了一段时间之后，欢天喜地买到了。她美滋滋地推了几天，有时早晨还推去幼儿园招摇一圈。不过，渐渐地，更多的时间，她的小车开始停在她的"停车位"上。有一天，我问她："你不喜欢那个小车了吗？"

她说："喜欢啊！"她边喝水边想了一会儿，然后问我，"妈妈，为什么买玩具之前特别高兴，可买了之后感觉也就那样，还有点失望？"

我说："这可是个很大的问题啊，我来好好给你讲一讲吧。我觉得，人有四种快乐，你想知道哪四种吗？"

"想知道。"

"第一种是舒适愉悦。

比如，吃饱了就心满意足；天热时走到树荫下，就凉快了……小婴儿就是在享受这种快乐。他只要吃饱睡足，身上没有不舒服的地方，他就很开心。

第二种是欲望的满足。

比如，你想买一个什么玩具零食，满足了，就很开心。

第三种是做事投入享受。

一个人做事，很投入，很享受做事的过程，并且对自己的能力感到满意。比如，你做手工就是这样，做的时候别的事情都忘了，做完之后很有成就感。

第四种是做有意义、有价值的事。

比如，我们把旧衣服给山区的孩子寄去，我们知道这能帮助他们，我们心里就感到很快乐。"

"嗯……"

"我告诉你为什么你觉得买到了，就不那么高兴了。那是因为，第二种快乐的特点就是这样的，这种快乐比较容易得到，但是持续时间也比较短，很快就会消失。第三种和第四种快乐，就可以延续更长的时间。"

"那它们的缺点是什么？"闺女问。

我真不知道她究竟听懂多少！

"嗯，第三种做事投入享受，缺点是你要付出辛苦去做事，有时你要认真地学，不断练习，失败了再尝试，才能够做好。第四种的缺点是，有时候你想不起来去做，因为我们总在忙着寻找第二种快乐，我们一直在忙着满足各种欲望，都顾不上别的事了。你知道吗？很多大人都不明白这个道理，他们只知道前两种快乐，他们买了很贵的东西，然后发现很快就不快乐了，于是又去买更贵的东西……"

讲到这，我顺手拿起她喜欢的万花筒，把它拿在手里转起来："你看，我们的快乐就像这个万花筒一样，你如果不转，只盯着一个地方看，就不好玩了。你要享受一下第一种，舒适愉悦；然后转一转，满足一下欲望；然后再转一转，做一件自己拿手的事情；然后再转一转，帮助一下别人……这样变换转动，你就会总是感觉很快乐了！"

她抢过万花筒，拿着边转边看。

之后的一天，我们上完钢琴课，她感到很充实很开心。回家路上，我们进一个小店买儿童浴液，她顺便挑了一个漂亮的贴画。继续向前走，她觉得热，我从包里拿出扇子，她边走边扇，感觉好多了。到了小区门口，她一定要亲自刷卡开门，然后坚持要扶着大门，好让后面的人通过。等这一拨人都进去了，她才松手，蹦蹦跳跳地往家走。

看着她开心的样子，我掰手指给她总结说："哈哈，这么一会儿，我们四种快乐都有了对不对！学琴是第三种，买贴画是第二种，扇扇子是第一种，帮人扶门是第四种！"她开心地说："对！"然后我开始想，我自己的万花筒该怎样转一转呢？

2 要孩子主动做"好事"，就别让他以为这是"坏事"

目前从事积极心理学研究的专家很多，不同心理学家有各自侧重的研究领域。其中，开创积极心理学比较有影响的马丁·塞利格曼经过研究总结出有五个因素决定一个人的幸福程度：积极情绪和愉悦，投入做事时的酣畅感或叫"心流"体验，良好的人际关系，成就（当然每人定义不同），有意义的人生目标。

我这里和孩子说有四种快乐，当然也可以说五种，加上人际关系。但因为是对孩子讲，越简单就越便于理解。另外我还把做事投入和成就也放在一起了，因为对孩子来说，外在的成就没有多大意义，重要的是他自己完成一件事情时的成就感，而这种成就感和做事时的投入享受常常是连在一起的。

很久以来，有学者对马斯洛的需求层次理论有异议。我的理解是，在平均值以下的状态时，或者说在很初级生存状态时，人的确是对各种满足有层次之分的：先要满足安全感，之后逐渐升级，最终到体现个人价值等。但是，对于有基本生活保障的普通人，在生活中具体的每一天，我们怎样能让自己的生活锦上添花，增强幸福感呢？或许我们要采取"万花筒策略"。这也就是说，我们要对各种满足、各种快乐，轮流实现。

因为很多研究表明，许多所谓的成功人士，之所以幸福感很低，就是因为他们只对生活的某个方面投资过多，用力过猛，而忽视了其他方面，比如健康、家庭、友谊或心灵成长等。而如果一个人能够对各个方面都予以关注，同步进展，那么他的幸福感就会比较高。

这一点在我们的生活环境里也很有现实意义。或许由于文化的关系，我们很多人都会觉得，人生是要先苦后甜的，先忍受、吃苦，这样才配以后的享乐。过去常说"十年寒窗苦读""吃得苦中苦，方为人上人"，都有这个意思。现在人们的想法变了很多，但或许在潜意识里，我们仍然会对享受有那么一点负罪感。所以我给孩子讲这四种快乐，希望她——首先，拓宽快乐和享受的概念，快乐和享受不仅仅是愉悦和满足，还包括做事和帮助别人等。其实，从孩子自己的感觉来看，本来就是这样的。其次，不要给愉悦和满足加上"负罪感"，要给它们正名，它们是好事。

这样，我相信可以让孩子对快乐有个更加健康的心态。如果她想有某种愉悦舒适，比如坐摇椅、夏天玩凉水、吃舒适食品；或者想要满足某些欲望，比如买食品或玩具等，那么我们量力而行，但不论是否能满足，我们要肯定这种需求的健康合理性。

我常能看到一些家长比较糟糕的做法，就是一方面满足了孩子的需求，另一方面却对孩子的这些需求批评否定一通，搞得孩子一边享用，一边有罪恶感。

最后，我们让孩子看到，他让自己快乐的方式，不只是愉悦和满足，他还有更多选择，比如做喜欢做的事情、做有意义的事情。

我讲完这四种快乐之后，便对孩子说："现在你知道了吧，让你学东西，就是为了让你有持续时间更长的快乐。"她对此很认同，因为她自己的体验也是如此。

每当她做手工或跳舞时，她很投入很开心；每次上完钢琴课，她都很开心，觉得自己又学会更多东西了。有一次在公交车上她给老奶奶让座，结果人家要下车没坐。车上的人对她一通夸奖，她自然被夸得很受用。下车后她说："如果老奶奶真的坐了，我会更开心的！"

如果我们从这个角度去讲，那么对于孩子来说，学习、做事、助人等事情，就是孩子自己也渴望去做的好事，而不是家长强加给他、逼着他去做的坏事。

每当家长抱怨孩子不学习不做家务时，我常感觉，我们家长需要好好反省自己，是谁最初是把这些"好事"给包装成"坏事"交给孩子的？我们成年人，真的应该好好清理自己头脑中对事情的种种成见，努力看清事情的原貌。这样我们才有可能尽量少地妨碍孩子去如实地体验、认识这个世界。

 童言妙语

孩子编的谜语（五岁半）

某天我特别忙，让闺女帮我晾衣服。晾完她说："妈妈我说个谜语你猜猜看。长得像扇贝，贝壳却软软。小孩都没有，只能大人戴。要是忘记戴，就把人笑坏。""扇贝"……我已经笑坏了！她为了证明很像，还扣起来给我演示呢。我说是啊，像扇贝，连粉丝都有呢！

3 妈妈的心境，就是孩子幸福成长的软性环境

我们当家长的，有太多的事情需要我们保持淡定。我们每天都为孩子的每一个细节、每一个变化而担心：不爱交往、胆小、脾气大、拖拉、执拗、不专注、不看书、该起床不起床、该睡觉不睡觉……当我们把自己的忧虑说出来时，就会被告知：要淡定！我们举目四望寻找淡定，却又被现实劈头盖脸一通轰炸：做不完的工作、越算越多的结账单、超现实主义房价、不养眼的成绩单、臃肿的道路、另一个星球来的老公、打开微博微信还有一堆名人名言在教训你……我们怎样才能把这些纷繁叠加的画面化成一池微波不兴的湖水？我们拿什么来淡定？

☆ 归零淡定法

比如，你的孩子发脾气，不可理喻满地打滚，你气得举起手，感觉满腔怒火就要从手上喷涌而出造成巨大杀伤力摧毁力……我们定格，看看这时你怎样才能淡定下来。现在的一个流行词叫"当下"。当下——听起来很抽象。"活在当下"，听起来更抽象——我还不清楚怎么才能不活在当下呢，哈哈。不过很多灵修书里都在强调当下的力量。以我的粗浅理解，觉得它对于我们家长保持淡定很有用。所谓活在当下，我想，就是说要把自己的头脑和情绪清空、归零；要在脑子里，拿掉此刻之前发生的种种情况，同时也拿掉此刻以后可能发生的种种情况；要当自己是火星人初来乍到，当自己是刚从某个年代穿越过来……

总之，不去想刚才孩子都是怎么无理取闹、不可理喻，也不想自己一旦迁就那他就会一辈子无法无天后果严重。前面后面的都不去想，你就会发现——自己此刻正看着一个长得挺可爱的小孩躺在地上貌似有些痛苦疲惫。假如你是个头脑被清空归零的人，此刻看到这个情景，你会怎样呢？你会一脸平和略带微笑地问他："躺这儿干吗呢？好玩不好玩？要我帮你吗？"

其实幼儿最是活在当下的生物。孩子们真是变色龙，你用什么情绪笼罩他，他就反应什么情绪。你若是能把自己的情绪清空了、归零了，那通常他也会立

刻复原，甚至他会恢复到更好的状态，仿佛他本来就是在暗地里偷偷盼着你恢复正常呢。

讲个故事吧。一天早晨，我们好不容易早起了，终于可以时间充裕不迟到了，没想到就要出门的那一刻，女儿把一盘彩色小珠子打翻在地。她坚持要全都捡起来。我觉得这个想法也值得尊重，但是一边和她捡一边忍不住唠叨。不知是太追求完美还是怎么，心里真是恼火，起个大早赶个晚集，前功尽弃！我真是希望能这样一直唠叨下去直到解气为止。一看她，啥也不说，倒在那捡得很欢乐。

我住了嘴，想到了"淡定"这个词。清空归零之后，没有了刚才那些事，也没有了一会儿看到小朋友们都坐好开吃的情景，只有此刻：我正拉着一个穿浅蓝色羽绒服、戴粉红帽子、一脸无辜、眼神清澈、表情晴朗的小女孩大步地下楼——多么美好的画面啊，这个画面应该配上欢快的对白啊，最好再有点音乐……

其实当我们投入地做某事，或者当我们把注意力放在细节上，比如单纯地欣赏孩子长长的睫毛、漂亮的脸蛋时，我们都是在清空自己的情绪。我们不见得都有机会去学习禅修、静坐、冥想、静观等。但是，如果我们能学会暂时把自己的情绪归零，从而获得片刻的静止和定格，我们就给自己的理智争取到了一个位置，给了自己一个保持淡定的机会。老子说："致虚极，守静笃，万物并作，吾以观复。"有了这片刻的平静和距离，我们就能更好地看到事情的本相，更好地应对。

✪ 知识淡定法

其实说知识不如说"信息"更准确。我相信，很多事情，之所以我们难以淡定，是因为我们对事情掌握的信息太少，少得心里没底，慌了阵脚，开始纠结、焦虑。特别是对于未来的事情，我们仿佛是在和隐身人过招，感觉对方完全不可预测，于是百倍地焦虑。

我初当妈妈时就有点这种感觉。我想很多家长如果再养育第二个孩子，一定就能淡定多了，因为我们可以大致预知未来了，觉得搞定他也不过如此。但是现在，每一个下一刻都是全新的、未知的，我们像是置身于一场球赛之中，一切都发生得太快，瞬息万变。还没等我们掌握足够的信息，局势已经变了。我们想，如果能过后看回放录像，拉开距离去看，知道哪个球员跑到哪个位置了，那我一定能把这场球踢得更漂亮。可问题是我们现在就在场上，正在计时呢！

实际上，不只是养育孩子，整个人生都像一场球赛，全凭临场发挥。要想失误少，睁大眼睛、开动脑筋吧，努力获取更多信息，并且还要在潜意识里瞬时整理信息、迅速做反应。多掌握育儿知识和教育知识，会帮助我们淡定。其他事情也是如此，多掌握信息，会有助于我们理解事情；理解了，就少了很多无谓的烦恼。知道打雷闪电是怎么回事，就不害怕了。知道老公为什么和那个女同事吃饭，就不生气了。知道别人荣耀背后的代价以及奢侈所消耗的资源，就不羡慕嫉妒恨了。知道各国文化差异历史背景，就不自卑自大民族狭隘了。知道世间事情的变化规律，就不会对未来惶恐忧虑了。

在我看来，"但行善事，莫问前程"，就是基于这样一种信息的淡定法。

☆ 良知淡定法

讲一件我妈妈遇到的事。她去买东西，交款时，发现自己带去的小车里有两样上次买的东西，保姆忘了给拿出去，她眼神也不好，才发现。收款员像中了大奖一样，把我妈领到办公室。我妈那天买了二百多块钱的东西，忘的这两样加起来才两块九，钱不给就走不了。她想也是因为自己的疏忽，就当买个教训了，就给了钱。

回来后，越想越不痛快。我说，让他们查查监控录像就行了。不过都回来了就算了，多大个事，值得想这么半天呀。不过，上一辈人一直生活在小团体中，对名誉很在乎，所以她很郁闷。最后，还是我家新来的保姆有智慧，说："要是我，我也觉得憋屈。不过这也看你怎么想。你是清白的，你的神、佛知道就行了，别人爱咋想咋想。"我妈听了这话，心里顿时好受多了。当然，她第二天还是去要求查录像，商场的人也懒得查就把钱退给了她。

这么看，这次找到淡定的感觉，她的宗教信仰很有帮助。

其实传统的中国人即便不信佛，也信天地，所谓"天知地知"。另外，人们还常说"天地良心"，所以即便不信天地，还有自己的良心可以依托。明代大儒王阳明很看重良知的价值。他认为世间万物的道理都已经存在于我们的心中了，不必舍近求远到外物中去寻求道理，只要审视内心即可。"心外无理，心外无事"，就像现代人说的"外面没有别人"。

想一想历史上和当今社会，在无边的纷乱中，在无数不公平不合理不平等中，人们仍能在大多数时候基本保持淡定没有精神失常，靠的就是对自己良知的信任和依赖。孔子说："内省不疚，夫何忧何惧？"

所以，如果我们平时始终是依内心的准则和良知来做事，那么，我们无须太多外界的评判。遇事扪心问问自己，听一听内心的声音就可以了。

✪ 善意淡定法

前面说淡定和知识有关，但是只有知识却不懂做人的道理，一样无法淡定。在新闻里，我们看到有大学教师因为停车位问题和人打架致死，大学生因为倒车问题和环卫工人打架致死。这么小的事情都不能淡定，可见并没有学到生活的智慧。善意、无我、为别人着想，可以帮助我们淡定下来。

确实，如果我们仔细考察自己不淡定的原因，就会发现我们多数时候是为了自己的名利而不淡定的。如果我们能放下自己的名利，能多站在他人的角度去想问题，我们就比较容易淡定。少为自己而计较，就淡定了。

爱因斯坦说过一句大意如此的名言：我判断一个人的价值，最基本的标准就是看他在什么程度上从自我中解放了出来。

我们可以这样去想：如果一个人时时都在以为他人为社会的方式体现着自己的价值，时时都少为自己计较、少为名利而烦恼，那么，且不说他将来的命运会怎样，只要他每一刻都能这样从容淡定，他不就是已经过好这一生了吗？

✪ 终极淡定法

就是看到世界的虚幻性，或者说是出离现实的能力。

了解这个有很多途径，比如学习佛学，或者读一读《庄子》。庄子在《齐物论》里说，我看你们都是在做梦；我说你们做梦，这也是梦话。我这些奇谈怪论，万世之后遇上一个最明白的人，"知其解者，是旦暮遇之也"。庄子表现得就很淡定——时间的间隔不重要,早晚会有人懂这个道理的。

曾经在微博上看到作家胡赳赳说的一句话:"克制不是美德,想通了才是。"其实掌握淡定的本领,并不是要我们家长硬去压抑情绪,而是尽量从源头上去解决不淡定的因。家长当然可以有情绪,而且也应该给孩子做个好的示范,怎样去处理情绪。如果我们希望孩子能从容淡定地过一生,那就给他做个样子吧。

童言妙语

"谁叫累谁的嗓子!"(四岁)

放学路上,小区一户人家的狗叫个不停。闺女冲它回叫两声,然后不喊了,说:"算了,你叫吧,反正谁叫累谁的嗓子!"

第七章

每个孩子都能长成参天大树
——如何发展孩子的多元智能

1 人生来就有八个方面的智能

2 改变对孩子的评价方式：没有完美的孩子，也没有不完美的孩子

3 家长的哪些做法会阻碍孩子各种智能的发展

4 如何引导孩子合理发挥自己的优势

5 早一些让孩子了解各种职业

6 各种智能，没有高低优劣的等级之分

7 允许孩子过不一样的人生

1 人生来就有八个方面的智能

推荐所有的家长朋友都看看一个印度短片《地球上的星星》，片子拍得很好。故事讲的是一个小男孩，在学校是超级差生，在家随时都闯祸。校方觉得教不了，家长也无计可施，把孩子送到另一所寄宿学校。在那里，一位细心的老师发现孩子有读写障碍。最终，经过老师的帮助，孩子取得了很大进步，还在绘画方面显露出天赋。

真实生活中，多数孩子都比片子里的小男孩有更让大人满意的表现，但是，仍然有很多家长认为自己的孩子不够好，缺点太多，很让自己失望。我想，家长的这种感觉，主要是因为我们对孩子的认识不够全面深入。

通常，当你觉得孩子不够好时，并不是孩子有问题，而是我们没有读懂他。

我多年前在国外学教育时，最初接触到了霍华德·加德纳博士的理论。哈佛大学的这位教授的一大学术贡献，就是他开创了多元智能理论。

他的理论认为，人生来就有八个方面的智能：词汇智能、逻辑智能、图形智能、音乐智能、肢体智能、自然智能、人际智能、自我智能。每个孩子在不同方面的智能有强有弱，而每种智能在养育过程中是否得到唤醒，也决定了这种智能的发展情况。

加德纳最早的多元智能理论著作发表于1983年。我猜想，如果这个理论随着时间的推移得到更广泛的重视，那么未来的学校将不会是今天这个样子。

这个理论对我们家长有哪些指导意义呢？

2 改变对孩子的评价方式：
没有完美的孩子，也没有不完美的孩子

这个理论最重要的意义，就是它彻底改变了我们看待孩子的角度，改变了我们的评价方式。**而由此引发的更深远的意义是：孩子也将以新的方式来看待自己。**

根据这个理论，你不应该再问"我的孩子聪明吗"这样的问题。或许，你只需观察，我的孩子究竟"有怎样的聪明"。我们平时夸孩子"你真聪明"这样的话，也就成了多余的话、没有意义的话。甚至，我们基本无须再提"聪明"和"智商"这样的词，因为它们都应该被重新定义了。

换句话说，没有聪明的孩子、高智商的孩子，也没有不聪明的孩子、低智商的孩子。**没有完美的孩子，也没有不完美的孩子。每个孩子都是独特的，差别只在于不同的孩子，在不同的智能方面，发展程度不一而已。**

从这个角度出发，我们再去看小孩那些让大人头疼的种种"恶劣"表现，我们就会有新的认识。比如，孩子总是在动，一刻也静不下来，那或许只是因为他的肢体智能比较好，他是用身体动作来思考的孩子；我们不必当缺点去批评，而是要引导。

孩子弄坏玩具，或许是他逻辑智能发达，想搞清楚各种东西都是怎么回事；我们讲清道理，鼓励他做合理的探索。

孩子总是说个不停，有时自言自语，那大概是他词汇智能好。

孩子总弄出各种怪声，敲打碗盘，或许他的音乐智能正等着你去发展。

孩子乱涂乱画，说明他的图形智能正在萌芽，我们要引导。

孩子喜欢小动物，玩花盆里的花草，弄得满身是土，那是他的自然智能正在有待开启……

我们家长要做的事情其实很简单，就是——发现，引导。

当我们能这样看待孩子时，不仅有利于发展他的各种智能；更重要的是，我们将在心理方面给孩子支持和滋养。**家长的接纳、认可和鼓励，对孩子来说，就是让他更有安全感、归属感、自信和自尊。而这些，比智能的发展更重要。**

我可以想象，有很多图形智能、肢体智能、自然智能或人际智能有天赋、

发展得好的人，在整个上学期间，甚至一直到成年时期，都不被认为是聪明的人。他们自己大概也会这么想。他们等于是在观念狭隘的学校教育中受到了某种歧视。他们的潜力可能不被重视，他们的智能即使得到了很好的发展，也被认为是不够有价值的。

而在漫长的长大和受教育的时间里，这种隐性的歧视，对他们的性格和心理的影响究竟有多大，这是我们难以估计的。

如果我们家长能从孩子幼年时，就以这种观念去看待孩子，那么，孩子将永远不认为自己是不聪明的、次一等的、价值低的、不可救药的。我们的态度，就可以让孩子学会接纳认同自己、珍视自己、爱自己。

3 家长的哪些做法会阻碍孩子各种智能的发展

这一点很多家长都清楚，而且都做得很好。比如，看到孩子对音乐有兴趣，就买CD给孩子听；孩子喜欢画画，就买笔和纸，让孩子多画。

我想说的是，如果因为各种原因，没能及时给孩子提供发展的条件，家长也不必过分自责。各种智能的唤醒和发展如果能把握时机最好，但也并非机不可失。我们在孩子长大的过程中，总有机会去做的。最关键的是，不要限制阻碍就好。

哪些做法会限制阻碍各种智能的发展呢？比如，有时大人不了解详情，就主观地批评、评价孩子的做法和作品，或者过于追求完美、凡事都代办、对孩子做事缺乏耐心，这些都可能使孩子畏缩，停止有关智能的发展。

如果能这样深入细致地了解孩子，那就好比是我们看到了每个孩子的"说明书"，我们就能有针对性地帮助孩子，用他的强项去帮助他发展弱项。

比如，一位家长朋友说孩子喜欢画画，但是记忆力不好，学习不专注。对于这样图形智能好的孩子来说，他是通过眼睛的观察、通过图形来思考。我们可以用各种办法，让要学习的内容在视觉方面丰富起来，比如，用彩笔、荧光笔画线，做标记；用各种小图案、小贴画分类标记；把要记忆的内容画成图或表，贴在显眼处；多买画面生动的书籍……

另外，因为这些孩子通常都想象力丰富，所以他们对故事都会敏感，利用故事来学习也是个好办法。对于肢体智能好的孩子来说，可以让他们在学习时用手比画、走路或者做其他动作。总之，让他们身体的一部分动起来，这会让他们感到自在，会帮助他们思考和记忆。如果使用教具，让他们在摆弄东西的过程中学习，也会效果很好。多让他们做动手操作的事情，也会帮助学习。对于音乐智能好的孩子，如果把要记忆的内容编成有节奏的话，他们会觉得更容易记住。让他们多通过听语音资料去学习，也是好办法。

如何引导孩子合理发挥自己的优势

前面说过，家长的任务就是发现和引导。我们要让孩子知道，他的感觉都是有道理的，他的需求都是值得我们考虑的。但是，表现和发挥自己的智能，有合理的方式，也有不合理的方式。我们要告诉孩子，哪些是合理的，哪些是不合理的；怎样做是不会对他人和环境造成不好影响的。

比如，词汇智能好的孩子爱说话，要慢慢学会哪些该说、哪些不该说；要知道不能嘲笑、贬低他人，不能传谣说闲话；在不善言谈的孩子面前不要自视清高。肢体智能好的孩子好动，我们要告诉他们，在不同的场合，哪些动作可以哪些不可以，怎样做才不打扰别人。比如，我们教给孩子，在公共场所，他可以小幅度地动、用手指或脚趾动。

总之，当孩子有不够好的做法时，**我们在批评说教之前，先要细心分析一下，看看这是不是反映了孩子的某种智能发展的需求；然后再想想，我们有哪些方法可以引导，教会孩子合理发挥它。**

同时，我们也要慢慢发现，各种智能上的优势也会给孩子带来哪些不必要的困惑。比如，逻辑智能好的孩子，他可能想搞清楚一切事情的缘由；当他觉得搞不懂这一点时，就会感到受挫折，容易焦虑、退缩。图形智能好的孩子，在课堂上很容易被一些无关的视觉刺激分散注意力，这并不是他们不想好好学习，只是要想让他们不注意那些细节，实在很难。

5 早一些让孩子了解各种职业

我们都不能决定孩子将来的职业，但是我们可以给孩子从小做相关的介绍，提供机会让他多了解各种行业，鼓励孩子不断认识自己，发现自己的激情所在，为将来选择行业做准备。

我一直觉得，中国的家长和老师对孩子在职业方面的教育做得太少、太晚。早一些让孩子了解各种职业，不仅有助于未来的选择，更可以让孩子增强学习动机，把被动学习变成主动学习。

每个孩子都具备多项优势智能，而最能让孩子发挥潜力，也最能吸引他的行业，就是能够很好地结合他的这几种优势智能的行业。比如，逻辑智能、图形智能和肢体智能好的孩子，或许将来可以是很好的足球运动员，因为他能下意识地在脑子里飞快地估算出场上队友的准确地点和局势，他甚至对球的运动线路都能预测得更准。词汇智能和自然智能优秀的孩子，或许他会喜欢当个自然博物馆的解说员、游记作家或是自然频道的主持人。音乐智能、肢体智能和人际智能都好的孩子，没准长大了是个出色的舞蹈教师。自我智能、逻辑智能都很强的孩子，也许可以做个有贡献的心理学者。

当然，孩子各种智能的发展不是一成不变的，都是处于动态的。我们只能在孩子成长的过程中，逐渐观察，随时给孩子机会去了解、接触各种行业，然后等着他自己去发现自己的热情究竟在哪里。

6 各种智能，没有高低优劣的等级之分

在我对多元智能重新思考的过程中，有一个很大的感慨。我当初学习这个理论时，还没有孩子，只是当作一种理论了解的。现在我拿这个理论去想自己的孩子，忽然觉得我女儿除了在动作方面有些胆小之外，其他各项智能都很好，似乎都比我强。我想，这不是说她有多么完美，这大概说明，**多数情况下，孩**

子们处于萌芽阶段的各种智能，都比大人有更全面的表现。我们多数成年人似乎只在词汇、逻辑、人际和自我智能方面发展更多，而在图形、音乐、自然、肢体智能方面，和孩子相比，不但没发展多少，似乎还有所退化。给我的感觉就是，多元智能好像就是在描述儿童的种种丰富多样的表现。

这说明什么呢？我觉得，这反映了我们学校教育的问题所在。我们这些成年人，经过若干年的学校教育，被整齐划一地发展了某些智能、限制了某些智能。我们这些原本都很独特的孩子，被按照社会对劳动力的基本需求，制造成标准化的产品，供社会使用。

学校教育的作用应该是这样的吗？培训劳动力和培养健全的人，究竟哪个更重要？或许有人会说，在发展中国家，劳动力更有价值。但是，谁又能肯定，全面发展的人，就不会对社会的发展做出更大的贡献？

记得曾看过研究创造力的西方学者肯·罗宾逊的演讲，他说出了对现代学校教育的比较激进的批评。他的生动的说法是：孩子们在长大时，他们接受的教育逐步地从腰以上的上肢转移到头脑，最终，只剩下两个脑半球中的一个——左脑。他认为，学校教育只是在培养大学学者。

我想，每一个为人父母者，都会对教育有自己的思考。我们面对着自己的孩子，想象着他的未来，同时，也在考虑着这些教育的问题。我们可以私下里问问自己，是不是肢体、自然、图形、音乐智能，就比其他智能更没有价值，更不值得花费时间？各种智能是不是有高低优劣的等级之分？

我们的孩子都不是全能的超人，正因为如此，我们才更应该尊重孩子自身的特点，尊重他这个小种子的秘密，允许他长成他独特的样子。 而当学校教育不能很好地照顾到孩子的个性和天性时，这个因材施教的任务就是我们家长的了。我们在保证孩子能做一个合格的劳动力的同时，更要重视全面的人的培养。

7 允许孩子过不一样的人生

我们家长有时盲目认同学校教育的观念，或许也是因为我们对孩子的人生规划和设想太有定势、太过单一。我们大概永远都希望孩子走主流的人生之路，因为这样比较安全保险。但是，怎样的人生是主流的？怎样的人生是另类的？怎样衡量不同人生的价值和意义？我们的设想和规划，是否也是一种局限和束缚呢？

我想起我非常喜欢的两个绘本：《花婆婆》和《雪花人》。在孩子一岁多时，很偶然的机会，我给她听过这两个绘本的音频（其实我给她听过的东西很少）。她现在只依稀记得一点。我最近想起来，才把书都买来。

《花婆婆》讲的是一位女士按照爷爷说的，去完成人生的三件事：去很远的地方旅行，住在海边，做一件让世界变得更美丽的事。她旅行了；之后，在海边住下了；然后她开始找机会做第三件事。最后她终于找到了，那就是每天揣着鲁冰花种子，四处播撒，让花开到各个地方。

《雪花人》讲的是一个农民的孩子，从小被雪花的美丽所打动，然后他用一生的时间去给雪花和其他自然景观拍照，最后照片被结集成册出版，他也因此被人们记住。

据说这两个故事都取材于真实人物。《雪花人》绘本最后，附有一张真实的雪花人和他拍摄的雪花的照片。他说："我想，我为他们（普通农夫）所做的，是同样重要的事情。"

两个故事讲的是两种另类的人生，一个随性，一个执着，都同样让我深深感动。

有时我想，如果我女儿能够用类似的方式，去过让她自己无比满意的人生，我该是多么高兴啊。

孔子曾问他的门徒们每个人的志向，当几人说完了各自的远大志向后，曾点说了个另类的："暮春者，春服既成，冠者五六人，童子六七人，浴乎沂，风乎舞雩，咏而归。"孔子感慨：我也是这么想的啊！

孔子一生很入世，所以历来学者对此有各种猜疑解释。或许在孔子看来，那些远大的志向里，多少都夹杂了一些功利和虚妄的东西。而曾点的这个另类人生，倒显得更忠实于内心，更能体现人生本来的意义；甚至，这也是最难以达到的人生境界。

所以，我想，归根结底，我们在对孩子的教育上，是否有主见，是否有信心和底气，取决于我们是否敢于放开手，让孩子追寻自己人生的意义和价值；取决于我们是否敢于让孩子去过另类的、幸福而充实的人生。

允许孩子过不一样的人生，就是允许孩子有更多机会去追寻幸福和价值。

 童言妙语

"她吃雪糕！"（四岁）

闺女告诉我，午睡时她看到几位老师午饭后一起吃雪糕。他们一位老师怀孕了。闺女讲时叉着腰愤愤不平："哼！我没怀孕都不吃雪糕，她怀孕了还吃，真是太不合理了！"

第八章

这样做，可以提高孩子的人际交往能力

1　给孩子提供接触人和自由交往的机会

2　引导孩子多跟自己比，少跟别人比

3　教孩子具体实用的语言表达方式

4　积极乐观的家庭氛围，让孩子学到化解矛盾的技巧

5　孩子就是大人内心世界的镜子

6　爱心比社交技巧更重要

7　不同年龄段孩子的交往冲突，有不同处理方法

8　孩子间的交往冲突，正是他成长的宝贵机会

9　受到过大人尊重的孩子，才能明白尊重他人的意义

10　教孩子尊重，就是在优化他未来的人际环境

11　教孩子如何得体地反对或拒绝

1 给孩子提供接触人和自由交往的机会

很多幼儿的家长觉得孩子在交往能力上发展得不够。具体说，主要有两类情况：一是觉得孩子胆小、不爱交往、过于害羞、交往中遇到问题不会解决；另一种是孩子交往时有一些不好的行为倾向，比如打人等等。怎样培养幼儿的交往能力？

☆家长的期望要合理

当家长觉得孩子畏惧交往时，要先想想我们的期望是否合理。我们不能指望孩子能像成人一样大方地交往。孩子对待他人有内外生疏的分别，这是心智健康的标志。另外，我们要承认性格的差异，不能对不同性格的孩子用一个标准去要求。性格的所谓外向与内向不是不变的，也并无本质上的好坏之分。

有些家长很在意孩子在亲友面前的表现，特别是当还有其他孩子对照时。其实人多就兴奋的孩子不见得社交能力强，自我表现只是社交技能中的一个方面而已。所以不必因为这些给孩子压力。期望调整了，我们心里就少了很多失望、失败感，而这无形中就已经是在帮助孩子树立自信了。很多孩子不愿交往，最初就是大人催促、给压力所造成的。改变这个恶性循环，要先从家长这里开始。

☆家长自己对待社交的态度怎样

我们自己是否喜欢和人打交道？见到外人，是开心地寒暄、享受这种沟通，还是唯恐避之不及、硬着头皮强作欢颜？我们在和其他大人面谈时、打电话时，是怎样谈论这些事情的。我们的态度孩子都能感觉得到。

所以，对于抱怨孩子不喜欢交往的家长来说，应该先把孩子的问题放下，努力调整自己的社交现状。比如，家长与其逼着孩子和外人打招呼，不如自己很开心地打招呼，久了，孩子自然能模仿学习。

☆给孩子提供接触人和自由交往的机会

有些幼儿不爱交往，确实和接触外人机会少有关系。接触人的机会很好创造，比如，家里来客人，在外面多和人打招呼聊天，经常带着孩子去亲戚朋友家串门或参加聚会，在小区里接触其他小朋友，参加一些人多的游戏活动等等，都可以让孩子观察不同的人，增加互动机会。现在，我们都知道要多给孩子自由交往的机会，但是实际做起来却有这样的问题：

有时我们所谓的自由交往，并非自由交往——我们仍然在大量干预。

孩子稍微大一些，他的时间就被各种作业和兴趣班所占据，交往活动常被视为可有可无的选项，不知不觉就被挤掉了。

2 引导孩子多跟自己比，少跟别人比

很多家长都意识到要提供接触人的机会，但可能忽略了背后的功课。机会只是外部条件，更重要的是要具备内部条件，两者要同步。否则，如果外部过于强大超前，对孩子形成巨大的压力和负担，就会适得其反。

我想，安全感和自信是最重要的内部条件。**有安全感的孩子更信任他人，更相信世界上好人多、好事多。自信的孩子会更敢于展示自己、不怕被人评论。**

我们平时要帮助孩子树立积极的自我评价，对孩子不贬低、不苛求、多肯定进步、多鼓励、多关注好的变化。另外，对孩子的评价要真实客观，不要为了树立孩子的自信心就过多地夸。被过分夸的孩子，当他被放到生人中间，得

到真实的反馈时,就会变得更沮丧自卑。

树立自信的一个好方法就是,引导孩子多跟自己比,少跟别人比。减少对外界评判的依赖,就等于是让他的参照系统变得更稳定;这样,当孩子更相信自己的感觉和判断时,他就更自信。

而最根本的,还是——我们家长是如何对待他的。**孩子身边的这些家人,就是孩子最初学习人际交往时遇到的"人类样本"。**他们通过我们这些家长,来得出他们最基本的、关于人际关系的信念和理论。

3 教孩子具体实用的语言表达方式

那天,我拿一些小饼干让女儿放学和小朋友分享,我发现她举着饼干走到小朋友旁边,啥也不说。很多时候,小朋友们正忙着穿衣换鞋,根本没看到,她就默默地追着给。看来,三岁的小孩,人际交往的技巧是家长教的——如果想引起他人注意,应该喊对方的名字或称呼。

我女儿过去放学和老师再见时,常常不管老师在做什么,大喊一声"再见"就跑了。我说:"要走到人家前面,喊老师,看到老师在看你了,你要看着老师的眼睛再说。"很多我们以为自然的事情,小孩需要教给才知道、才能会。需要教的社交技巧太多了。除了基本的礼节外,还有下面这些具体方面:

☆怎样拒绝别人

"谢谢,我不要。""谢谢,我等一会儿再吃。""我现在有事,不能……"

☆怎样引起他人注意

喊名字或称呼,然后说"打扰一下……"

⭐ 怎样要求、请求

"我可以……吗？""麻烦你……""请你……""你能不能……""我想……行不行？"（我女儿有一阵每当我做别的事情，她要吸引我注意时，就故意跑过来说："麻烦你……"我心就软了）

⭐ 怎样陈述事实

什么时间、在哪、谁做了什么，然后发生了什么，最后什么结果。

⭐ 怎样完整地表达自己的想法

"我感觉……""我认为……""我希望你……""因为他这样做，所以我觉得……""我不喜欢他那样做，因为我觉得……""我本来想……结果……"

如果别人没听懂或没听清，要换另一种方式表达。

⭐ 怎样更具体地表达感谢和喜欢

"你能……我太高兴了！""你帮我……太谢谢你了。"

⭐ 当自己的东西被抢时

"把它还给我，我还没玩够，等一会儿我第一个就给你。"或者找个其他玩具给对方："你先玩这个，咱俩交换。""我们轮流玩，现在轮到你玩那个了。"

⭐ 怎样加入到别人的游戏中

先观察别人都在做什么，了解游戏内容和规则，然后按照游戏内容做一些辅助的事情，慢慢地就可以加入进去了。

⭐ 怎样提建议

"我建议……""我计划……""我提议……""我有个好主意……""我想出一个好办法……"

⭐ 怎样观察他人的感受

他是什么心情?生气还是开心?和刚才有不同吗?为什么?考虑自己行为的后果——如果我……那就可能会……

明白做事情有合适的和不合适的时机,教给孩子观察局面。寻找更多的解决方法——除了这个办法,我还可以怎样做?还有没有其他办法?

⭐ 讲条件、谈判的方法

"如果你……我就可以……""你要是能……我就答应你……"

⭐ 如何制止别人不好的行为

看着对方的眼睛,大声说:"你不可以……""你不能……""不许……""停止……""住手!""把手松开!""放开我!"同时学会寻求大人帮助。

⭐ 怎样讲道理

"你不应该……""……是对的……是错的。""不能……因为这样不公平。""这不合理。""……违反了游戏规则。"

⭐ 怎样道歉

"很抱歉我……""对不起,我不应该……""抱歉,我不是故意的。"

✪ 怎样安慰别人

"别哭了。"递给他一个玩具:"我陪你玩一会儿。"

✪ 怎样为自己辩解

"我那样做,是因为……""当时……""我没看见,没听见……"

✪ 如何学会倾听别人说话

别人说话时认真听,不打断,听懂意思,明白对方的想法,记住重要信息。

我在国外接触教育界时了解到,美国有儿童发展心理学家专门设计出一整套训练计划,就是教给幼儿这些基本的社交语言和解决社交问题的方法,他们在许多幼儿园试点。实践证明这些训练成效显著。孩子们经过这样的语言和思维训练后,社交问题明显减少。我们国家缺乏类似的训练,需要我们家长多去做。

现在很多家长都知道要尽量让孩子自己去处理交往问题、自己处理纠纷。我想,这一定要和有技巧的教育结合起来。不能既不教,也不干涉,全凭孩子自己悟。我通常的做法是"背后教(事先教,或者事后总结时教)";当面只要没有安全问题,就少干涉,让她自己锻炼发挥。怎样教给孩子这些技巧呢?我想,可以在和孩子的互动中去示范这些技巧,也可以和孩子玩游戏去演练这些技巧,比如用孩子玩的玩偶去演练。教时,要以积极乐观的基调,融合在游戏里,否则就成施加压力了。

4 积极乐观的家庭氛围,让孩子学到化解矛盾的技巧

积极乐观的家庭氛围很重要。如果大人太严肃、太严厉、对孩子打击批评较多,家庭氛围不活跃,那么孩子开朗活泼的天性就会受到压抑。当孩子不惧怕他人、对自己行为没有过分的担心时,他就更乐于交往。当孩子对未知事件趋向于乐观的预期,认为一切都会向好的方面发展时,他就不会太畏缩迟疑。

在这样的家庭氛围中，孩子能学到化解矛盾的技巧，如幽默玩笑、嬉闹、宽容理解、调和、折中让步等，而不是学到刻薄、指责、讽刺挖苦、得理不饶人。孩子会把积极乐观的态度带到他的交往环境中去。

5 孩子就是大人内心世界的镜子

我带孩子去商场，在等电梯、等交款时，常会遇到同龄的孩子。三岁以下的还不太会交往，而遇到比我女儿大的，就有这几种情况：一种是，互报完年龄，对方孩子就用无比傲慢的态度说："她才那么小！比我矮多了！我都能……了！"另一种是，对方孩子看到我们就马上气场减弱，也不说笑蹦跳了，躲起来不作声地观察，然后对方妈妈就有点担忧地开始问这问那。好在我女儿对这些好像不太敏感，她只是做一些客观的观察和比较："小姐姐衣服的颜色和我的不一样。""小哥哥手里拿的啥？""你上哪个幼儿园？"人家傲慢，她好像没受影响，还挺乐。

通常这样的时候，家长都是什么也没说也没做，但我感觉孩子已经把家长心里的想法全都表演出来了。就是这样——孩子是大人内心世界的镜子。

6 爱心比社交技巧更重要

社交技能的教育方面我们有很多需要跟国外学习的，不过，中国传统文化中也有好多这方面的内容。很多人可能觉得传统的一些处世名言是在教人圆滑老成，但我想，这看我们怎样理解。深入去理解，我们就可以从中发现这些名言所体现的品质。

比如，翻开《论语》，有关交往方面的内容俯拾皆是："君子和而不同"说的是坚持和包容；"巧言令色，鲜矣仁"是为人要真诚；"益者三友，损者三友"说的是交友原则；"其恕乎！己所不欲，勿施于人"是推己及人、体现同理心的黄金法则";"君子不以言举人，不以人废言"体现了平等兼容的精神；"君子求诸己，小人求诸人"是自律和宽以待人；"君子矜而不争，群而不党""君子周而不比，小人比而不周"是善于合作不搞帮派……

太多了，不一一列举。

先秦儒家的经典中说了很多交往方面的具体做法，其中所体现的也多是如今仍然适用的重要品质，只是古代人和现代人所用词语不同，或者其中只强调做法没有明确指出背后的品质而已。

同时这也说明，交往的技巧重要，背后支撑的基本品质更重要。

培养孩子的社交技能，就是通过这些事情，来塑造一个孩子最核心的基本品质，这可以决定他未来一生幸福与否。

我们要培养的，就是一个有爱心的孩子。一个爱心很足的孩子，当他面对复杂的人际环境时，自会灵活变通地想出种种合适的方法去应对。

是君子，有爱心，那么"四海之内，皆兄弟也"。

7 不同年龄段孩子的交往冲突，有不同处理方法

四五岁是孩子与人交往的一个窗口期。

如果一个孩子四至八岁的时候，家长总是让孩子去上补习班，占用很多时间，搞得孩子没有机会和其他孩子自由交往，那么，等他长到更大一些——开始区分人与人之间关系的时候，他会觉得自己很难和新的朋友玩到一起。错过了这个阶段，他很可能就失去了学习处理交往冲突的最好机会。这样，孩子长大后就很有可能变成一个不善交往的人……

那么，孩子在交往中发生冲突时，家长可以怎样应对？下面分年龄段来具体分析。

三至五岁小朋友在游戏间发生的冲突

这么大的孩子，在游戏间会随时会爆发小冲突，比如，因为抢玩具，因为有不同意见，因为对方破坏了自己的作品，等等。

①家长平时就具体事件，教孩子一些处理技巧，比如轮流玩、用其他东西

来交换、委婉拒绝的方式、怎样清晰准确地表达自己的不满和要求,等等。被教导过的孩子,往往能更好地解决这些冲突。

②家长不必对孩子的游戏过于严密地监视,遇到问题时,只要不涉及安全,就不必太急于去支招。很多时候,静观其变,会发现孩子们自己摸索出了解决办法。他们需要在自己交涉中摸索规则。

总之,完全不教不管和过于严密地监督保护,都对孩子发展交往能力不利。孩子有自己探索尝试的空间,他才能发展出比成人所想到的更丰富、更灵活的社交策略。

四至七岁孩子间搞小团伙、搞排挤

幼儿特别是女孩,大概都有过被别人搞小团伙排斥的经历吧?不同年龄阶段,这种行为的原因和含义都不同,要区别对待。

情境A

三至五岁阶段。一个小朋友说:"我不跟你做朋友了。"

解读:这往往意味着——他此刻跟对方有不同意见,无法一起继续玩或他此刻心情不好,不想跟任何人玩,而不是真的表示"我以后永远不想跟你做朋友了"。

家长的回应:如果当时孩子没有在意,家长不必深究,因为他大概也没当回事。如果孩子为此烦恼,家长可以让孩子复述当时的经过,想想有没有什么自己做得不对的。如果他没有做错什么,那么引导孩子看到对方的实际意思可能是怎样的;问孩子,如果是他,他会怎样表达,并教孩子如何才更准确,不会让别人误会或伤心。

情境B

三至五岁阶段。两个小朋友,看到另一个孩子要来加入,对他说:"我已经有好朋友了,我再不能跟你做朋友了,我们不带你玩。"

解读:这么大孩子这样的语言,不见得是真的排挤行为,这更可能是——他们的社交能力有限,目前阶段,只能胜任两人的关系,无法应对多人关系。

家长的回应:被"排挤"的小朋友的家长,如果确认自己孩子没有做过什么冒犯对方的事情,那么不必太介意。可以像上面一样稍微跟孩子解释一下,或者都无需解释太多——我们确保自己没有做错就可以,至于别人的行为动机,有时我们真的无从了解。

然后家长可以自己跟孩子玩，或者鼓励孩子寻找新的玩伴或者让他想出新的玩法，来吸引别人一起玩。

告诉自己的孩子，要锻炼多人一起玩的能力，玩时团结大家在一起；如果对方有错就好好沟通，尽量不要排斥别人。

情境C

七岁以上的孩子。几个同学合伙孤立另一个同学。

解读：大孩子，特别是在女生之间，也常会发生这种情况。如果说，男孩的暴力是动手打架，那么这样搞团伙排挤一个人，可以算作女孩的"暴力"。家长对此不能采取完全放手的态度。

造成这种情况的原因比幼儿矛盾更复杂，需要具体观察分析。比如，可能其中一个孩子处于领导地位，要组织自己的"队伍"、控制其他孩子。也可能是被孤立的孩子太优秀、被老师宠爱或平时过多指挥他人。对于男生来说，身材瘦小、不善交往或与其他男生兴趣点特别不一致的孩子，往往容易成为被孤立被欺负的对象。

家长的回应：如果发现这种情况，无论您的孩子是哪一伙的，我建议家长都要跟他多多沟通，了解情况，然后正面教育。我们可以选择跟谁或不跟谁玩，但不要搞小团伙、孤立别人；如果对方有错，或者双方有矛盾，要正面沟通，寻找共赢之策，最终达成和解；我们要学会理解、善待、宽容别人。

8 孩子间的交往冲突，正是他成长的宝贵机会

☆ 交往冲突不是坏事，不要为孩子完全屏蔽掉，没有这些经历的孩子永远无法提高交往技能

幼儿的交往行为常是实验性质的，而非我们所想象的那样的恶意欺凌。他们需要在各种尝试中，探索交往的规则、尺度、各人的边界，并发展出更灵活的交往策略。

有些家长，对于攻击性比较强或过于好动的小朋友特别反感，想方设法让孩

子远离这些小朋友，甚至暗中希望这些孩子别在自己的小区、自己孩子的班级里。

其实，现在的独生子女，有家长的精心呵护，时间安排又紧，都像是罩在无形的玻璃罩里。所以我们不仅要多给孩子自由交往的机会，甚至要感谢有不同性格小朋友的存在，因为我们的孩子正是在这些经历中，学会与不同类型的人交往，发展出更丰富灵活的策略。

并且，我觉得学前幼儿都很单纯，无论他表现得多么"顽劣"，他们都是好孩子，都可以很好地成长。我们的各种评判或许只是自己的偏见。

当然，作为家长，我们有必要给自己的孩子提供机会，接触不同的小朋友，帮他丰富玩伴类型，而不是长期一对一地跟另一个小朋友玩。

☆ 不要用成人的思路去揣摩幼儿的交往冲突

正如前文所解读的那样，我们不要把所有的冲突都理解为恶意欺负。幼儿间的冲突，多数都只是由于他们交往技巧贫乏所致。比如，一个四岁孩子的外交辞令或许就只有这两个："我跟你是好朋友！""我跟你不是好朋友！"

正常家庭环境里长大的孩子，心中都没有那么多恶意。相反，他们在自由交往中，所发展出的种种规则和策略，往往都是互惠的、善意友好的。比如，他们通常不肯对其他小朋友做比较恶劣的攻击动作，因为——他们不希望别人也如此对待自己，这其实就是最原始的、朴素的"恕道"。

另外，三岁以下的幼儿，他们头脑里的自传式记忆还没有发展，这使得他们看起来"不记仇"——他们转身就会忘掉刚才的不愉快，他们不计前嫌，很快又被"欺负"过自己的小朋友所吸引，一起玩得火热！

☆ 不要把家长自己的受害者思维传给孩子

幼儿间有冲突时，与其想我的孩子被欺负或孤立了，不如多鼓励孩子有积极主动的思路，多想想，他是否给游戏带来了新的玩法、他是否尊重了每个小朋友的意愿、他是否想出了让大家都能接受的共赢之策……鼓励孩子帮助支持别人，用好的做法带动大家，给团体带来友爱的氛围。总之，把孩子放在主动的位置上。

我们当然要接纳和尊重孩子当时的真实感受，但家长的任务，并非仅仅是接纳，还要有积极的引导。我们此刻的引导，对孩子未来一生如何处理人际关系，都会有深远影响！

✦ 不仅教给孩子具体的交往技巧，更要让孩子明白一些总的交往原则

随时就具体事件，跟孩子探讨，引导他学到一些交往的原则。比如，尊重每个人的选择、权利和界限；不背后说别人坏话、不传谣；朋友间要互相尊重、平等、真诚；情感或物质勒索，不是友谊；我们都是自己的主人，有权选择，我们尊重自己，也会赢得他人的尊重；己所不欲勿施于人，和而不同、人不知而不愠……

✦ 家长平时做好正面建设，才是根本

我常说的正面建设，大致包括——对孩子欣赏、接纳、尊重；跟孩子正面沟通，不动辄批评指责；让孩子跟不同家人玩、接触人；家庭氛围愉快、家人关系和谐；让孩子自由玩、自由交往、参加户外运动、锻炼身体、接触大自然；鼓励孩子主动做事、阅读、旅游、接触社会、开阔眼界；给爱和乐趣的油罐加油；培养孩子健康饮食、睡眠等生活习惯……

这些做好了，那么其他那些让家长发愁的小事，比如，没有朋友、不会玩、总是被欺负、跟小朋友玩时太爱生气、懦弱、没主见、怕别人不跟自己玩而过多迁就忍让、太在乎别人对自己的评价……就不难解决，或者根本不存在了。

我们看到的任何问题，都是提醒我们——不仅要具体解决眼下的事，更要回头去好好做正面建设！

最后我想说，我们与其挑剔孩子的交往能力，不如多多反思自己跟孩子的互动方式。我们跟孩子有不同意见了，是马上翻脸生气，还是灵活处理，协商，寻求共赢之策？我们是否展示出了尊重与同理心？我们是有很多控制、威胁、强迫，还是接纳和信任……

亲子关系，是孩子来到这个世界上最初接触到的人际关系。我们，代表了未来他将遇到的所有人类。我们向孩子诠释了什么是爱。我们，示范了与人相处之道。

所以，好好对待您的孩子吧，让他从我们这里，感受到人际交往的美好！

9 受到过大人尊重的孩子，才能明白尊重他人的意义

比如，我们不能一面告诉孩子不要背后说人坏话，一面在电话里和同事朋友嚼舌；我们不能厉声训斥孩子："怎么能这么和大人说话！"我们不能教育孩子不许打小朋友，自己却打孩子……

家长就是孩子的活教科书。教育家詹姆斯·鲍德温说：孩子从来都不善于听从大人的教诲，但他们模仿大人却永远都不会失败。

孩子学到尊重的第一课，则是自己被尊重的经历。受到过大人尊重的孩子，才能体会到被尊重的感觉，才能明白尊重他人的意义。

怎样尊重你的孩子呢？很多家长会觉得很难搞清尊重和溺爱的区别，结果是，一方面惯出了很多小皇帝，另一方面这些孩子并没有学会尊重他人。我想，尊重孩子，意味着家长要对孩子无条件地爱，并且用语言用行动让孩子感受到你的这种爱。

曾看到过国外的一位爸爸经常把关爱的话写成纸条，放在孩子的枕头下。很久以后，这位爸爸收拾东西时发现了一个旧盒子，里面收藏了所有他给孩子的这些纸条。父母要用爱给孩子的心灵不断补充能量，这将是他成长、付出包括尊重他人的能量来源。

尊重孩子，还意味着对他关注、用心倾听、认可他的感受、给他构建积极的自我评价。尊重孩子，就要尊重孩子的自主权，不是凡事包办，要尊重他的隐私，尊重他的选择。

☆ 和孩子说话，也要像和大人说话一样考虑对方的感受

我觉得对孩子数落、唠叨都不是体现尊重的做法。和孩子说话，我们也要像和大人说话一样考虑对方的感受。外国人常说要像对待来你家里的医生或客人一样对待你的孩子。当然实际不可能如此，但我们可以领会这个说法的用意。

我曾看到一本书，叫《孩子，把你的手给我》，其中的引言里有一段很生动的话：

我们对一个忘了带走雨伞的客人会说什么？你会不会追上去说："你怎么回事？每次来我家都要落下什么东西，不是这个就是那个。你为什么就不能像你妹妹一样？她来我家时，总是很守规矩。你都四十四岁了！就不能长点记性吗？我不是跟在你后面捡东西的奴仆！我敢打赌，如果你的头不是长在肩膀上，你会把头都弄丢的！"

我们不会对客人这样说话，我们会说："这是你的伞，艾丽丝。"也不会再加上一句："你总是不注意。"

这样数落孩子，就是不尊重孩子的感受。

每当我们忍不住想数落孩子时，想一想，你说的话不仅伤害孩子的自尊，而且都更容易变成事实。

父母对孩子的负面评价都很容易变成事实。这个我们可以从心理学上的自我实现预言理论去理解。尊重孩子，就别给他贴负面标签。唠叨也是不尊重孩子，不信任他的智商和理解力的行为。我批评教育女儿时，第一遍，通常她会点头称是。第二遍之后她就基本就没反应了。有时她会说："妈你别说了。"每次她这样说，我心里都感动加感激——谢谢她提醒我。我告诉自己，有些事情即便我说很多次，她还是会继续犯的，直到她在这方面长大为止。说的次数不和效果成正比，有时甚至成反比。家长要学会控制自己的嘴，关照孩子的感受，别让他成了你的"情绪垃圾桶"。

☆ 尊重孩子是你一切管教的前提

此外，我们还要尊重孩子的感受、尊重孩子的选择。有时即使你打算否定他的选择和决定，你也可以先告诉他，你知道他为什么那样决定，你理解他的想法和感受，然后再讲你的道理。当孩子感到自己被理解被尊重了，他就更容易接受家长的安排。

一位网友问我，为什么她的儿子不尊重她。我问具体事件，她给我看了她前一天写的微博："儿子昨晚做作业，做了近两个小时数学，竟未做几题，我恨曰：'怎么这么慢？'谁知他竟颇不以为然答曰：'你怎么每天讲的都一样，你不烦吗？'我真失败啊！"为什么孩子是这样的反应呢？因为家长的问话对孩子有不尊重的态度，有侮辱其能力之嫌。

我们设想一下：你的同事或领导如果给你一句这样的评价，恐怕我们大人都需要调动起很多心理能量去维持自尊吧。对于自尊心脆弱、内心还不够强大的孩子来说，他唯一的做法就是以攻为守，去反击！家长这时应认真了解情况，体谅孩子的难处，和他共情，再引导他，问他能有哪些解决办法，再帮他分析点评各种办法。如果孩子需要帮助，再适当帮他想办法，那效果会更好。可见，尊重孩子是你一切管教的前提。

☆ 我们怎样表达对别人的尊重与包容

我们对孩子要始终尊重、接纳，同时，别忘了，也要给孩子机会去学习尊重和接纳别人。孩子需要学习礼貌，学会以礼待人。

比如，去公共场所，有些事鼓励他去办，比如找座位、向服务员要餐巾纸。

其实，只要家长和孩子一起遇见别人时，家长以孩子的人称开心地和对方打招呼，久了，孩子也会觉得这样做很自然。

我们接纳，是因为小孩子不懂这些礼节有什么意义，并且，我们也要保护孩子对外人的真实感觉——他要在真实的互动中，去学习分辨外人。他要能相信自己的感觉，知道对于陌生人、不友好的人、冒犯他的人，他可以怎样应对。

随着孩子长大，家长可以逐渐和孩子聊：礼貌、礼节究竟为了什么。当我们说尊称，说"请""您""谢谢"时，别人会有怎样的感受，会怎样看待你。当我们求别人帮忙时，可以说"请您帮我……""您可不可以……""麻烦您……"；帮完忙之后，要说谢谢，这样别人会比较愿意帮我们。我们究竟为什么要尊重长辈和老人。我们可以怎样拒绝或表达不同意见……

10 教孩子尊重，就是在优化他未来的人际环境

☆ 给孩子讲清尊重的含义和道理：给他人尊严，自己也会快乐

怎样讲尊重的道理呢？尊重就是"恕道"，是像你希望被对待的那样去对待

他人。所以我们可以通过换位思考的办法，让孩子明白自己的行为可能给他人带来怎样的感受。

当孩子有不礼貌的举止时，我们可以问他，如果别人对你这样，你会有什么感觉？通常孩子立刻就能领会这一点。而让孩子养成这种换位思考的思维习惯，是提高孩子情商和交际能力的一个重要方法。有的家长在要求孩子礼节方面容易比较苛刻，或者会以外人夸奖与否为标准，结果给孩子留下错误的印象。**我们要让孩子明白，教他礼貌和尊重，并不是为了让外人夸奖、家长有面子，而是为了给他人带来好的感觉、尊重他人。**

我们可以告诉孩子，当别人因为你的做法而愉快舒适时，你自己也会感到很快乐的。在孩子做了尊重他人、有礼貌的事情之后，我们问问他，"你是不是也觉得很开心？"以强化他的感觉，明确尊重他人的意义。

✩ 当孩子有不尊重、不礼貌的行为时，家长怎么做

对于比较小的孩子，我建议家长用最中性、最温和的语气，指出不礼貌的行为和后果，就像告诉他一年有四季、冬天会下雪一样，而不是带着批评的语气去说。因为对孩子来说，这一切真的都是新知。我们是在给他讲解这个世界的规则，给他读说明书而已，不要上升到道德高度。对于大一些的孩子，有时他们会忘记礼貌，有时他们会受外界的影响而忽视礼貌。

家长可以集中和孩子谈一次，然后和孩子约定某种暗号，比如一个词、一个眼神或一个手势，下次孩子再有不礼貌的行为时，家长就给他个暗号，孩子看到，停止了、改了，就可以了。如果孩子常常做不到，那么，家长需要好好分析一下具体原因。比如，是孩子的自控力差、认知能力有限、语言表达能力不强、受其他人影响大，还是有什么背后的情绪，或对家长的管教反感。

11 教孩子如何得体地反对或拒绝

很多时候孩子表现得不礼貌，是因为他们不会表达拒绝、反对，不会处理消极

情绪,这些技巧需要我们大人教给他。比如我们可以告诉孩子,在拒绝、反对时,要对事不对人;要控制自己的情绪,使用平和的态度和语气;要避免侮辱伤害性质的语言;要遵守平等公正原则,等等。

当小朋友间有争执时,教孩子表达自己:说出自己的感受,说出对方哪些行为不好,说出自己希望对方做什么,希望怎样解决问题。我们要告诉孩子,当他有消极情绪时,哪些表达方式是可以被接受的,哪些是不能被接受的。

学习尊重,并不是让孩子被动接受一切。让孩子学会拒绝和反对的技巧,他才能表达出真诚的尊重。

具体怎样教孩子礼貌和礼仪呢?随时随地教。不必贪多,可以一个阶段强调一个内容或做法。全家参与,把关键词贴冰箱上,全家人互相监督。有些难度的,比如待客礼仪、电话礼仪,可以家人间做角色游戏来演练。提供实战机会,让孩子去实践。对好的做法和进步随时肯定鼓励,多鼓励少批评。对环境中的(比如其他伙伴或媒体上的)不好的行为要指出。

学会尊重,礼仪礼貌是一方面,更重要的是真心领会尊重的含义,真正心存敬意地看待他人和世界。心里这样想了,行为才能做到位。

尊重他人,这本是中国人的传统。孔子说:"克己复礼为仁。"这句话,用现代的语言来看,就是:**学会控制自己的情绪,守住界限,以尊重的方式来对待他人**,这在对方感受起来,就是我们的仁慈、爱心的表现。

 童言妙语

> "让你用'我爱我家'写作文,你怎么写?"(五岁)
>
> 我刚发现,闺女不明白什么叫写作文。有一次,我和闺女走在路上,旁边一家长和孩子聊天:"让你用'我爱我家'写作文,你怎么写?"他们走过,我顺口问闺女怎么写。她答:"我不是搞那个的,不是我专业。"不会都说得这么冠冕堂皇。"你现在就想想你可以怎么写。"她说:"照着写。"

第九章

给孩子马力强劲的发动机
——德商的教育

1 当我们只关注孩子是否抓紧时间写作业时,我们错过了什么
2 呵护孩子心中的那个"亮点"
3 培养孩子品德的捷径——从培养同理心开始
4 品德教育要考虑到孩子不同成长阶段的特点

1 当我们只关注孩子是否抓紧时间写作业时，我们错过了什么

好多初中生的家长问我，孩子写作业不专注、不抓紧，考不好也不着急，怎么办？要想解决这个问题，不能只盯着这些现象。这就如同医生治病一样，我们看到的都是症状，但关键不是消除症状，而是改变引起症状的那些不协调的因素，让整个系统走上良性循环。

当我们家长批评孩子写作业不专心不抓紧时，其实我们应该先问问自己：我们的孩子是否有自己的兴趣，我们是否知道什么事情能让他兴奋得睡不着觉，我们知不知道他觉得自己长大了要做什么，他喜欢什么讨厌什么，他对自己怎样评价，他的心里有没有一个让他向往憧憬并愿意为之努力奋斗的"亮点"——不论这个"亮点"是多么遥远，多么不切实际？

如果他的心里没有这个"亮点"，那我们凭什么要求他拿出同等程度的劲头呢？

我有时感慨现在的小孩缺乏理想。曾经，我接触到一个四年级的孩子，当我问他长大了要做什么时，他回答："我不愁，我妈说了，道儿有的是！"这样的回答让我很惊讶，小小的年纪，或许是被家长引导的——不谈理想，直接就想到谋生的层面上了。

我回国到现在，工作中接触了各个年龄段的很多孩子。最初认识的小学生现在都已经上大学了。我和其中一些孩子很熟，他们好多都很优秀，品学兼优并且活泼可爱，但是我真的很少看到哪个孩子对某个领域或者某些事情表现出强烈的热情。假如你要是问他长大了要做什么，很普遍的回答是："我妈想让我学金融、管理……""你自己怎么想呢？""啊——我还没想好呢。"

我只遇到过一个例外：一位十岁的小女孩，她很认真地说她将来要当植物学家。当时我印象很深，因为这么小就有这样明确想法的孩子不常见。

这个小女孩是天才吗？其实我看每个小孩都是天才，只是我们把这些天才给教坏了而已。

现在提倡素质教育，家长和老师的观念都在更新。我们都感到孩子们的压力太大，希望孩子少学多玩，不要累坏了。其实如果我们看看国外的孩子，特别是海外华人的孩子们，我们会发现他们每天要学的内容、要完成的任务也很多，他们也感到很累。

但是有时累和累不同，差别在哪里？在于是怎么个累法，是孩子主动去找累还是被动受累。差别在于，孩子有没有兴趣，有没有心里的那个"亮点"。

如果孩子自己开动起来去做事情，那么他不仅不累，而且很容易就会成为小天才。我曾看过十二岁的美国小电脑天才托马斯·苏亚雷斯在 TED 大会上的演讲视频。他不仅开发软件、开了自己的公司，而且演讲功夫了得，被称为小乔布斯。

小天才日益增加，这并不是因为我们的基因有了改进，而是因为我们的教育方法和观念有了改进。我们去掉了抑制天才发挥的那些枷锁，保留了孩子心中的那个"亮点"，更多地还儿童以本色——每个孩子本来就都是天才！

这里说的小孩心中的"亮点"，不一定非要是多么大的理想。它可以是一个兴趣爱好，一个简单的哪怕微小的目标，一种喜好，一个兴奋点，甚至是一个搞怪的念头，不管怎样，**它是能让孩子每天早晨有动力起床、每晚能微笑着入睡盼望新一天到来的那个东西**。它能让孩子更珍惜自己的时间和资源，更能去忍受那些他不喜欢但必须要做的事情。它能给小孩带来满足、力量、勇气和欢笑，能使这个世界对他来说，变得更有意义。

持有旧式的传统观念的家长常常说：小孩的任务就是学习，别的别想太多。他们觉得最好的路子就是，现在啥也不想，单纯做学习机器。其他的，等完成学业之后再去想。我们很多成年人就都是在这样的方针下长大的。

很不幸的是，这恰恰不是有效率的做法。**一个人如果从小没有这个"亮点"，那么他长大了多半也还是对未来没有太多想法，并且他在学生时期的效率也一定很低**。对此，我们很多成年人都有切身感受，不必多说。

其实我们如果观察周围的成年人，也会发现，有梦想有激情的人，他对生活中很多事情都是有热情的。这样的人通常不仅乐观，而且气场强大、有感召力。相反，缺乏热情的人，常常对任何事情都感到没劲，和他在一起，你会感觉他在吞噬你的能量，把你也带疲惫了。

另外，理想也不是家长能给孩子的。有了小孩之后，我发现理想是天生的，是小孩自己生长的自然需求。

我女儿上幼儿园之前，她的理想是当妈妈。记得在她两岁多时，外婆为了给她上幼儿园做准备，和她讲道理说："你先上幼儿园，然后上小学，小学以后上中学，中学以后上大学……"我女儿很麻利地接一句："大学以后就生个小宝宝，就可以当妈妈了！"上幼儿园之后，她的理想变成了当老师。她也和我们玩当医生的游戏，但是她很明确表态，长大后只当老师不当医生。她在家里不仅给我们上课，而且现在把家里各个角落都布置成不同主题的区域：阅读区、美工区、生日区、水果区……中班以后，她的理想从当老师，变成了当艺术家、画家。这个想法一直持续到了现在——小学二年级。

我知道她的理想以后还可能会有无数次变化，但不管怎样，我很开心她始终清楚自己当下究竟喜欢什么、憧憬什么。

2 呵护孩子心中的那个"亮点"

如果两三岁的小孩都有理想，为什么还会有很多大孩子没有理想、对什么都没有兴趣、每天打不起精神呢？

我想，一方面，是不科学的教学方法扼杀了孩子们的想法，让他们熄灭了心里的火苗，迁就了现实，老成起来。另一方面，我分析，是孩子心里的这个火苗根本就没机会燃烧起来，因为缺乏必需的条件。

那么，什么才是理想或兴趣生长的土壤呢？是孩子对自己感受的信任，是他知道自己的价值，是他不害怕被否定被打击。有兴趣和梦想并不完全取决于孩子是否见多识广，而是取决于这些。

如果小孩从小不相信自己的情绪和感觉，他的感受经常被否定，很少得到过尊重，那他慢慢地就会变得对什么都没了感觉，变得没有喜好。

没有喜好，是多么可怕的事啊！

扼杀梦想和兴趣的，还有对自己价值和能力的贬低以及安全感的缺乏。

其实，一个幼儿甚至是婴儿，无须语言交流，就可以从和大人的互动中感觉出自己的价值如何。家长的眼神表情和反应，就可以告诉孩子：你是很有价值的，你的想法很值得尊重，你不必担心自己的能力，你很安全放心去尝试吧……还是相反的态度。

我们家长如果能把孩子的感受、想法和孩子幼小的身躯放在一起去看，按照他的比例去看，我们就会生出更多的尊重——我们的体积庞大了这么多，我们又有多么了不起的想法吗？

说到这些问题，很多家长都会说，没办法呀，应试教育，孩子压力太大，没时间开发兴趣爱好啊。或者想，有些事情就是枯燥的，孩子没兴趣怎么办？

我想家长和教育者的一个很重要的任务，就是要想办法把有教育意义的事情变得让孩子喜欢、好接受。 比如，要想让孩子少吃零食，多吃饭菜，除了讲道理，还要想办法把饭菜变得更好吃更有趣。哄幼儿也是一样，把他该做的事情变有趣了，他就做了。

大的孩子，我们只是换一种方式在哄他而已。

当我们看到一些国外课堂里丰富有趣的上课方式，就会觉得我们的教育者和家长还应该更勤奋些，更多去动这个脑筋。**把该学的东西放在那里，逼着孩子去学，这是低效的、偷懒的做法。** 想方法激发孩子的兴趣，开动他自己心里的马达，才能有效果。

所以在批评教育孩子之前，先想一想，孩子心中究竟有没有那个"亮点"，我们可不可以在这方面多帮助他——即便我们觉得他提高成绩迫在眉睫。

因为，其实我们别无选择。

子曰：知之者不如好之者，好之者不如乐之者。

理想和兴趣专一的人，将会有成功的一生；理想和兴趣多变的人，将会有丰富的一生，但是没有理想和兴趣、缺乏激情的人，只能有黯淡无趣的一生。

童言妙语

"她是画中国风格的，我是画外国那种的。"（六岁半）

我闺女声称要当艺术家，有天我翻出林糊糊老师的微博给她看。她不作声地看了一会儿，然后一边扭头继续做自己的事，一边平静地说："她是画中国风格的，我是画外国那种的。"

3 培养孩子品德的捷径——从培养同理心开始

如何对孩子进行道德教育？有没有核心点？有没有捷径？我自己的体会是，最核心的一点，并且也比较早就开始做的，就是对孩子同理心的培养。如果从孩子小的时候开始，引导他关注他人的感受、站在别人的角度去考虑，那么其他种种品德的培养，就会比较容易。

孩子外婆家鱼缸里有一条灰色的鲤鱼，身上有一些黑斑点，在几条小红鲤鱼中它显得很不同，我女儿始终觉得它不好看。后来有一天，孩子梦见这条灰鲤鱼偷了她的胶带，从那以后，放学回家她就经常批评它，有时又趴露台窗户喊："保安叔叔！我家有个大坏蛋偷我东西！"我最初会说孩子两句，比如，"要对小动物友好啊。"或者建议她给灰鲤鱼当老师，教它东西。她都说："我说着玩呢！"后来有一次我多说了几句，说完，看她有些没趣的表情，忽然想，大概我应该想更好的方式去沟通。

于是有一天，我给她讲，想象你是一条鱼，在鱼缸里游，突然有个小孩在外面拍鱼缸，你是不是吓一跳？她听了想想，果然改变了态度，对大灰鱼说："我原谅你了！一会儿就给你吃的。"

有段时间，孩子外公摔了一跤，在床上躺了些日子。保姆说他躺在床上，一吃饭时就想到孩子，问这个那个菜给孩子留没。上周日，我和孩子出去玩，中午在外面找个地方吃饭。点完了吃的，孩子说："估计外公又该想我了。"听得我好感动啊。回来的路上，她想起要去草地里摘点花，回家带给外公。

孟子说:"恻隐之心,仁之端也。"真是不假。同理心是道德的起点,由此出发,延伸开去,就是尊重、关爱、公平、宽容、平等……

那么,德商究竟有多重要?

孩子的德商,将影响到孩子未来生活的每个方面:他的学业、工作、婚姻、人际关系、幸福力,乃至他对子女的教育能力……

有些家长可能总觉得这个德商比较虚,不太实用,和孩子眼下的学业和未来事业的成功关系不直接。其实我看,**德商,这是比智商和财商都更实用的能力,它不仅决定孩子未来幸福与否,而且也直接关系到学业和事业的成功**。这是因为,关爱他人之心,发展起来,就是责任感和使命感,是对生活和事业的激情;而这些,是学业事业成功的最根本的动力。

我在自己有孩子之前,和学生家长们就接触比较多。我时常看到,幼儿的家长,为孩子的管教和才艺学习而操心;小学生的家长,为孩子的学习操心。现在,我自己有了孩子,又在网上结识了更多家长朋友,感触就更深。**我们教育孩子,与其忙着给他修路、扫清障碍、维修善后,不如把劲用在发动机上,想办法给他马力最强的发动机,给他的油罐加满油。而这个发动机,这个最强劲的内在动力,不来自诱惑和奖励,而是来自良好的德商。**

一旦孩子有了责任感和使命感,自己动起来了,我们就省劲了。我们只需去加油喝彩,就够了。

我不奢望我女儿将来一定能上名校、方方面面都出类拔萃,我完全能接受她的平凡,但我希望她能有帮助他人、改善自己和他人生存状况、把社会变得更好的想法,并且能有足够的勇气和智慧,去实践她的这些想法。

每个孩子都是凝聚了天地万物灵气的小生命,而我,居然能有福气陪伴在这样一个神奇的小生命的身边。帮助这个小生命,让世界因她的存在而变得更美好,这就是我对这份福气最好的回报!

品德教育要考虑到孩子不同成长阶段的特点

在家长和我的交流中,经常能看到这样的话,"我觉得这是品质问题。"这多数指说谎、打人之类的事。我常回答，我觉得幼儿基本不存在品质问题。

幼儿说谎，在我看来，多数是因为大人平时回应的方式不当，导致亲子间的信任受损所致。大人调整了方式，重建亲子信任，孩子自然就没有说谎的必要了。就是说，**我们应该告诉孩子哪些可以做、哪些不可以做，但是不必过早给这些行为定性**。

其实，**孩子对道德的理解能力有它自己的发展规律**。专家的研究发现，大约到五岁时，儿童开始能够区分一个行为道德与否，能够分清"这是违背道德的"，还是"仅仅违背普通惯例、不关乎道德的"。所以在幼儿时期，家长更多用中性的态度，给孩子指出界线、讲明道理就好。

另外，**道德教育要考虑到孩子不同成长阶段的特点**。比如，对于分享、谦让、感恩、关爱他人的教育，要照顾到孩子自我意识的成长情况，要用孩子好理解、好接受的方式。如果强制要求，或者要求太高太严，那么，当孩子的自我成长还不够时，即便他听话、按照要求去做了，也不是发自内心，效果会适得其反。

总之，**现在我们都很重视对孩子道德方面的教育，但是具体的教育方法，需要不断学习和探讨**。比如上面说的，对道德的教育，不能与孩子成长的规律和天性相违背；违背了，如果造成心理问题或对道德说教的厌恶反感，反倒会导致不道德的结果。道德的教育，要帮助孩子的心灵成长，而不是束缚压制成长。

我们可以怎样去做？培养德商，家长的身教当然是最重要的。除此以外，我们还可以怎样做呢？

首先，对于比较小的孩子，我们最好多说具体的做法，少说大的空洞的词。要把公正、尊重、关爱、平等、宽容这些词，变成孩子能理解的、会在他生活中发生的、可操作的具体做法。比如，进出电梯不抢、等别人说完话再讲话，这是尊重；对更小的孩子主动帮助、爱护小区里的树木草坪公物，这是关爱；游戏时遵守规则、能适当妥协以保证机会均等，这是公平；父母没有看着时，也能按照父母说的做，这是诚实……

其次，对于稍大一些、有一定理解力的孩子，道德教育中比较有效的方法，套用教育领域的一个词，就是要"建构性学习"。具体说，就是要和孩子讨论，让孩子参与进来，通过事例，通过让孩子质疑、分析可能的结果，自己思考可行的办法，和孩子一起搞清楚各种道德约束背后的真正道理。

这样做，比奖惩效果更好。因为，只有当孩子明白究竟为什么要有这些要求和规定，当他有比较宽容开放的空间，可以自由探讨，可以安全地说出自己的真实想法，可以提出相反的说法，并且最终被说服时，他才是真的认可了这些要求，才会把这些道德约束内化，自觉去遵守。

如果只是因为奖惩而做，那么一旦奖惩被撤掉，这个约束就失效了，这种教育就是失败的。我觉得很多时候我们家长，包括小学老师，都要在这方面多下功夫，而不是只把规定和奖惩方法摆出来就了事。

 童言妙语

"我不是批评你，是提醒你。"（六岁）

某天接孩子，一位家长和我讲，我闺女的好朋友又欺负旁边的小男孩了，对他说了"闭上你的臭嘴"。我闺女这样说那个小姑娘："我不是批评你，是提醒你，如果我这样对你说，你看看你是什么感受。这次是提醒，下次要是还这么说，我就批评了。"然后我闺女真的对她说了一遍这句话，对方不作声了。

第十章

家长早点放手，
孩子早点自立

1 孩子不好好吃饭，常是家长控制过多所致
2 让孩子爱去幼儿园的小故事
3 帮孩子尽快渡过入园适应期的小办法
4 如何让孩子早点自立

1 孩子不好好吃饭，常是家长控制过多所致

我女儿从小吃饭就挺好，很早我就不为她吃饭和吃零食这些事操心，见到她的人也都说她长得挺结实。我自己不懂中医，也不会做美食，常常做的就是炒土豆片之类的家常饭菜。我一直没觉得吃饭和零食是个大问题，但是从家长朋友发来的问题发现，有太多家长在为孩子吃饭而困扰。

对女儿的饮食，在孩子比较小的时候，我本着信任原则——我相信她对自己身体有本能的感知，知道自己身体缺什么，不缺什么。 比如，我发现一两岁的幼儿常常很难做到每餐都像大人希望的那样，对饭菜按照完美的营养搭配去吃。比方说，如果他这顿吃菜很多，没吃多少主食，那么接下来那顿，他很可能就只吃主食。我观察我女儿，发现，通常在一两天之内，她可以把主食、蛋白质、蔬菜这几样，都补齐、搞均衡了。当然零食不在此列，家长应该尽量提供健康零食。

所以，我的做法就是，我负责提供营养均衡的饭菜，摆上桌，大人开心地吃，告诉孩子：你自己负责把小肚子装饱了，自己吃（当然太小的时候喂，之后她自己吃，我稍微喂一点）。我尽量不催促，不建议吃哪样不吃哪样，也不夸，总之，少控制。

有的家长会说，如果我那样对孩子，他就会每顿都只吃肉，不吃蔬菜。

我想，首先，人的身体结构和基因，都决定了人是杂食动物——既吃肉又吃蔬菜和谷物。如果一个孩子只吃肉，那么这里一定有哪些人为的因素在干预。比如，家长对吃蔬菜有过多说教，搞得孩子认为蔬菜是很糟糕的东西。或者，家长看孩子爱吃肉，做菜时就尽量照顾孩子胃口，免得孩子吃得少……

总之，**这其中，一定有什么家长用力过度的地方。**

如果我们相信，吃饭是本能，相信你的孩子很正常、可以好好吃饭，相信他的感觉，那么，我们就能做到淡然一些。通过和大量家长的接触、沟通和反馈，我发现大部分孩子吃饭有问题的情况，都是家长控制过多所致。

吃饭不是问题，是本能。家长对孩子吃饭过多控制，给孩子的信息就是——吃饭是坏事！并且，幼儿正处于发展自主意识、寻求自主体验的阶段，家长的这些外力，都只能让孩子本能地产生反作用力——他为了自我的成长，会奋不顾身地做出与家长控制相反的做法，哪怕自己知道自己在吃亏、在受罪。

所以我对家长的建议常是：变换花样做；鼓励孩子参与准备工作（择菜、洗菜、布置餐桌等）；鼓励孩子自己吃，不催促、不建议吃哪样不吃哪样，也不夸（可以说自己的感受"这个真香"之类的），总之，少控制；就餐时，大人自己开心地吃，而不是眼睛盯着孩子吃得怎样——当你盯着他、说教时，你自己就没有在开心地享用饭菜。

研究表明，家长开心吃饭，可以帮助孩子去尝试那些平时他不愿意尝试的新食物。因为，人的大脑里有镜像神经元在起作用，儿童更是随时都在本能地模仿他周围的人。

当然，我们平时带孩子多运动，给孩子捏脊，这些都能帮助他增进食欲、改善身体机能。我们在怀孕时不挑食，在孩子婴儿期多给孩子品尝各种食物的味道，这些都会对孩子未来的口味有影响。

随着孩子逐渐开始懂事，我们也需要教他一点关于饮食营养的常识。在我女儿稍微长大一些时，我会偶尔给她讲一点健康饮食的理念，比如，要营养均衡；不同食物可以带来不同营养，所以各种都要尝试吃一些；食物金字塔是怎么回事；有些零食为什么不够健康；空腹大量吃冷饮会冻着小胃，等等。这些常识，**如果家长能从比较客观的角度去讲，只是客观、中性的知识介绍，没有批评指责说教的情绪混杂其中，那么，孩子就可以更好地接受。**

我希望孩子能明白这些要求背后的真正道理，然后她才可以知道应该怎样调整，可以真的做到自律和节制。比如，对零食的处理。家长当然要尽量提供健康的零食。随着长大，对超市里的零食也可以逐渐接触。我们和孩子讲清，这个东西吃多了对身体不好，偶尔少吃可以。零食本身不是妖魔，它有带来好滋味好感觉的价值，也有不够健康的弊端。我总说要"诚"，我们以平常心对待，如实和孩子解释。

家长对孩子不哄骗，理性沟通。平时给爱和乐趣油罐加满油，给他练习自律自控的机会，信任他，这样，零食就不会是个问题。

如果家长只是对现象去控制，不讲清背后的道理，不给孩子机会自己去掌控，那么，孩子就会有很多抵触情绪。即便当你在场时，他按你说的做了，一旦离开你的视线，他就会拼命去做相反的，好像在报复一样。这样的结果就常常是，家长越是控制，孩子越是做得不好。其实，这时，孩子努力要获得的，根本不是你不让他吃的那些肉、零食，而只是自己掌控自己生活的一种自主感。

明白了这个道理，家长就可以避免一些无谓的较劲，避免各种你不希望得到的结果。

再补充一点：关于培养孩子健康的饮食习惯，我想说，在对孩子的教养中，任何一点都不是孤立的，我们对孩子教养的各个方面，都是互相关联的。

比如，有的家长会说，我的孩子，怎么告诉他少吃肉多吃菜都没用；有的家长说，我孩子对冷饮零食，就是完全没有自控能力。怎么办？

我想，孩子是否能做到这个自律，这和其他方面息息相关。比如，这和亲子关系很有关——如果一个孩子对家长总是很信任，那么他会比较愿意按照家长说的去做。这和孩子的自尊也有关——如果一个小孩，平时认为自己是个不错的小孩，自尊度很高，那么他凡事都会努力想做好；他会希望自己既吃到好吃的，同时又保证健康，他会努力去把握好这个度……

而很多对零食过于贪婪的孩子，常常真正的原因是：他内心的爱与乐趣的油罐都比较空，他把零食当作可以得到可怜的一点乐趣的避难所！

如果孩子和家人关系都很好、每天都有很多有趣的事情可做、玩得很开心，那么零食的诱惑就没那么大。我女儿吃饭时，也喜欢吃鸡腿、锅包肉、红烧排骨等肉食，但她同样也喜欢各种蔬菜，比如南瓜、土豆、茄子放在一起乱炖，炒土豆片等。遇到那些肉菜，她也基本可以自己把握好，不暴食，尽量各种都吃一些。

又想到，这或许和我自己的饮食方式也有关。我也是一样，不论饭桌上是怎么个情况，我都会吃得比较均衡，不会对哪样突然暴饮暴食。

有时，我觉得家长的这种影响力度之大，甚至超过我们通常所说的"身教"的层面了——孩子不仅仅是在模仿家长的做法，孩子是在直接感知家长的心理状态。

我们吃饭时，是处于一种比较知足、富足、谦卑、节制的状态，还是相反？我们是对大自然充满敬意和谢意，有节制地摄取自己所需，还是一种挥霍占有、多多益善的姿态？我们是只顾满足一时的舒适，只顾嘴不顾身体其他，还是全面兼顾、有负责的态度？我们是否能欣赏多元的、丰富的美——肥腻与清淡、浓郁与朴素，都是美味……这些，都在直接影响着孩子。

《弟子规》里说，"对饮食勿拣择，食适可勿过则。"这句话，表面意义是健康养生，深层含义是对食物心存感恩。人与万物是平等的，我们从自然界应只摄取自己所需的资源，而不是人类高居其上，可以肆意攫取。据研究，在古代，世界各民族通常都有这种朴素的观念，比如，狩猎民族对动物充满了敬畏之心，甚至认为动物高于人类。无论对个人还是人类，这都是一种可持续发展的观念。家长有这样的认识，就自然会有比较好的心态和做法。这才是深层含义的"身教"！

2 让孩子爱去幼儿园的小故事

有段时间不知为什么，孩子上幼儿园积极性不高，但据我所知，他们班的老师很好，也许是上周末玩得太兴奋了？于是我在睡前给她编了个故事，她听得很投入。听完，本来睡眼蒙眬的她，又坐了起来，问了几个细节问题，又认真地提出了一些给故事里人物的建议和办法。今早去幼儿园表现很好，不知是不是故事的作用？反正上楼梯时，我提到这个故事，她就笑了。她和小朋友本来关系都很好，这回又给她增加了两个虚拟小朋友。

故事总比说教要好。这其实只是一个系列故事的开头和结尾，中间还可以装进去很多内容，每个家长可以往里面套不同的具体内容。从前有一对双胞胎宝宝，他们叫古鲁和古力。为什么叫这样的名字呢？因为他们的肚子里经常发出这样的声音，"古鲁古鲁古鲁""古力古力古力"。一听到这样的声音，他们的妈妈就赶紧钻进厨房去做饭做菜，妈妈知道，那是他们肚子饿了的声音。做好饭菜，妈妈就听到了她最爱听的声音："啧啧啧啧"的吃饭声，和最后一高一低的两声"呃、呃——",那是他俩在打饱嗝;这就宣告,这顿饭结束了。可是,没过一会儿,妈妈又听到了"古鲁古力"的声音,于是妈妈又开始做饭。就这样,古鲁和古力每天都吃很多,有时一天吃四顿饭,有时一天吃五顿,有时一天吃六顿、七顿、八顿……古鲁古力的家里,总是飘着饭菜的香气。可是,吃这么多,会不会也拉很多啊?你猜对了,他们每天都拉很多。可是,他们家屋子里、厕所里,一点也不臭。怎么回事呢?说出来你一定会大吃一惊——他们的"屄屄"不但不臭,而且很甜。每天一到固定时间,就会有一辆固定的车,来把他们的"屄屄"收走。他们的"屄屄"被运去工厂,分成不同形状的小块,包上可爱的彩色包装纸,装进华丽的盒子里,最后,被放在商店的货架上去卖。

啊?谁会买他们的"屄屄"啊?告诉你,我们每个人、每个小朋友都会去买!因为啊,古鲁和古力不是普通的小朋友,他们是巧克力小朋友!他们一家都是巧克力人!他们住在巧克力国里!巧克力人?那他们得多开心啊!是不是饿了的时候,舔一舔自己;或者如果你喜欢不同的口味,那就找一个口味合适的巧克力朋友,互相舔一舔就可以了?

唉,我们外人总是把事情想象得太简单了。实际上,巧克力人的生活不是我们想的那么容易的。古鲁和古力也有自己的烦恼。他们的烦恼是什么呢?他们的烦恼就是:他们每天的一举一动都要很小心,比如说,他们一定不能碰到水,如果碰到水,他们的身体就会化。所以,他们不能游泳、不能在河边玩、不能在雨天出去玩,他们还得躲着水杯、水壶和水龙头。

另外,他们还要当心热的东西。从小,妈妈就告诉他们,一定不能晒太阳,否则他们也会化掉。巧克力国里面,永远是凉凉的。当巧克力人出去游玩时,当他们偷偷闯进普通人的世界时,一定要随时带着温度探测仪,保证周围没有热的东西。

不过,这些还不是最大的烦恼。最让他们不开心的,就是他们不能像普通小朋友一样随意地蹦跳打闹,因为他们的身体非常容易折断。当然了,胳膊腿折断了,还可以再安上;可是,那样真的是太麻烦了。并且他们滑滑梯也不能滑很多次,因为那样他们会把纸衣服蹭破,会把身上的巧克力滑掉。

古鲁和古力虽然只是两个小小孩,但是他们的心里,已经有了一个小小的梦想:他们希望有一天,能想出一个好办法,让所有的巧克力小朋友,也能像普通小朋友一样随意地跑跳玩耍,再也不必担心那些事情!

怎样才能实现这个梦想呢？一天，他们制订了一个计划。他们让妈妈给做了好多好多饭菜，然后他们把这些饭菜装进一个小车。装完之后，他们把自己伟大的计划告诉了妈妈："我们要去普通小朋友的幼儿园去上学了，那样我们就可以学到好多东西，将来就可以想出好办法，帮助其他巧克力小朋友了！"妈妈给了他们最大的祝福！妈妈保证每天都会给他们做一车好吃的！

天还没亮他们就出发了。一路上，他们想办法渡过了小河、躲过了雨水、挡住了早晨的阳光。最后，他们来到了一所普通小朋友的幼儿园。趁着小朋友上课时，他们偷偷溜进了一间教室。进门时，他们记得教室门口的小牌上写着三个字。不久以后，他们学认字了，知道了这三个字是"小三班"。

以后的日子里，他们每天都和这里的小朋友一起学习一起玩。在小三班的教室里，发生了很多很多好玩的事情，以后再慢慢给你讲。

或者，你再慢慢给我讲。

后来，他们又和这些普通小朋友一样，上了小学、中学、大学。在大学毕业前的一天，古鲁和古力在其他同学的帮助下，完成了一项了不起的发明：他们发明了一种神奇的衣服。这种衣服，巧克力人穿在身上，就不用怕水怕热，也不怕身体会折断了。从此以后，所有的巧克力小朋友真的能够和别的小朋友一样，随意地蹦跳玩耍了！他们再也不用像过去那样小心翼翼了，他们有了真正快乐的童年！

当然了，他们的这个发明也让普通小朋友很高兴。为什么呢？因为巧克力小朋友玩得高兴，他们就会吃得更多；吃得更多，他们就拉得更多；拉更多，商店货架上的巧克力也就变得更多了！

大学毕业以后，为了庆祝这个伟大的发明，古鲁和古力回到了他们最初上幼儿园的那个小三班教室里。当年同班的小朋友们也都回来了。现在，他们都长成了大人。他们的三位老师也回来了，老师们都开始有白头发了！大家聚在一起，他们发现，教室变得那么小，小椅子、小桌子、小床，都变小了！

这些大人，就小心地坐在小椅子上，围着几个小桌子开始了欢乐的聚餐。

吃得差不多了，在大家纷纷致辞祝贺之后，一位长大了的漂亮女孩站起来说："最后我说两句……呃——"哈哈，她像小时候一样，像当年的古鲁和古力一样，打了个大大的饱嗝，大家全笑了！

她接着说:"除了祝贺古鲁和古力实现梦想,改变了巧克力人的生活,我还要感谢一个人,那就是我的妈妈!感谢妈妈在我刚满四岁时,在我有点不爱上幼儿园的时候,在我担忧明天要上学的一个晚上,告诉了我关于古鲁和古力的秘密!如果我不知道这个秘密,那我不知要错过多少好玩的事情呢!"

古鲁和古力接着说:"是啊,如果你不来幼儿园,那就没有人给我们出那些好主意了,那我们现在就不一定能完成这个发明了。让我们再次举杯,为了我们的发明!为了小三班的好朋友们!"

说完,大家举起酒杯,然后大家又听到了那个熟悉的一高一低的两声:"呃、呃——"

3 帮孩子尽快渡过入园适应期的小办法

以攻为守,主动出击。上幼儿园的破窗效应:去得越晚,孩子越磨蹭。你要是带孩子起个早,去得早,他比谁跑得都快。所以好办法是,跟孩子说:"今天我们第一个到好不好?"

逐渐提早些起床,在床上给他留出一些亲昵玩的时间。起床后,跟他玩军事训练的游戏、比赛。可以把闹钟放那,看着闹钟比赛。有些事比如穿衣刷牙你俩分头做,是比赛也是给他留空间。

睡前留件好玩的事早上做,留个好东西在客厅或约好早晨去附近转一圈或在外面玩个什么游戏。去幼儿园,可以走条不同的路线,让孩子有新鲜感,或者让孩子路上自己拽个玩具车走,这样孩子就是主动的,就有力量。另外我建议,只要距离不是特别远,尽量跟孩子一起走去,而不是坐车。这样,孩子有机会在户外活动一会儿。身体的运动和新鲜的空气,都会给他带来好心情。

对妈妈特别依恋的宝宝,可以给他带个小东西去幼儿园,比如一个小头花、一幅妈妈和宝宝手拉手的画、一张写着祝福的字条,告诉宝贝这些代表宝宝和妈妈之间的纽带,看到它就感觉到妈妈就在身边。

鼓励孩子分享:可以在家学一首歌、一个故事,唱给、讲给小朋友们听,也可以带一本书到幼儿园,或者在老师允许的情况下带些小零食放学后与小朋友们分享。

鼓励孩子帮助老师、小朋友们做事，积极参与班级建设，这都会帮助孩子把自己放在主人的位置上，增强他对幼儿园的归属感。

对于午睡困难的孩子，家长应该在入园前几个月，逐渐把作息时间调整到跟幼儿园的时间一致。入园后，可以逐渐在早上提早叫醒孩子。

放学时多和孩子讨论在幼儿园的开心事，鼓励孩子给你们当老师，演绎幼儿园上课情景。

当然，这些都只是在孩子已经入园时，家长所能做的事情。

孩子入园，这对他们来说，是生活方式的一个巨大变化，每个孩子都需要一个或长或短的适应阶段。孩子适应得如何，更多取决于我们在这之前的三年里，究竟是如何教养的。如果家长跟孩子有安全的依恋关系，平时注重培养孩子的语言表达、生活自理等能力，也给了孩子机会，跟不同的家人和小朋友接触，那么，他就会用更短的时间喜欢上幼儿园的。

这里要特别提醒——面对孩子入园，妈妈们一定要调整好自己的心态。开始集体生活，这是大部分三岁的孩子都能承受的一个变化，是将给他们的人生带来新的收获和乐趣的一件事情。

家长首先要认真选择幼儿园，要挑选正规、便利，老师有基本专业素养、有爱心，教学理念让我们认同的幼儿园。选择好了，决定了，**当我们送孩子去时，我们就要更多地付诸信任，而不是处处担心和猜疑**。家长的这种信任，对孩子来说，本身就是一种支持和力量。孩子感受到您的信任，他才会更积极地去尝试融入这个集体。

除了信任，家长也要跟老师多沟通、尽快熟悉起来，孩子看到家长和老师熟悉的关系，也会感到更加安全。对于老师合理的要求和规则，我们尽量多从正面的角度给孩子解释，帮他理解这些规则背后的意义，而不是一味地感到孩子被压抑拘束了，给孩子传达了自怜和抱怨的情绪。

家长要有能力，从眼下孩子的哭闹和眼泪中跳出来，看到未来孩子将在这里获得的种种成长和快乐。这样我们才能对老师和幼儿园怀有支持和感激的心情，对未来充满美好的期盼。

4 如何让孩子早点自立

对于"让孩子做主"这个说法，现在很多家长都不陌生，但问题是：怎样才能让孩子做主呢？为什么我们弄不好就把这变成了溺爱，结果偏偏又没培养出孩子的独立性和自主性？

我想，现在很多家长已经完成了观念上的转变，我们需要的不只是口号，而是具体的操作技巧。

让孩子做主、对孩子放手，前提是我们先要给孩子武装好种种能力，让他有足够的自主和独立的资本。如果不去做这些准备，那么孩子自己真的站不住，我们就真的放不开手了。我们需要为培养孩子的自主性做哪些准备呢？

☆ 给孩子知情权

首先，在孩子很小的时候，我们要给他知情权，就是说对于一些可能影响到孩子生活的大事，我们要给孩子做适当的解释，让他清楚周围在发生什么。因为对周围世界的了解和认识，是他迈向独立自主的第一步。

我女儿从小到大几乎没怎么去过医院，对医院比较恐惧。在她三岁半的时候，突然说耳朵里一晃悠就响。因为刚刚有点流鼻涕，我多少有些担心，就建议去医院看看。到那，医生一看，说需要洗耳朵。我向护士详细问了怎样洗，疼不疼，护士说只是水进去有些凉，不疼，女儿在旁边也听到了，就很配合。当护士用水给她泡耳朵时，她还和我们开玩笑数数玩。我听到里面的孩子大声哭闹，又有些担心，又问护士疼不疼。后来进去洗的整个过程中，女儿始终都非常配合。

在那里，我看到的其他孩子有的两岁多，有的三岁多，每个孩子都在哭闹。我想小孩的害怕其实完全来自对未知事情的恐惧，如果家长耐心地、如实地给孩子解释清楚将要发生什么，那么孩子就会感到事情不是那么不可控，他的恐惧就会少多了。同时他对家长的信任也增加了，以后更能接受家长的建议。

除了上医院，上幼儿园也是一样，孩子事先对情况了解得越多，他就越能调控好自己的情绪。而控制自己的情绪，这就是自主性的开端。当然对于较小的孩子，具体解释到什么程度，要根据他的理解能力决定。我们现在对孩子解释的是过多还是过少呢？以我的观察，我觉得很多家长还是给孩子解释得不够。我自己的体会是，小孩一岁半、两岁以后，对于周围的变化不仅敏感，渴望知道事情的来龙去脉，而且能理解大人的大部分解释。比如对于家里人住院、换保姆、搬家、去一个新地方、爸爸出差，等等各种变化，我想家长都应该适当解释，给孩子知情权。并且，大人解释的话要和讲故事开玩笑的话不同，要用语气给区分开，让孩子明白大人是在认真地说一个重要事情。

✩ 尊重孩子对物品的所有权

幼儿从有自我意识开始，就有了对东西的强烈占有欲。这种占有欲在大人看来常常是过分的、不合理的。我们会害怕顺从了他就是惯坏了他。其实对于两岁多的幼儿，许多看似不合理的占有欲是应该满足的，因为这会帮助孩子形成自我意识。随着孩子逐渐长大，我们再加强界限的教育，把占有欲限制在合理的范围之内。

尊重孩子的所有权，就是让孩子清楚哪些是他的个人物品和个人空间，并且在挪用物品或做一些改变时要和孩子打招呼，征求孩子的意见。我们大人给出足够的尊重了，孩子才会生出相应的责任感。等孩子再大一些，还要让他慢慢明白隐私的概念。我女儿两岁多就知道了隐私和秘密这些概念。她似乎很喜欢这些词，仿佛它们有着某种魔力，能让她生出无尽的遐想。她有时会笑着请我把她自己关在屋里不要打扰她，她要自己玩一会儿。

同时我们还要**培养孩子同样去尊重他人的物品和私人空间的观念，培养孩子的界限感**。划清界限，是在帮助孩子树立起独立的自我意识。

✩ 给孩子更多机会去体验独自完成事情的感觉

幼儿常常会以近乎疯狂的热情要求独自完成事情。他们最初能自己做的事情主要有吃饭、穿衣、如厕等。我对女儿吃饭也曾着急，结果后来发现，给她都准备好，然后我离开，让她自己慢慢享用，她倒是吃得更像样。

穿衣服就更是如此。自从她会穿了，如果大人帮一下，她都要脱下来重新穿一遍。记得她两岁多刚会穿裤子时，每天早晨要是想让她不磨蹭，比较好的办法就是我和她比赛穿裤子。还有时，我会故意离开房间，扒着门缝说："你自己好好穿，等我数十个数，我再回来一看，就发现你都穿好了。"这些办法通常都很灵，因为她从中享受到了独自做事的乐趣。

让孩子做家务是另一个培养自主性的重要方法。如果我们看看美国和日本对孩子家务的要求，我们就会发现我们的孩子做得还是太少了。现在的家长都知道让孩子做家务的必要性，但是我们真的做了没有呢？

☆ 给孩子选择权

我们每天的生活都是由无数个选择组成的，教给孩子选择的技巧就是教给他生活的技巧。**选择的本领是要通过真的做选择才能学会的。**

让孩子做主去选择，是培养孩子掌控感和力量感的好办法。而且孩子自己选择的事情，他都会更珍惜，做起来也更认真。最关键的是，我觉得很多有关女儿个人的事情，我的确要尊重她的想法，她有权决定自己的衣食住行的大部分内容。我也真的比较信任她的选择。

最近她头发长了，我就想给她别个发卡。我先问她自己想怎样，她想了想，说："剪短吧。"她觉得自己会总是担心发卡掉下来。我一想，也挺有道理。冬天戴帽子，真的很不方便，等春天再说吧。女儿重要的衣服鞋帽也都是自己挑选。偶尔在做晚餐前，我还会让她在两种菜之间选择。

另外，让孩子选择也是我变相给女儿下达命令的一个方式。比如，如果我和女儿说咱们做这个事好不好，除非是建议吃冰激凌，否则，通常她都会回答"不好"。于是我常把命令改成这样："你是在自己的小桌吃还是上大桌吃？"只要时机合适，她就会糊里糊涂地上钩了。

☆ 为什么要对孩子进行后果教育

后果教育包括两个方面：一是教给孩子做事考虑后果的思维习惯。通过思考事情的后果，来培养孩子独立思考能力和责任感；另一个方面是让孩子承担事情的自然后果，让孩子学会总结、学会吸取教训。这也是取代惩罚的办法。其实让孩子选择本身就是后果教育，在选择过程中，孩子必然要考虑到后果。我女儿爱看《加菲猫》的动画片，我规定每天看电视时间不能超过半小时。有时晚上客厅里电视开着，如果她盯着看，我就会提醒她："一直看电视，一会儿就不能看《加菲猫》了。"这不是威胁，而是真实的提醒。有时遇到好的节目，她就决定看下去，不看《加菲猫》了。

✪ 如何让孩子学会规划和预期

培养孩子对未来的预期和规划也是为孩子的自主性做准备。每个周五晚上，临睡前躺在床上，我会和女儿一起计划这个周末怎么过。早晨，我们可能一起想想上午做什么、下午做什么。这样先让她有个规划的意识，知道自己可以这样控制自己的生活。

✪ 少命令，少指责，多鼓励；不当直升机，不当警察，当父母

是什么吞噬了我们孩子的自主性和独立性？除了父母的越权代办，还有父母的命令、令人窒息的监督和严厉的批评指责。

家长和孩子组成了一个小小的系统，这个系统里面，双方你强我弱、你进我退。父母主动，孩子就被动；父母严密监督，孩子就失去了主动性；父母对错误不宽容，孩子就不敢冒险尝试不敢担当……英语里总说："Stop policing your child, start parenting.（停止以警察的心态面对孩子，而是以教育的心态面对他）"的确是这样，父母扮演警察，孩子就只能充当反面角色了。

✪ 让孩子做主，并非意味着把事情扔给孩子就不管了

有的家长观念过于西化，把让孩子做主理解成给孩子绝对的自由。其实如果给孩子过多的自由，孩子触摸不到边界和底线，他会感到恐慌和不安全。我们要让孩子知道，他既是独立自主的，同时又是安全的。他要知道如果做不好，事情搞砸了，还有家长会帮他。有了安全感，他才敢于冒险尝试，才敢于承担

责任。

让孩子做主，不意味着把事情扔给孩子就不管了。我们应该给孩子积极的提醒；要制订出合理的规则，让他在规则之内学习自律；我们还要告诉孩子，需要帮助的话我们随叫随到。有了安全的港湾，他才可能向着独立自主出发。作为家长，我们所能给孩子的一个珍贵的礼物就是自主权。作为妈妈，我知道我努力的方向就是越来越不被需要。有时我会在自己头脑里玩穿越。我看到漂亮的女儿自己在商场里买衣服，看到她开着造型无比可爱的个性化汽车，看着她在忙活着自己喜欢的事情，在和喜欢的朋友们一起欢笑。我看到，她开心得都想不起来妈妈了……而这一切都是从现在开始的。

 童言妙语

"妈妈我想说脏话。"（四岁半）

有一天，闺女说："妈妈我想说脏话。"我说："好办，把柜门打开，脑袋伸里头说去吧。"她兴高采烈地打开铁皮储物柜，干脆钻了进去："&～¥#%～*#"，然后很舒畅地出来。又说："妈妈我想抱抱。"我说："来吧！"抱了一会儿之后，孩子高高兴兴地做手工去了！孩子总有一些另类的需求，可以适度地给予满足。因为大一点儿的孩子心中已经有了标准，他知道哪些事是不合理的，但是合理的发泄是我们成人也有的需求啊。

第十一章

培养孩子的抗挫力、乐观性格与情绪管理能力

1 挫折教育的误区

2 帮助孩子提升抗挫力的十个做法

3 怎样教给孩子乐观的心态

4 不要把"争抢"的观念植入孩子的头脑

5 人生的起跑线究竟是什么

6 孩子在学校总受到老师负面评价怎么办

7 对治人生难题的"四字人生策略"

8 好家长,是孩子的情绪管理教练

9 一个对幼儿所有情绪问题都有效的做法——家长的同理心与共情技巧

1 挫折教育的误区

现在我们常能听到"逆商"这个词。逆境商数（Adversity Quotient），是由美国职业培训师保罗·斯托茨提出的概念，它是指人们面对逆境的反应方式，即面对挫折、摆脱困境和超越困难的能力。培养孩子的逆商，对于现在的小孩尤其必要。现在的生活较舒适，大人又给孩子过多的关爱，孩子的生活顺利幸福。而逆商相当于一个人心理上的免疫力，当家长把孩子生活中的负面东西有意无意地给屏蔽掉了，孩子生活在一个近乎无菌的环境里，他的心理免疫力就缺乏锻炼，长大后，当他暴露在真实环境里，经历生活的起起落落，就会表现脆弱，难以承受。逆商的培养不同于挫折教育，总结一下，我觉得挫折教育主要有下面几个误区：

☆ 为了挫折教育，故意制造挫折

我主张让孩子多一些体验和经历，比如，带孩子去农村住一段，让孩子参加各种社会实践活动，等等。但是，不要家长心里有了挫折教育的想法之后，就对孩子过分严厉、苛刻，动辄训斥或打骂，在必要的时候不给孩子应有的帮助、支持和鼓励。其实这种做法恰恰是剥夺了孩子抗挫折的资本，对提高抗挫折能力是有害的。

☆ 不注意挫折教育的时间性

对于不同年龄的孩子，挫折教育的方法和程度都应不同，要根据孩子的承受能力去调整。

✨ 当孩子面对困境和挫折时，完全撒手不管，认为这是在锻炼孩子独立处理问题的能力

家长应该尽量让孩子学会独立处理问题，但是，挫折教育的关键在孩子遇到挫折后，家长的引导。家长的责任是，教给孩子怎样应对困难。所以家长要认真分辨挫折的程度和性质，区别对待，不能真的完全放手。有些我们认为的小事，在孩子看来其实是很大的事。

✨ 完全放弃肯定、夸奖、鼓励、赏识

其实这些和挫折教育不矛盾，关键是方法问题。

另外，我总感觉，挫折教育的提法显得很被动，似乎只是强调孩子的承受力，好像只要让孩子经历困难和挫折就够了。我们的想法要更积极些，更有建设性，要想想哪些方法能帮助孩子具有超越困境的能力。因此，我更喜欢借用英语里的一个词：resiliency，可译为"回弹力"。希望我们能把重点放在受挫以后的反应上。怎样去提高孩子的逆商，培养回弹力？我总结以下这些方面。

2 帮助孩子提升抗挫力的十个做法

✨ 孩子是否知道他在我们心中有多重要

充实孩子的情感储备库，简单地说，就是给孩子足够的爱、信任和尊重。这是孩子在成长中，在遇到困难挫折时，汲取力量的重要源泉。孩子是否知道，在我们心目中，他有着特殊的地位和意义？反过来，我们是不是他心中重要的、有魅力的、能在关键时刻给他爱和力量的大人？

很多时候，幼儿的哭闹、青少年的问题行为，都是由于他们的情感储备库空虚所致。我们大人亦是如此，如果我们爱的油罐空了，我们就会去找东西填补；不补满了，我们没有能力去付出和爱别人。而孩子正在成长，他时刻需要从这个储备

库里提取能量。我们家长要做的，就是——以各种方式不断地给他充满这个情感储备库。在传达尊重和信任方面，沟通的方式很重要。我们都认为自己尊重并信任孩子，但是很多时候，孩子感觉到的可能并非如此。比如，孩子从幼儿园或学校回来，家长往往急于了解情况，问这问那。孩子说点什么，家长就会本能地要去指导、纠正，说出来的话就会是这样的："怎么不多吃点呢？出汗了为什么不换换衣服？学了什么，都学会没？"这样的反馈，在孩子看来，都有评判指责的倾向。一旦他意识到自己的话可能招来大人的评判和说教，他就会闭上嘴，关掉沟通的开关。所以，家长站在孩子的角度，不要以自己的想法简单地去评判和说教，这是对孩子最基本的尊重和信任，是保持沟通顺畅的前提。

✿ 让孩子知道，任何负面的事情，都有积极意义

对于幼儿，**我们要让孩子明白错误和失败不是什么坏事，不可怕，而是学习和进步的机会。要让孩子知道，任何负面的事情，都有积极意义**。帮助孩子学会辩证地去看事情，明白对困难和挫折，不要躲避，要想办法从中学到东西，有收获。

比如，我女儿上幼儿园一个多月了，早晨醒来，有时还会说不想去幼儿园。这时，如果我直接和她说幼儿园如何如何好，应该去，那一定会激起她的反感和辩解。我会和她一起聊，在家和上幼儿园，各有什么好处，有什么不好的地方……然后再问她几个具体的在幼儿园做的事情，挑点好玩的事说，通常她马上就高兴起来了。

上幼儿园本来就不是什么坏事，这样分析，不仅便于她接受，更教给她客观的辩证的思维方式。

✿ 完全用夸奖来培养孩子的自信会出问题

当孩子遭遇困难和失败时，不能仅仅是安慰，更不能教给孩子推卸责任，或者放弃，而是要鼓励孩子自己去找到原因，积极想解决方法。当孩子做得好、做得成功漂亮时，不要夸奖了事，也要一样鼓励孩子去总结、分析原因，明白为什么成功，是哪些因素导致了好的结果。过去，很多家长用夸奖来培养自信，现在大家都意识到了夸奖的问题。研究表明，过多的泛泛的夸奖，只能让孩子

更自卑、更脆弱、更害怕挑战。不实的夸奖不仅会让孩子形成错误的自我形象，而且还会破坏孩子对家长的信任。当孩子自己有了判断力之后，泛泛的夸奖对他就没了意义，只能带来更多的不信任和沮丧。这些道理我们都明白，但是如果仔细审视我们的言行，我相信，很多家长会发现自己仍然在经常地、泛泛地夸孩子。为什么呢？我分析，通常，空泛的夸奖是在这种情况下发生的：我们累了一天，大脑的转速明显下降，和孩子在一起时，思想无法聚焦，要想搞清楚该肯定什么，怎么肯定最准确，已经不大容易了。但是我们在情感上希望能做点什么，好让孩子高兴、感觉好，于是，当动脑子和动体力都有困难时，我们就信口夸一夸，以表达爱意，给孩子点瞬时的快感。

泛泛的夸奖有点像糖果——能让孩子一时感觉好，但是没什么真正的价值，甚至还会有副作用。我想，如果能把空泛的夸奖当作糖来看待，我们大概就好控制一些了。空泛的夸奖越少越好，取而代之的是大量的鼓励和适时的中肯的肯定，而宝贵的夸奖要集中放在孩子的努力、付出和进步上。此外，还可以怎样帮孩子树立自信心呢？我想，我们可以在这三个方面去给孩子资源："我是""我有""我能"。

"我是"就是让孩子有积极的自我评价。

通过平时大人的肯定和强化，让孩子知道，自己是一个什么样的人。这种自我评价最好是一个孩子可以为之努力的描述，而不是高不可攀的、绝对的描述。

比如，我们可以让他认为自己是一个有办法的小孩，是值得信赖的、能坚持到底的、解决过问题的、善于找到资源寻求帮助的、敢于迎接挑战的。而不是说"你是最优秀的""你是永远成功的""你是天下第一的"。我们对孩子的评价越真实越客观，越有利于他树立强大的自信。

"我有"就是让孩子清楚自己的储备库里都有什么，自己都有哪些资源。

比如，孩子要知道，在关键时刻，他有可以信任的大人的绝对支持，有让他尊重佩服的大人能给他讲道理，有其他种种资源，有情感上的安全感，等等。"我有"的想法就是提醒他，遇到了问题，随时都可以去储备库里查找。这样经常帮他"点点货"，能培养他善于利用资源和寻求帮助的能力。

"我能"就是让孩子对自己的能力有信心。

这个对自己能力的信心，只有从过去成功处理事情的经历中才能得来。所以让他对能力有信心的办法，就是多给他提供机会，让他独立做事情、解决问题。比如，让孩子在家里承担责任，做家务，参与决策，参加社会实践，等等，都是好办法。对于孩子，我们可以多教给他一些有自信含义的句式，比如"我相信我能……""我知道我可以……""我有把握……"帮助他形成这样的思维模式。但真正的自信并不是我们能给的、能教的，只能是他通过做事情，看到自己有用，才能感受到的。

此外，我们还可以给孩子提供一些好的范例。

我们可以和孩子分享自己克服困难，应对逆境，从挫折中学习，扭转局面的成功经历，我们还可以让孩子阅读有关的故事、小说、传记等。

但是，我想，**对孩子来说，教育效果最好的，是家长每天在生活中的实际表现**。和我们的说教和书上的故事相比，我们的所作所为最生动、真实，最有影响力。孩子不看我们怎样说，就看我们怎样做。如果妈妈遇到不快的事情就反应过激，或是每天压力重重，被压得喘不上气来，或是做错了事情就自责个没完，沉浸于懊悔不能自拔……这些，都会传达给孩子不好的信息。所以，**家长认真提高自己的逆商和回弹力，做个好榜样，这是对孩子最好的教育**。

☆ 如何培养孩子变换角度看问题的能力

国外专家谈逆商培养时，对变换角度去看问题的能力的培养常常被放在了重要的位置上。因为，当我们具有变换角度去看问题的能力时，很多困难、挫折、逆境就会变得不那么严重，甚至消失了。

当我们站在他人的角度去看事情，我们就会明白事情为什么会是这样的。我们还会发现，事情原本并没有那么糟，只是我们自己把它的坏处给放大了。这种跳出来看的能力，可以帮助我们把事情还原，看清真相，从而更加心平气和地去对待。在我给女儿讲的书里有这样一个小故事：

小老鼠兄妹发现新搬来的邻居家的小孩对他们很不友好，他们很生气。小老鼠妈妈说，如果你们搬到一个陌生的地方，你们是什么感觉呢？这样小老鼠兄妹就理解了邻居小孩的心情，决定开欢迎会请她来，和她交朋友。

故事里的小老鼠兄妹能以德报怨，化解对方的敌意，就是因为他们能换位思考，变被动为主动。孩子在同学间遇到的人际交往方面的问题，在学习上的挫败，等等，如果变换角度去看，孩子就更能看清自己的角色和责任。通过培养这样的能力，我们可以帮助孩子从小就学会自省，学会承担责任，摆脱受害者的心理模式，主动去扭转逆境。

✩ 孩子犯错时，大部分家长的做法都错了

家长们可能一方面在说教，要孩子正确对待失败和错误；另一方面，当孩子真的暴露出错误和失败时，自己却反应很糟糕，失望、批评、责怪、教训、惩罚，都上来了。这样，既做了不好的示范，又吓得孩子再也不敢暴露自己，不敢坦率地沟通了。孩子会总结：别听他说的那一套，这才是犯错并且坦白了的真实下场，而最好的对策就是隐瞒、撒谎。我们现在常说，要从孩子的需求出发，而不是家长自己的需求。想一想我们是不是在这样做？孩子做错了，我们禁不住要说："我告诉你什么来的？我早就说过……"这是谁的需求？是家长的需求，是我们为自己的自尊在辩护。我们忍不住发火、生气，顺便带出一大堆牢骚话："我得说多少次你才能记住？一天我累得够呛，回来还得管你这些事……"我们满足了自己自怜和发泄怨气的需求，可是这些发泄，对已经很难过的孩子并没有什么建设性的帮助。我们希望孩子怎样去对待自己的错误呢？我们希望孩子能总结教训、吃一堑长一智，能在以后有所改进。

总之，**我们希望孩子不要过于自责、沮丧消沉，希望他向前看、着眼未来。**如果你不希望孩子犯错以后一味地在那惩罚自己，那么你就不要去惩罚他。家长怎样对待孩子的错误，这本身就是在做示范，是教育。错误和失败究竟是可怕的、羞耻的，还是学习进步的机会，就看我们家长的反应。当我们难以控制自己的情绪时，记住，孩子就在那里睁大眼睛学着呢！关于体罚和惩罚，美国心理学家约翰·格雷说：要想让孩子学会，先要让他感觉不好，这是很奇怪的逻辑。的确，我们在积极的、充满爱的状态下，应该学得更好。而我们的目的不就是让孩子从错误中学习吗？

✩ 过于完美的童年，或许将以不完美的成年生活为代价

所有的父母都希望孩子时刻都幸福、快乐，但问题是，我们要有长远打算，要为孩子漫长的一生着想。在孩子小的时候，如果他错过了一切负面的事情、负面的情绪，那么他就错过了锻炼心理免疫力的机会，他的成年生活就将是痛苦的、不满足的。

过于完美的童年，要以不完美的成年生活为代价。小时候廉价的满足、快

乐和成功，将以成年时昂贵的不满足、不快乐和失败为代价。一个人如果始终幸福快乐，渐渐地，他就会丧失感知幸福快乐的能力。

我们可能会想，我懂这个道理，我并没有刻意让孩子避免负面事情。真的是这样吗？在过去，古代的圣贤智者明白这个道理。而我们的父辈祖辈，除了传统文化的影响外，多半是因为条件所迫，无意间的忽略和照顾不周，成全了我们。到了现在，在全球范围，我们恐怕是有着最强大养育能力的一代父母。我们有能力给孩子提供有史以来最无微不至的照顾，给孩子更完美优越的童年。想起给女儿挑选绘本时，看到国外的绘本和儿童书里，有关于遭遇逆境的故事，比如家里失火了，和妈妈攒钱买新沙发，或是搬到一个新的不太好的城市。我觉得这些绘本都很好，这种对逆境的虚拟体验，对孩子的心理成长很有益。当然，我们不必刻意去给孩子制造什么痛苦，只要我们不处处给孩子屏蔽，那么生活中自然有很多负面的礼物在等着他去打开。

成功的孩子身上都有什么特征？

美国逆商研究者凯缇·弗雷研究了许多突破逆境获得成功的孩子们，发现他们身上共有的性格特征是：**自我依赖、独立、有自控力、充满希望的、有目标感。**

这个目标感是我们现在常常忽视的。家长和教育者常是忙着让孩子出成绩，然后奖励快乐。这样忙到最后，孩子仍然是被动的。如果孩子自己有目标，有动机，那才是家长和教育者的工作做到了位。其实，前面说的那些条都只是装备零件而已，背后的动力才最关键。如果总是显示电量不足，那再好的装备，也不能帮孩子跳出逆境。我们家长自己，真的要有这样的想法——人生和世事，并无顺逆可言，一切都是中性的，都有空性特质。一切都在于我们的这颗心，赋予了它什么意义。比如，孩子的成长，不只是鲜花和毕业照；哭闹和犯错，也是他在成长。

✨ 想象力比知识更重要，游戏比说教更有效

有时，和朋友聊孩子问题，一个比较明显的感觉是，我们家长不是方法和理念不够，只是游戏力不足。当然不是说游戏力能解决一切教育问题，共情、规则、严厉、讲道理等都要有。但是很多情况下，好玩、趣味，是被我们忽略的一个重要的教育元素！

平时和周围的人打交道办事，也常感到正经的时刻过多，跳脱、闪光的好玩时刻太少。现在倒是孩子常常能给我带来意外的乐趣。再就是，我每天都努力挤点时间看两眼有意思的书，或者利用边角料时间去胡思乱想，这样才觉得比较对得起自己……每日的纯正事，仿佛就是压缩饼干压缩食品，可能营养价值够了，但口感价值谈不上，吃完了难免心有不甘，懊悔丛生，饥饿感犹存，总像没吃饱。

趣味少的纯正事做多了，会觉得心里开始亏空。对孩子来说，想必这个感觉要翻好几倍吧。家长的教育、学校的学习，即便再正确，如果其中少了乐趣，就会变成消耗人的负能量。消耗到一定程度，孩子就本能地开始自我保护，变成所谓的刀枪不入、油盐不进。可见，仅有正确，这是不够的，还要有趣味。仅有左脑、理性、知识等这些坚硬的东西，是不够的。如果一定要排序，那么，我倾向于右脑、感性、想象力、创造力这些有弹性的、灵动的种种，要优于左脑、理性和知识。正如爱因斯坦所言，"想象力比知识更重要，游戏比说教更有效。"——好吧，后半句是我编的。曾经看过一个视频，里面有对中国、印度和美国的高中生生活的记录，看后我很受刺激。那里面中国高中生的样子同我上学时几乎没有改变。

现在的成年人常说，你看你长大了不也挺正常吗，我想这是因为没有比较，所以完全不清楚自己究竟错过、缺失了多少！我们的心理，补了很多年的干粮，错失了很多年的蔬菜水果。长到高中毕业，我们的心灵干枯僵硬，缺少灵动、弹性、光泽和水分。用这样僵硬脆弱枯干的心，去过剩余的一生，自然勉为其难，问题多多。这些不必多说，大家都有体会。问题是，我们清楚自己是怎样长大的，现在，我们计划让孩子们怎样长大呢？如果不去做调整和改变，那么我们的孩子长大了依旧会心理发育不良。这两天听说麻省理工的一位优秀中国留学生疑似自杀身亡。她在博客里说："在哈佛上暑期班，一样年纪美国上层阶级的女孩子，不论是白人还是华人，都要比我成熟和老练很多。""在麻省理工商学院，和世界的高级人才比，我唯一的优势就是一口流利的中文……同学们不光工作认真勤奋，并且十分高效和考虑周全。不光学业和工作的专业程度让我无法胜出，而且我发现他们很会说话和做人……"

这是典型的不均衡发展导致的教育悲剧——一个年轻人在人格和心理都营养不良发育走形、尚未得到修正补足时，恰巧被放进大环境里有了比较，这种比较于是引爆了所有那些有待疗愈的潜在问题……这样的孩子是怎样长大的呢？我们不难想象。在她背后，有整整一代人有着类似的状况和问题。并且，这样的情形还在继续。现在刚刚上小学的 00 后们，有多少仍然以同样的方式在长大！

对于孩子的学习，我们不仅仅要让枯燥的学习过程变得好过一点，更要真正激发他们对于学习的兴趣。我们不只需要各种好玩的监督和奖励机制，我们最最需要的，是让孩子自己愿意去学——为了自己的好奇和痴迷，而不是为了酬谢家长的宽宏和恩慈。所以我希望，**家长的劲头不只要用在提高成绩上，还要用在其他各方面。全面的发展，兴趣和激情、动力的萌发，心灵的滋润，这些比成绩排名重要无数倍**！事实上，我希望我女儿的老师不要在她小学阶段告诉她班级排名，我希望老师每天能给我发个表，告诉我她今天是否哈哈大笑过、是否有进步、是否和大自然有过对话、是否有一些有意义的新想法、新探索、新发现，或者是否有成就感、做过白日梦、见闻了有趣的事情、帮助了别人、做过一件让周围变得更好的小事……让她自己填写，我签字。对孩子的教育，不要只关注他的知识和成绩，只训练他的左脑，更要关注他的右脑、他的身体、他的心灵。心灵的活力是孩子长成健康的大人的保障。

这里再补充一个旁证：有一本曾被奥普拉推荐过的畅销书《未来在等待的人才》，中文译本叫《全新思维》。书中预测，未来我们将步入一个感性时代。简单地说，这个时代需要的人才要有这几种关键能力：重设计、会讲故事、会整合、有人性关怀、会玩乐、重视意义。所以，只顾眼下的成绩和学校名头，实在是太短视的做法。

✨ 我们以为能带给孩子快乐的事情——有些只是对快乐的误解

现代人逐渐发现，我们对于怎样能让孩子感知快乐，是有很大误解的。而这种误解在中国的特殊环境里被严重强化了。

比如说，大人们每天工作生活辛苦，所以就认为不干活是快乐。

大人每天为物质追求而奔波，所以认为物质极大丰富是快乐。

大人每天受到很多限制约束，所以认为彻底自由是快乐。

害怕失败，所以认为永远胜利是快乐。

缺乏认可，所以认为被人夸奖是快乐。

缺乏关爱，所以认为能经常收到礼物是快乐。

惧怕困难，所以认为一帆风顺没有阻力是快乐。

生活环境粗糙，所以认为舒适安逸是快乐……

但是，对于孩子来说，这些真的能带来快乐吗？究竟什么能给孩子带来快乐呢？也不必问专家，我们每个人都是从孩子过来的，所以只要仔细回想，就不难总结出来：独立自主、创造、成就感、被尊重、自由、规则、能力、克服困难、对周围有影响、期盼、进步、有自己的空间、劳动、表达自己、被理解和被倾听、感受到自己的价值……是不是这样的呢？所以，家长努力使孩子物质极大丰富，这并不能提升孩子的快乐度；相反，这会使孩子更不快乐。因为他没有体验过珍惜和期盼，只是变得对物质更不敏感了。

快乐不只来自愉悦、好事，更来自对愉悦和好事的向往和期盼。

同理，**让孩子为所欲为不是给他快乐；让他学会自律，能够掌控自己，在规则中享受自由，才是快乐**。一切都替孩子做了，这更是在剥夺他快乐的权利。让孩子劳动、看到自己的影响和价值，这才是给孩子快乐。

不真实的夸奖更不是给他快乐，而是在促使孩子习得性无助。随时都夸奖等于没有夸奖。当孩子看到自己不论做什么都得到同样的夸奖，他就会发现自己做不做都一样，努力不努力都没有区别，他就学到了无助。当发现自己不能通过努力而造成影响时，他就会放弃努力。总之，**快乐的来源不仅仅是舒适和愉悦，还有很多其他方面，比如，成就感，自我效能感，心流体验，和他人和团体的连接感，助人付出所带来的意义感，等等。我们帮助孩子积累这些体验，才能丰富他的快乐与幸福的来源**。

真正了解快乐，我们才能给孩子快乐。

3 怎样教给孩子乐观的心态

20世纪60年代，美国心理学家塞利格曼用狗做了一项经典实验，发现了"习得性无助"这一现象。就是说，人或动物会因为不可控事件而不断遭受挫败，于是感到自己对一切都无能为力，进而丧失信心，放弃努力，陷入无助和绝望。心理学家发现，这种悲观无助的心态不仅是通过经验学到的，而且还可以传染，影响他人，使得其他本没有挫败经验的人也产生无助感。所以塞利格曼说"悲观正在流行"。

这个发现让心理学家们相信，乐观也是可以通过学习得到的。于是就有了后来的积极心理学。塞利格曼还专门写了一本给家长和教育者看的书:《教出乐观的孩子》。

怎样教给孩子乐观的心态？我想家长有很多可做的。这里说说我总结的想法。

✬ 请时刻记着：孩子在学习我们所说的每一句话

首先，我们应该很注意自己的语言，要多使用正面的词语和句式。比如，我们不说："别吵了！"而说："安静一些。"不说："看你把地上弄得这么脏！"而说："一会儿你自己把地擦干净。"让孩子刷牙，我们最好说："来，给小牙都洗洗澡，让它们都白白净净的可漂亮了，一刷完它们都可高兴了，都在那谢谢你呢。"而不是说："快刷牙！要不牙都坏了长虫子了就得上医院去钻牙！"我女儿最早会说的话里就包括"真好""太好了"这样一些口头语，我当时听了都惊讶，没想到你说什么她就能捡起什么。

使用正面语言，其实很多育儿书或是励志灵修书里都提到过，但似乎很多人会觉得做不到。其实我想，这一方面是习惯问题，平时多留意练习；另一方面也的确是心态问题——我们真的要多从正面去看事情，多关注好的一面，这样语言才不会觉得别扭、做作。请时刻记着，孩子在学习我们所说的每一句话。

✬ 对事情多做正面评价

我们留意到自己平时都是怎样评价事情的吗？我们和家人聊天、打电话时，都说了些什么样的评价的话呢？小孩是随时都在观察模仿大人的，我们的任何抱怨、恶评，都会被他吸纳进去。他学到的不仅仅是语言，更是我们的情绪和态度。让我们尽力从正面、乐观的角度为孩子描绘这个世界吧。就像一个故事讲的：如果一个缺水很久的人走在沙漠里，突然发现脚下还有半瓶水，乐观的人就会想：真好啊，还有半瓶水。而悲观的人则会想：完了，只剩半瓶水了。

其实，对于积极乐观的人来说，他看到的不只是半瓶水，还有各种找到充足水源的可能性。

⭐ 对孩子的批评要得当

其实很多时候大人对小孩的批评未必是对的。比如，有时孩子胆小说明他知道安全和远近亲疏；有时孩子胡闹是在寻求关注和陪伴。我们应该多从正面去理解孩子的表现，同时多去找行为背后的原因。对于幼儿，基本谈不上什么道德问题，家长如果找到背后的真正原因，调整了，孩子的行为问题往往就消失了。

所以我常说对小孩要"隐恶扬善"。多关注肯定正面的，他自然就会向好的方面发展了。**家长要用正面的如实的评价帮助孩子树立积极的自我评价。**当我们给孩子指出错误和问题的时候，也要注意沟通的方法。批评不当，我们就是在教给孩子自责的思维习惯。批评要准确、具体，不要夸大，不要以偏概全，不要涉及属性。要指出具体错误，指出错误是暂时的、可以改进的，是有努力余地的。

如果孩子自己已经很难过、知道错了，那就应该先共情、表示理解当时的情况；再指出如果能怎样做，那就更好了；最后再给点以后改进的小窍门，这就足够了。

⭐ 如何教孩子对现实给出乐观的解释

我们的感觉来自哪里？不来自现实，而来自我们对现实的解释，这一点很重要。孩子考得不好是事实，他的感觉来自他对此的解释。如果他认为是自己前一段努力不够，或者自己考时不认真，那么他不会感觉很绝望，而是会去改进。如果他认为这是因为自己很笨、不聪明、脑子不够用，他就会变得无助绝望，放弃努力。其实乐观和悲观的人差别就在于此。乐观的人往往会把错误和失败归因于一些特定的具体原因，并认为这些原因是一时的，是可以改变的。而悲观的人会把错误和失败归究到自身属性方面，认为这些原因是持久的、难以改变的。对于发生的好事，两者的归因解释风格也正好相反。数学考好了，乐观的人想因为我很聪明呀，悲观的人想因为碰巧考题简单或恰好我复习过而已。因此，如果我们家长经常以乐观的方式去解释事情，孩子就会学到乐观的思维方式。

☆ 一定要教孩子反驳悲观情绪的方法

很多时候，我们心里必然会有悲观的声音冒出来，那么怎样反驳悲观情绪呢？我觉得首先要让孩子知道他应该积极去反驳这个悲观的声音，同时要教给孩子辩证地看问题的能力。当孩子能找到负面事情的积极意义，或能从不同角度去看问题时，他就有了反驳的依据。

☆ 让孩子相信自己是幸运的

这并不是说让孩子事事存有侥幸心理而不去努力，而是**让孩子对未来总抱有美好的、积极的预期**。我们都见过这样的家长，孩子手碰到一点脏东西，家长马上厉声喝止："赶快洗手，要不传染上细菌病毒，感冒、发烧、拉肚子，要打针住院……"恨不得直说到病入膏肓为止。家长的心情可以理解，但是这种悲观情绪对孩子影响很不好。

生活中总是有这样一种人，相信凡事的结果都是悲观的，一切事情都可能有最糟糕的结局，而且他相信真实的结局将会比他所能想到的更糟糕。他会觉得自己通常都是不走运的，随时要踩上命运的地雷。

心理学家发现，认为自己是幸运的人，在实际生活中的确能发现更多的机会，结果实际上也就真的更走运。这里面的道理并不复杂。认为自己是幸运儿的人，他心理上本来就会更放松，也会表现得更自信，所以他的状态更好、发挥也更好。而他给别人的暗示同样也会影响对方的反应，再反过来得到好的互动。

在好莱坞电影中，常常会看到一个这样的悲观人物。每当面临危机、英雄即将拯救世界时，就会出现这样一个人在那里哀叹："我们快完了！世界没救了！一切都要完了！"这个悲观角色，在好莱坞编剧的模式里叫"doomsayer"（灾难预言者）。能作为故事的永恒模式里的一个角色，就说明这是自远古以来就存在于人们内心的一个角色。我们每个人的心中都有这么一个"doomsayer"，有的人放大了它，有的人反驳了它。

让孩子相信他是幸运的吧，让他相信即将发生的都是好事吧。**他的乐观态**

度会帮助他变得更轻快、更坚韧，而这也就会真的改变现实。

让孩子学会乐观，就是增强他的心灵免疫力。

4 不要把"争抢"的观念植入孩子的头脑

在过去物质资源严重贫乏的年代，人们基于生存的压力，无法避免有"争抢""竞争""攀比"的观念。在相对富裕的当代，我们给了孩子比较充裕甚至是过多的物质条件，但是在心理上，我们是否也将自己的或从上一辈身上继承下来的"争抢""竞争""攀比"的心态传给了孩子呢？

攀比心是怎样出现的？我们都知道攀比不好，我们也不希望自己的孩子有攀比意识。我们不希望孩子之间比名牌、比爸爸开的车、比假期都去哪旅游了、比谁的爸妈的关系更硬……我们常常听到家长们感慨：现在的孩子怎么该比的不比，专去比物质享受呢？怎么不比比谁的成绩更好，谁更自觉更抓紧呢？

我的孩子还很小，所以我大概更容易看到孩子的攀比心理到底是怎么来的。走在小区里，但凡遇到年龄相当的孩子，家长们的心里就开始比较了。先问问多大了，好比比孩子长得大不大。如果一个孩子让抱着，另一个孩子自己走，大人就说："你也下来自己走啊，你看人家小朋友都自己走。"大人哄孩子吃饭，就会说："再多吃点，人家孩子一顿能吃八个饺子！看你才吃这点！"

家长这些不理性的比较教给了孩子什么？孩子从懂事起就学到了攀比的心态。孩子会认为，评价自己的唯一方法就是跟他人进行比较。比别人好，我就是有价值的，值得爸妈爱的；比别的小朋友差，我就没有价值。

孩子不知道各种行为背后有着多少复杂的因素，个体间差异性之大使得很多比较没有任何意义。家庭教育的问题是如此复杂，因为其中的因素和变量太多，难以通过比较得出有价值的结论。那么，这些表面化的比较又有什么意义？家长们去硬性比较的结果，就是培养了孩子的攀比心态，并且给了孩子错误的价值观。孩子学到了这些，一生中就将面临无尽的烦恼和困惑。

有的家长认为，比较带来的压力能够变成动力，促使孩子向榜样看齐，更抓紧，更上进。从短期来看，这种动力似乎很有效。比如孩子在学校，名次排到了后面，这种压力使得孩子抓紧学习。但是，如果我们从一生的眼光来看，那么这种比较的意识无助于培养健康的心态。孩子可能下次考试真的提前了几名，但他未来的一生中将会有无数不快乐就此产生。他会重新体验我们家长体验过的那些攀比所带来的阴暗心理。他会感受到同学会上的尴尬、同事间利益分配的不公平；他会在对自己孩子的教育上，因攀比而感受到种种不快，并导致教育失误。

攀比心理就这样被传递给下一代，并且再继续传下去。其实，对于孩子，即使我们家长不去让他互相比较，他自己也是会比的。英语里有个词叫"peer pressure"（同辈压力），就是指这种同龄人间的比较所带来的压力。而家长所要做的恰恰是要让孩子淡化这种比较意识，从而缓解压力。

5 人生的起跑线究竟是什么

曾经有一句很流行的话："不要让孩子输在起跑线上。"这句话虽然不断得到批判，但是我们不得不承认，很多时候，这仍然是许多家长们脑子里的潜台词。之所以流行，就是因为它反映了家长们的一种错误的看法：把人生看作一场赛跑。

而更加错误的是，人们还选择了错误的起跑线。即便人生真的是赛跑，那个起跑线也不是我们通常认为的那些东西。人生的基础应该是品德、情商、生活能力等。就是说，**真正的起跑线是学会如何做人。**

人生当然不是一场赛跑。人生的目的也不是要在无数次竞赛中胜出、得第一。如果我们以竞赛的眼光来看待人生，那么我们多数人是注定要输的，因为冠军只有一人。那样的人生命中注定是失败的人生。那么，我们的人生岂不就是没有意义的、不值得一过的？有这样的看法，是因为我们的生活中的确时刻都面临着各种形式的竞争。成人社会这种为了生计而你追我赶去奔波、去竞争的状态，在英语里有一个形象的词，叫"rat-race"。

如果我们想让孩子不去重复这种"rat-race"人生，我们就要给孩子正确的人生观、价值观，不把竞争看作唯一的生存方式。我们要让孩子认识到人与人之间的差异，让孩子学会自己跟自己比。

比如，我们在表扬孩子时，要肯定孩子的努力和进步，而不是夸他比别人强。我们要培养孩子独立思考的习惯，帮助孩子克服从众心理，不人云亦云，不随大流。

6 孩子在学校总受到老师负面评价怎么办

某天一位家长问我，孩子在学校总受到老师负面评价，搞得情绪消沉怎么办？这位家长自己也是教师，她对学生多是积极的正面鼓励，孩子看在眼里，再和自己的老师一对比，感觉反差很大，更难以接受。我回复：

"先问问孩子，他对自己怎样评价，给自己打几分，有哪些优点哪些要提高的，列出来，写在纸上。

想想老师为何这么评价他，换位思考，分析老师的处境，理解老师的要求。

想想自己有哪些可做的，可以怎样改进，要有具体办法。

平时让孩子多做一些能发挥优势的事情，增强积极的自我评价。告诉孩子，我们每个人都受到过批评，有的人被批评给打倒了，变得更糟糕；有的人努力去改进，最终把劣势变成了自己的优势。这两个我们选择哪个呢？"

回复完，忽然发现，这四条建议，和我总结出的应对人生问题的四条策略是一致的。这也难怪，我们教育孩子，用的就是自己的生活智慧。从这个角度去看，育儿和修心，是一回事。

7 对治人生难题的"四字人生策略"

有一次，一个阿姨来串门，聊天中知道，她感冒了，嗓子疼，正赶上她的一些亲戚要搞个什么聚会，如果感冒严重就去不成了。正好我哥在家，她问该吃什么药。话里话外可以听出，她其实不想去参加那个聚会，因为要花份子钱，人家也都比自己风光；但不去又说不过去，所以很纠结。这事该怎么解决呢？我一想，就是"四字人生策略"。

第一条：诚——忠实于自己的内心。她要问问自己究竟愿不愿意去，如果不愿意，就不去，那她就不必纠结了，或许也不会感冒了。纠结和感冒有相关吗？太有了！至少过于纠结会降低免疫力。或者不诚于心的结果就是，你的潜意识在支配身体，给你制造个理由——感冒。不过，如果总是听从内心，就会和外界有冲突，因为她的内心其实可以有更多选择，有更多成长。所以，这时就需要"四字人生策略"第二条。

第二条：共——扩大自我的范畴。

如果这位亲戚能更多地重视亲情，看到亲情的深刻意义，享受和亲友连接的感觉，认识到，人们都是以深远的方式在互相影响、在共存着，更何况是亲友，那么，她就可以更多地分享到别人的快乐，而少一些羡慕嫉妒恨。这么去想，她就少了很多阻力，聚会就成了一件乐事，而不是负担。不过，她的另一个阻力是怕花钱，这就又涉及下一条。

第三条：通——明白世间万物都是在循环流通的。付出和得到，在本质上是一个事情，而且付出在先，得到在后。清楚了这一点，我们对利益的得失就会有全新的认识，就会比较少去计较我们给出去多少，给出去的究竟能不能如数返回。

最后，这个聚会通知对于她平静的老年生活来说，是一个小小的搅动，是个小麻烦——多一事不如少一事啊。怎样看待生活中这些添乱的小事呢？

第四条：敬——接纳现实，积极解读现实给你的信息（谦卑、敬天）。

相信生活中的各种大小际遇都是有意义的，你都可以从中收获成长。如果能这样想，孩子就可以比较坦然地面对这件小麻烦了。当然，要说服她接受这些不会很容易。其实我所能做的，只是力所能及地给她加加油，增强一些她的心理能量。有了一些正气，她即便以自己的方式去面对，也可以做得好一些了。

不过这个小事让我看到，这四条还真的比较好用啊！或许我们每遇到一件自以为是死扣的难题，都可以据此"经方"加减，大家试试看！

8 好家长，是孩子的情绪管理教练

☆ 你会送孩子"心理玩具"吗

心理学家在做提升幸福感的干预实验时，有一些看似很普通、有点幼稚的做法，比如，记录下来当天发生的好事，并解释为什么你感觉不错；写下能展现你好的一面的事情，每天去温习。据调查，每天写下三件让你感觉好的事，这个做法效果很好，效果的持续时间也长。

我们要和孩子刻意地多去关注生活中的美好事物，这样可以增加积极情绪。 比如，随时给孩子指出值得品味的各种细节。生活中的点滴很容易被忽视略过，我们指给孩子看，就是在延长这些瞬间、扩大这些细节。

我们可以抽空和孩子一起想好事。我们可以给孩子准备一个漂亮的本子，专门记录他的好事。或者给孩子准备一个好事宝盒，把能引起美好回忆的东西或照片，都存在里面，有空就倒出来看看……

这个"心理玩具"除了"储存"好事，还可以让家长自己看到全局、看到宏观的一面，看到"the big picture"。比如，当你为孩子的一点小事生气时，你可以跳出来想：总的来说，他是个好孩子，我是个好妈妈，我工作还不错，生活各方面都基本满意……然后再看刚才的事，就能比较冷静地看待了。我看到有的专家告诉家长，跟孩子说，"你那样做，妈妈很生气。""那样做，妈妈不喜欢。"我想家长应该尽量少这样去说。我们大人正常的情绪反应，可以让孩子知道，不必刻意掩饰。我们可以生气，但是如果总是用家长的情绪去管教孩子，这不是好办法。总这样说，孩子会觉得他应该对大人的情绪负责。他会忘记遵守规则的本来意义，也容易有很多不必要的自责和内疚。

正确的做法是，**让孩子看到他不好的行为会有怎样不好的结果，让他对自己的行为负责，而不是对家长的情绪负责。**

如果我们因为跟孩子无关的事情有消极情绪，那就跟孩子说，妈妈这会儿心情不好，是因为别的事情，所以妈妈先自己待一会儿，等情绪好了，马上就跟你玩。这样，孩子也可以学会，当他有不好的情绪时，他也会自己冷静一会儿，练习自己去处理。他也会知道，有不好的情绪不是什么错事。

如何教给孩子管理消极情绪的智慧

对于孩子的消极情绪，我们不要去否认、压制、贬低、怀疑，不要说"这有什么可怕的""你不应该感到失望""你没有理由生气"等，而是要帮助孩子去接受、识别，然后再教他处理办法。

教孩子管理消极情绪的前提是，我们自己要能从容去对待。我们会发现，做到这一点真是有难度啊。为什么这么难呢？因为，当孩子发脾气或有其他消极情绪时，我们的本能反应是——又来麻烦了！你敢跟我对抗！我的教育怎么这么失败！你得长到多大才能会……我付出这么多，你怎么能这么对待我……于是我们浑身冒汗、血脉偾张……

我们处于这样的状态，当然就不能指望孩子能平和下来了。

要改变这种反应，首先要认识到，消极情绪对孩子是有益的，是他认识自己、提高情商、学习成长的一个好机会。它是中性的，不是坏事。把它当作一阵风吧，控制好，甚至利用它去"发电""放风筝"。

其次，要尽量把孩子的行为和情绪跟自己的分开。自己的劳累、抱怨、委屈，自己去解决。别做不合理的挂钩。

我女儿惹我生气时，我就这样开导自己：一方面是因为她就是个孩子，就这样；另一方面，反思自己管教上有哪些不足，还可以做哪些改进，她是我教育的结果，跟谁抱怨呢，自己多改进就是了。

我想，如果家长少一些受害者的思路，多想该怎样改进，这也会帮助我们控制情绪，少生气。然后再告诉自己，我当然可以不完美，做不到的，努力改进就是了。

只有当我们自己接受了孩子的消极情绪，我们才能做到不去否认、压制、贬低、怀疑他的情绪，并且教会孩子接受他的情绪。

不要让孩子把消极情绪憋在肚子里

孩子发脾气，我们本能地想救火。如果认识到消极情绪的意义，我们就知道，不必急于让情绪消失，而是要尽量给孩子机会，让他感受、识别，同时自己锻炼着平复下来。他每自己平复一次，他的情绪控制能力就得到了一次锻炼。

当然对于两岁以下的孩子，家长还是应该用转移法先去哄好，然后再讲道理。

在这个过程中，如果家长自己能保持中性态度，这会帮助孩子更好地平复情绪。有很多情况，孩子的情绪是被家长的坏情绪火上浇油，愈演愈烈。

可以把以下的这些方法教给孩子。

宣泄法：比如打沙发打枕头（当然对于爱打人的小男孩慎用）、撕纸；（其实这些宣泄法背后的道理就是，要以破坏性最小，不影响别人的方式发泄情绪）

倾诉法：找同学聊天、写日记、随意画画；

镇静法：数数、深呼吸；

转移法：看风景、听歌、运动、做自己爱好的事。

等孩子冷静一些之后，教孩子去分析思考：刚才的情绪是怎么回事，是什么引起的，以后怎样做才能避免那种情况，下次再有类似的情况该怎么办。

我女儿经常就是因为饿了情绪失控。我过去给她讲过《了不起的狐狸爸爸》。有时她饿了，就提醒她，狐狸宝宝可能早就闻到吃的了，它们没准已经挖洞挖到饭桌下面了呢。

最后等她吃上了，我再讲道理：狐狸宝宝那么饿了，还能忍着去挖洞，你都不用挖洞就能找到吃的啊……

✦ 先处理情绪，后处理行为

孩子的多数问题行为，都是由于背后有某种情绪问题没有得到处理。所以，当问题行为出现时，别急着批评指责这个做法，而是先弄清楚是怎么回事，背后是什么情绪问题。

比如，写作业磨蹭，其实这是一种反抗不满的情绪；无故地闹，可能是孤独无聊的情绪；不合作，可能是因为大人缺乏理解和信任，导致缺乏沟通的情绪……

其实我们大人也是一样，很多行为只是在表达情绪而已。情绪处理完了，行为问题自然就没了。总之，怎样管理好情绪，这是我们和孩子要用一生去学习的功课。我们在孩子小的时候，多教给他方法，多给他做好的示范；孩子得到训练，他的情商就会发展得更好。而发展好情商，比学习知识和技能更能给孩子带来幸福快乐。

有一阵我女儿喜欢剪纸做手工。有一天晚饭她先吃完，自己安静地去剪纸车模书。我吃完过去时，她得意地给我展示自己刚剪出来的车。我一看，说："哎呀，剪得挺好啊！就是你把粘双面胶的地方都剪掉了，一会儿不好粘了。"

她一看，也发现了问题，然后就生气了。她生气的方式之一就是把自己喜欢的东西毁坏。她开始坐在地上撕这个车模剩下没剪的部分。

通常她如果要毁坏东西，我就收回来。但这次我没收，我提醒她，你别撕了，撕坏了就做不了了。她还继续撕。我没多说，走开了。

过一会儿，她自己恢复了情绪，找到我，故意用讨好的语气说："妈妈，帮我把刚才撕坏的修好吧。"我过来一看，沙发上摆着刚刚被她撕出来的碎纸片。

我生气了，语气有些严厉地说："如果你只撕成几片，我们还可以用胶带粘上。现在撕成这么碎了，我恐怕真的没法修好了。"

听我这么说，她又生气了。我走开到边上拿报纸看。她在屋里乱转悠，还是放不下这个事。

我估计她有些渴了，去拿了个白梨过来削皮，梨皮削很长，没弄断。她感兴趣了，过来接过去，摆在一张白纸上，说是梨皮过山车。

想必她看到白梨就已经情绪好了。吃完梨，她神清气爽的样子，过来趴我腿上，说："妈妈以后我生气时不弄坏东西了。"我说："你吃完梨感觉不错啊？"她说："太解渴了。"然后我们一起把刚才那些碎片像玩拼图一样，拼出了几个部分。我一边拼一边告诉她，以后再生气时，可以找个软乎的打不坏的东西打几下（我拍几下沙发），然后想想自己为什么生气，有没有什么解决的办法。

我们拼了一会儿，然后她想起来要做什么，又自己忙活去了。

没过两分钟，就看她"啪啪"地打沙发。我偷眼看，原来是固体胶用完了，她在使劲扣里面剩的胶，怎么也扣不出来。

这时，我知道我一干预结果不会好——我解决不了，她会失望抱怨；我解决了，她会因为不是自己解决的而恼火。所以我只夸张地说："打完好受吧？"然后和她一起笑，接着我装傻继续看报。

过了一分钟，她说："妈妈，我有办法了！我往里面倒点水，胶就化了！"我惊呼："好办法啊，我怎么没想到？你水杯里就有水，你记得水杯放哪了吗？"她自己找到水杯，然后得意地拿作品过来给我看。我一看，原来，她把剩下的一个小样图里的小车座剪下来，贴到了一个大样图的车里，说那是小宝宝的座。这样，最后虽然没做成车模，她也有了一个自己满意的作品！

在这个事的过程中，她有好几次自己平复情绪的机会，有主动重新建立沟通的机会，也有自己想办法解决问题的机会，还有应用新学的情绪管理办法的机会。当然了，或许真正关键的不是我，而是那个大白梨！

9 一个对幼儿所有情绪问题都有效的做法——家长的同理心与共情技巧

孩子跟我们是那么的不同，而孩子又不善于表达。当我们真的能降到孩子的高度去看世界时，我们会发现，他不再是那个不可理喻、时刻有着奇怪想法的小东西了。因此，我们家长必须学习了解孩子的感受，站在孩子的角度去观察。

我们在生活中遇到的任何不便、烦恼与冲突，都是修炼同理心的好机会。**而做父母也是有助于唤起同理心的一件事情。**

大概每个父母都会感慨，自己的孩子总是不按牌理出牌，时时有让你震惊之举。我女儿就总是以我全然想不到的方式来行事。当我认为，这回可是一切都没问题时，她又会以一种新的方式挑战我的想象力和忍耐限度。很多时候，我们会觉得忍无可忍，感觉孩子是在成心跟我们作对，成心为难我们。

其实，没有哪个孩子是别有用心的，孩子的错误都是无心的。问题是，我们家长没有足够的耐心去理解小孩的想法。我们总是不能抛开大人的成见、大人自以为是的态度。我们想当然地认为大人的思路、大人看世界的方式是唯一正确的。我们不能屈尊，不肯把自己变小，去看看他的小脑袋瓜里都是怎么运转的。

还有很多时候，我们在心里是知道孩子的感受和想法的，但是我们仍然做不到去跟孩子共情。为什么？因为我们不能放下自我。

在管教孩子时，家长常把自己和孩子放在对立的位置上；我们处于战斗状态，大脑暂时退化成了动物脑。因此，我们下意识地要去维护自己的正确性、权威性，要捍卫自己的掌控权。这时，我们放不下架子，于是不肯去跟孩子共情。

如果家长对孩子有了同理心，就应该表达出来，这也就是跟孩子共情。

共情是一个非常有用的管教技巧。

首先，共情真的可以帮助我们更有效地解决问题。共情几乎是对付孩子的一切问题都必不可少的一项技巧。

比如，对我女儿的哭闹，我尝试过很多办法。最初，我不能控制自己的情绪，她一闹，我就变脸了，发火了。当时我还用巴甫洛夫为自己辩解：让她建立一哭闹妈妈就生气这样一个条件反射。结果当然很不好。这是很拙劣的办法，是没有办法的办法。我在书上看到过共情的建议，但最初我不太相信。因为我很清楚，假如我表示一点同情的态度，她就会哭得更肆无忌惮——可算有理了。所以没敢试。

后来我终于决定尝试。而尝试的结果是：这个技巧是有效的。虽然孩子可能开始会哭得更厉害，但是她会在更短的时间内停下来。哭闹以这样的方式停下来，更有利于她的心理健康。

记得有一次，我给孩子买了个新玩具。她午觉醒来，发现装小零件的小塑料袋破个口，她喜欢的小零件掉出来了，当即放声大哭。我心想：天哪！你为一个塑料袋就能哭成这样，太夸张了！但是嘴上只好和气地说："妈妈知道你非常喜欢这些小零件（哭声更大）。这是新买的玩具，你很珍惜，对不对（哭声更大）。你是知道爱惜玩具的好孩子（哭声马上减弱）。"我接着开始唠唠叨叨地回顾我们买玩具的过程，我们开始看了什么样的，最后选的这个都有哪些优点。这时她开始专心听，止住了哭。当然过后又想起来，又抽泣几回。最后，我引导她把小零件都倒进一个小托盘里，再放进透明的大盒子里，这样更漂亮，也不会丢。她欣然同意。自己装完后，满意地笑了。

若是在过去，我也去生气，那么她就要无谓地哭上好半天。所以，共情的技巧对付哭闹很有效。关键是不要怕孩子哭，不要急于去止哭。孩子每次哭闹，都是他学习处理消极情绪的一次机会。这种共情的做法比用转移注意力等其他方法去哄孩子，更有助于孩子情商的发展。

我想，对于更大的孩子的其他问题，共情也都会是一个有效的技巧。孩子大了，问题和表现方式不一样，但根本的原理是相同的。

共情技巧不仅能帮助我们有效地解决问题，更重要的是，这种做法本身对孩子就是一种教育，孩子将从中学到同理心和共情都是怎么运用的。学会这些技巧，有助于孩子提高情商，掌握处理问题的技能。

一个能被父母以同理心对待、能经常得到父母共情的孩子，自己也必定能以同理心对待他人，也能学会运用共情技巧跟他人沟通。

同理心的教育可以从孩子懂事就开始进行。

我女儿白天都在姥姥家玩，因此跟姥姥家的保姆关系很好。只要我们告诉她，别弄得太脏了，宋姨收拾起来会很累的，她一般都会比较注意。

不过她就是对我没什么同理心，大概是她把我当成神了，没当人看待。或是根源在于我自己没把自己当人看待。

跟姥姥或跟保姆出去时，她都乐颠颠地跑。跟我一出去，没走几步就让我抱。通常我都是不动声色地说："要是累了咱们回家玩。"这句话基本就可以让她立刻放弃了让我抱的念头。后来，我经常有意识地让她拿重物。买回来的东西，让她自己拿。她一嫌沉，我就会开玩笑说："比你轻多了！"慢慢地，她也体会到了我抱她的辛苦。

不过有时她实在累了，不抱也不行。有一次我抱起她，发了句牢骚。她在我怀里得意地直起腰，笑盈盈地拍拍我，嗲声嗲气地说："妈妈，你要控制你的情绪！"

对孩子同理心的教育，除了说教，我们还可以想出很多其他有趣的方式。

比如让孩子参与家务活；让孩子参观、体验各行各业人的工作；带孩子去不同地域旅游，以了解不同地区的文化习俗。我听说过老师让小学生怀揣一天生鸡蛋，以体验妈妈十月怀胎的辛苦。总之，只要家长真的意识到同理心教育的重要性，我们就能发挥创造性，想出各种教育的方式。

不过，我认为**最关键的教育还是家长的身教。**

举个例子。我见过有的人在开车时，嘴里时刻在以各种方式讽刺、讥笑、责骂路上的其他司机。他似乎在播报一种奇怪的路况解说。在他所驶过的路上，所有其他司机都是神经病或智障。我们常说世界就是一面镜子，你对别人的评价，往往反映出的恰恰就是你自己。

如果这样的司机能去想想，其他司机可能是新手，可能对路况不熟，可能临时想起要办什么事要改变路线，可能有急事，也可能就是一时走神，总之，可能有各种原因导致他开车的方式跟你的期望不太一样。如果能这样去想，那他就不会再有"road-rage（路怒）"了，不会永远都走在不开心的道路上。

如果一个爸爸在车里坐着孩子的时候也进行如此的路况恶评，想想看，那该是多么失败的教育啊。他不仅没有给孩子一段快乐的时光，更糟糕的是，他给了孩子一副扭曲的眼镜去看世界。戴着这样的眼镜，孩子一生所看到的世界都将像他的路况那样扭曲、那样疯狂、那样让他不开心！

不只是开车，每当我们家长自己要做出任何消极评价或抱怨时，都要停下来想想，这是不是又一个进行同理心教育的好时机。为了孩子，我们完全可以放下抱怨和责怪，而去对自己和孩子进行一次生动的同理心教育。然后，我们会发现一个大大的惊喜——世界重新又变好了，甚至变得比以前更好。

前面说到每个人都生活在以自我为中心的世界里，而孩子更是从小就习惯了以自我为中心，因为这是他成长的自然阶段。**学会从他人的角度看问题，正是孩子心智逐渐成熟的标志。**

现在中国的孩子，受到娇惯的程度和溺爱的规模都是相当可观的，如果我们不去讲同理心的道理，恐怕他们很容易成长为世界上最以自我为中心的一群人。就在某个六一儿童节，我看到这样两则新闻：一些家长为了讨孩子欢心，成群地围追孔雀，要拔孔雀漂亮的尾巴羽毛，送给孩子玩；一个爸爸送给女儿的礼物是，让十四岁的女儿开车上路，结果两人在派出所度过了六一。

看看我们的家长，为了博得孩子一笑真是不择手段。怎么不想想那只孔雀，不想想其他的路人？！

记得秋天时，我在小区里看到小男孩抓蜻蜓玩，我告诉孩子把蜻蜓放了，否则它会死的。男孩的爷爷说："天马上要冷了，这些蜻蜓也活不了几天了。"我表面上说，要培养孩子的爱心呀。心里在想，那我们就更应该让蜻蜓安度余生啊。您老也走到了人生的秋天，我们能因此就不珍视您的生命吗？

所以，**对孩子同理心的教育不只在于说教**，更多的要看我们家长平时点点滴滴的想法和做法。如果我们自己都没有修炼好同理心，那我们只能指望孩子来教育我们了。

 童言妙语

"我不是吃的！"（四岁）

今早5点闺女就醒了，拿各种毛绒动物骚扰我。我迷糊中对她的小白兔说："你长得像个小粽子，什么馅的？"她替白兔说："哼！我不是吃的！我是海盗！""噢，海盗馅儿！"然后各种动物都来了，她已被我绕进去："我是苦瓜馅！我是辣椒馅！"我说我都爱吃。她思索一下，来狠的了："我是食品添加剂馅儿！"

第十二章

家长的权威来自家长的正能量

1 管教孩子的一个"雷区"——和孩子搞"权力争夺战"
2 为什么我们总是输给孩子
3 如何让孩子懂得规则与后果
4 家长的权威究竟来自哪里
5 鼓励孩子不断挑战他小小的极限
6 权威型教养方式效果最好
7 给孩子指明界限
8 孩子要学着接受各种小"震惊"
9 要孩子听话吗?——独立思考与理性服从并不矛盾
10 孩子喊不动该怎么办
11 迎来第二个宝宝时,我们应该怎样做
12 比"要大宝让着二宝"更好的教养方法

1 管教孩子的一个"雷区"——和孩子搞"权力争夺战"

有一天放学，我和女儿去蔬菜水果店，因为她说了好几天要买桂圆，我总是忘记。进去一看，这家店的桂圆很不好，有的都长毛了。我告诉她不能买，她自然非常失望。但过了一会儿，她就接受了这个事实，又想买一种蜜瓜。考虑到她失望的心情，我同意了。没想到她非要买最大的那个。我说："这个太大了，吃不了该放坏了。"她不由分说，抱起最大的那个，放到秤前面，还说："大的大家吃。"我劝了几句，没用，就提高了嗓门，严厉起来，喊她的名字说："买哪个我说了算，我是大人！"她也提高了嗓门："我说了算！我是大人！"我生气了："那就什么也不买了！"她站在那，没有动的意思。我一看，这么下去，不会有什么好结果，不是我让步，就是她大哭一场。我决定想个办法。我调整了语气，说："你有两个选择，要么你等我挑点菜，然后咱俩去门口小超市买桂圆；要么现在挑个小的瓜，以后再买桂圆。"她依旧强硬地说："不行，我就要大的，别的什么也不要！"我平和地重复了一遍，并说："你站在这好好想想。我去里面买点菜。"

我去挑了几样菜，回来时我把西兰花掰下一小朵，笑呵呵地拿给她看："看，这有个西兰花宝宝！"她非常喜欢，称完拿在手里，挺美。我说："你怎么决定的呢？"她说："我要买个小的瓜，不买桂圆了。下次再买桂圆。"我说："好，你看哪个最小？"她挑了个最小的。这时店里的阿姨开始夸她懂事。她被夸得高兴，还直说："买小的，也大家分享！"又被大家夸了一遍。

事后我想，在这个事情上，自己做得比较好的是，我及时意识到了我陷入了"权力争夺战"的泥潭，看清了这样下去不会有好结果，改变了战略。从这个事情我发觉,管教孩子的一个"雷区",就是和孩子搞"权力争夺战"。一旦双方宣战,那么局势就会急转直下;如果能停战,跳出这个模式,那么我们会更有优势。避免了权力争夺战,就迎来了我们家长真正掌握权力、控制局面的机会。

2 为什么我们总是输给孩子

每个家长都希望能更多地控制孩子,特别是中国的家长。我们的思路一般是:我是大人,我更有经验,知道怎样做才对,听我的话一定没错;我是家长,我如果不管就是失职,别人看到了会觉得我不合格,我自己也愧对家长身份;在孩子眼里,我必须保持绝对的权威,如果现在就没有权威了,孩子这么小都不听我的话了,那大了还得了,岂不要无法无天了……

基于这些思路,当孩子做了和我们期望的不一样的事情时,我们会本能地在第一时间、第一现场亲临指挥,发号施令,如果孩子不能当即执行,那我们会继续发布一条比一条严厉的命令;我们的嗓门也会越来越大、汗越冒越多……我们把一段本应美好的亲子时间搞得充满火药味。但是结果怎样呢?我们有多少次真的赢了这场战争?孩子是否学到了该学的东西?是否在成长的路上又迈进了一步?

我可以想象,每天每时每刻,都有无数的家长正在和孩子打着这场权力争夺战。我同样可以想象最后的结果:大人孩子都生气;即便我们最终成功地强迫了孩子,我们仍然有挫败感;孩子对我们少了一分信任、多了一分叛逆;孩子下次会做得更好还是更糟,我们对此仍然没有把握……总之,我们就像是诉诸武力的暴君一样,虽然行使了权力,却感觉输掉了这场战争。为什么我们总是输掉?我们家长究竟该有多少控制权?我们的权威怎样才能很好地体现?

首先必须强调的是,家长的确应该约束孩子,管教孩子的确是我们的职责。从孩子出生起,我们开始给孩子约束、制定规则,这些约束和规则不仅可以让孩子学会自律、顺利成长,而且可以给孩子更多的安全感。对于一个小孩来说,他们甚至喜欢适当的约束和规则,就像小婴儿喜欢被包裹的感觉一样。当他们知道有大人在替自己防范着外面陌生世界的种种未知时,他们会感到更放心。

但问题是，管教约束孩子，家长常常把握不好控制的度和方式，于是就导致了和孩子争夺控制权。

把握不好这个"度"，我们管多了，把孩子的问题变成了自己的问题，我们就是真的掠夺了本该属于孩子的控制权。而家长这样越权的结果就是，不仅自己累，而且不利于培养孩子的独立性和责任感。

而对于那些我们应该控制管教的事情，如果我们不讲究方式，不会使用自己的权力，就也导致了和孩子争夺权力——我们在抢一样本来就属于我们的东西。

我们感到输掉了这个战争，就是因为，当我们和孩子做权力之争时，我们把孩子推到了敌对的立场，伤害了亲子关系，增强了孩子的敌对情绪，导致逆反心理。久之，就容易培养出一个处处叛逆的孩子。并且，当我们降到和孩子同等的高度去争抢时，我们总是显得很愚蠢——因为这种斗争局面使我们这些大人变得失控，理智让位于冲动，大脑开始退化成动物脑，忙于自卫和反击……打孩子通常就发生在这种时刻——抢不过，控制不成，实在没办法，就动武了。

所以，家长的一个重要课题，就是学着避免权力争夺战——学会识别哪些是你的权力哪些是孩子的权力，并且学习更高明的控制办法。

3 如何让孩子懂得规则与后果

那么，怎样才能在孩子需要管教时，不大喊大叫，不唠叨埋怨，不威逼利诱？

✿ 找准我们的权力所在——哪些该管，哪些不该管

哪些该管，哪些不该管；哪些是我们的问题，哪些是孩子自己的问题；哪些我们真的无法控制，哪些是我们必须控制的；哪些我们要当机立断采取行动，哪些要放手或等待……这值得我们好好交流探讨。

比如，我们可以决定给孩子准备什么食物，可以决定不让他吃什么，但是不能强迫他吃哪样、吃多少；我们可以决定早晨几点叫醒孩子，但是不能控制他几点睡着；我们可以提供乐观的情绪氛围，但是不能避免孩子哭；我们可以

给孩子买合适的衣服，但是不能强迫他今天一定要穿哪件；我们可以在他学习时，拿走干扰的东西，但是不能左右他脑子里究竟在想什么……

所以，首先知道哪些是我们能做到的，哪些是不在我们控制范围的，然后就可以多在能做到的地方下功夫，而不必在做不到的地方和孩子争执。

一些事情应该是孩子自己的事情，我们不要揽过来，变成自己的事情。比如，孩子忘带作业、不好好吃饭、不收拾好自己的东西、晚上贪玩到点不睡……对于这类事情，我建议：

事先和孩子谈到可能出现的问题，并尽量具体地制定规则；

真的出了问题，不必马上干预，也不必生气地批评训斥，让孩子体验结果，并以真诚的态度对孩子的处境表示理解和同情，鼓励他自己想办法；

找机会集中和孩子讨论，总结事件，点评孩子的做法和解决办法，提出建议和更多的方法。

而另一些事情，我们必须果断干预。比如，如果孩子面临危险、损害自己的健康、影响公共秩序、损坏东西、伤害他人……那就要不惜代价强制管教。孩子衣服穿得少了一些，或许不必太在意，大不了流点鼻涕。但是如果冬天穿单衣跑到雪地里玩，那就不怕他哭闹一定硬抱回来。

在具体生活中，怎样划分好这个界限，怎样归类，需要我们自己慢慢体会、总结；并且，根据孩子的年龄来调整。比如，穿衣、收拾东西、上床睡觉、洗澡、写作业、叠被、洗衣服，等等，这些可能开始是家长的事情，然后家长教给孩子怎样做，再陪伴孩子做，再逐渐放权。最后，在某一个合适的时机，我们会和孩子说，"从现在开始，这是你自己的事情了，你自己负责把它做好。"

对我们来说，这是多么美妙的一句话啊！

☆ 给孩子适当的自主权

在需要管教的时候，让孩子选择，就等于是放弃和他争夺权力。孩子感觉到自己有了更多自主权、有了力量，这种自主的感觉会让他的心理油罐更满，这时他会更乐于和你沟通。

并且，让孩子选择，就是引发了他的思考。而当一个人思考时，他动用智力，就不太会受情绪控制。小孩的脑子如果忙着想事，忙着权衡利弊，他都没空去闹了。

一些事情，我们也当真要逐渐锻炼孩子自己决策的能力。

给孩子选择要注意几点：

第一，选项要真实，每个选项都要是家长真的能做到的。比如在水果店的情况，如果我说："给你两个选择，一个是你和我现在离开这里；一个是我自己走，你留在这里。"小的孩子或许能被蒙住，大一点的孩子就明白妈妈不可能把自己留在这。所以这不是真实的选择，是一种变相的威胁。

第二，选项最好和现实世界的规则近似、相关。比如，告诉孩子，买小的就可以用省下的钱买另一样东西，这和平时消费的真实情况差不多，这样就对孩子有一些教育意义。

第三，要真诚，少一些家长自己的倾向性，不要事事都给选择。选择权的方法只能在合适的时候用，如果用多了，让孩子觉得这是一种花招，就失去意义了。

第四，平时无所谓的一些小事，不要给过多选择，家长给安排了就行了。过多的选择对孩子就是负担。

☆ 逐渐给孩子制定规则

随着孩子长大，我们会逐渐给孩子定一些规则。但其实，我觉得生活中很多事情都应该是比较灵活的。我常常感到，很多家长把规则搞得太复杂，没有必要。

第一，和孩子一起制定规则。我在孩子比较小的时候就和她一起制定规则了，比如她饿了不过来吃饭，最后饿哭了。等吃上了，我问她："下次怎样叫你，才能过来吃？"她告诉我一个说法，我说："好，从明天开始我们就这样做。"等她再大点，我就说："如果叫了三遍还不过来，那就把饭菜撤了，等明天早晨再好好吃。"

第二，对太小的孩子可以提要求，但不必制定太僵化的规则。因为我们知道就算制定了，孩子做不到，也是虚设，以后再真的想定规则反倒费劲了。对年纪小的孩子，以教他办法、正面鼓励为主。

第三，规则也最好与现实世界相关。比如，完成哪样家务才可以吃饭，整理好房间才可以出去玩，弄脏弄乱了就要多做清洁，弄坏东西要扣零花钱去赔，等等，来培养孩子的责任感，帮助他适应真实世界，早日独立。

第四，规则可以变通。大人总是担心如果制定了规则，做不到，孩子以后就不会遵守了。我们仍然要求执行，但是可以适当变通。最重要的不是规则本身，而是背后你想传达给孩子的道理和价值观。

☆ 如何让孩子懂得承担后果

真的去让孩子承担后果，似乎是很难的事情，因为多数时候我们不会忍心，另一些时候我们根本就觉得那些事情是家长的事情。

第一，家长的态度很重要。有了自然后果，比如没吃饱饿了；不早睡，早晨按时叫醒，没睡够。这时家长一定要保持平和态度，表示关爱和帮助。比如说："看出来你很困呀，我有时睡晚了，也困得要命。没关系，我放点歌你就精神了。"我想，即使我们不说"今晚早点睡"，孩子也会早睡的。家长千万不能气急败坏地数落："看我昨晚说什么来的？""早就和你说过，你不听！现在你知道了吧！"甚至，我建议，有时我们都应该装傻，假装不知详情。孩子这时一定很敏感，容易把家长的中性反应都理解为幸灾乐祸。

第二，要根据孩子的年龄和理解能力，让他承担不同程度的后果。如果孩子小，很难理解自己行为和后果之间的关系，那么他就只是痛苦，感觉无助，没受到教育。

第三，有了后果，家长可以等孩子感觉好一些时，引导他总结，并想办法。这时也不必批评，因为我觉得后果就替代了批评和说教；让后果去说教，这就够了。这时最关键的，是鼓励孩子向前看，而不是对后果耿耿于怀。我们的态度是：太好了，下次你一定能自己做好了！

第四，对已经很叛逆的孩子，少用后果教育，那样容易增加他的愤怒和叛逆。我们可以偶尔给孩子一些机会去感受事情的后果，但不要经常这样做，特别是对于年幼的孩子。幼儿做不好，常常只是因为他的能力不足，他需要更多地感受到家长的关爱和支持，需要家长和他一起，找到好的解决办法，带他走出困境。

☆ 给孩子定的规则要与权利成正比增长

对于权利，我们的感觉与对金钱和生活舒适度一样，就是往上升级，我们感觉好；向下降，我们感觉比较痛苦。所以，对于孩子，最理想的是，随着他年龄增长，逐渐放权，给他越来越多的权利。

孩子大了，必然会多出一些新的规则。比如，孩子上学了，自然就多出了关于学习方面的规则。我想，新规则应该是伴随着更多的自主权，就是说，当孩子感到规则在增加时，他同时也要感到自由和权利也在增加。他多了学习方面的规则，同时他应该在日常生活上有更多的自由和权利。这样下去，他就会感到自己在不断成长，他的自由和权利可以给他信心，帮助他应对新的挑战。

4 家长的权威究竟来自哪里

家长的权威究竟来自哪里？当然不来自说话的音量和巴掌的劲头，也不来自唠叨、数落、责备和自己不断被挫败的情绪；相反，这些都只能降低家长的权威。

我想，家长的权威来自很多方面：身教，魅力，对孩子无条件的爱，言行的一致性和一贯性，讲技巧有办法，一切尽在掌控之中的感觉，良好的情绪控制能力，对孩子的真诚、尊重、信任、理解和平等相待……来自所有这些家长身上的正向的东西。

我有一个深切的体会，就是，**要想让孩子听你的话，更愿意和你合作，前提是，你自己要处于积极、和谐、饱满充沛的状态。**这时，你是有趣的，乐观的。你的脑子转得更快，随时都能想出各种办法，你举手投足都是魅力，你信手拈来的玩笑、游戏都是那么好玩，孩子身不由己地就在配合你，你几乎都没有什么管教的机会。

即使孩子真的需要管教，你因为有更多的自信，也就比较容易不去和他争夺权力。你在给他选择、规则、后果时，可以做到以关爱、支援的姿态出现，这样，这些管教，在孩子感受起来，仍然只是对他的帮助和支持。事情过后，你也能够不计前嫌，不做悲观的预期，以全新的眼光去迎接孩子的转变。

总之，家长心里那个满满的油罐，就是家长权威的真正来源。

所以，我们家长修心、养心，就是为了在孩子遇到困难时，能更好地帮助他，给孩子的成长不断补充能量。

5 鼓励孩子不断挑战他小小的极限

家长常有这些困惑：孩子胆小，看到人多就躲，我是应该带他离开呢，还是要求他去适应？一岁多的孩子，最近突然不怎么吃饭，只吃点米饭，不大吃菜，我是顺其自然让他想吃就吃，不吃就算了呢，还是改变口味利诱他吃饭呢？孩子上舞蹈班，学一段嫌压腿疼，想放弃，是要鼓励她坚持，还是可以放弃……

在每天的带孩子时间里，我们好像随时都有这样的选择题要做。

无论对婴儿还是幼儿，好的家长是：积极乐观，接纳，有耐心，有稳定的情绪；同时，又能鼓励孩子，对他有要求，有推动，能尝试多种方法，帮他在现有能力边缘去拓展。我说，有的家长两者只有一样，然后有网友挥泪说："我两样都没有！"

据我观察，现在的家长似乎分两类：一类是"左派"，比如有些老人、教育观念传统的人……他们倾向于高强度管教、高要求，认为孩子需要你去逼迫一下，然后他就提高了。如果看人数，或许这仍然占大多数。

另一类是"右派"，新派家长，他们更重视接纳、呵护，主张顺其自然，少一些期望和要求。现在似乎这类家长越来越多。

我这么想：**每个孩子的成长，都是从自己固有的性格、气质出发，逐渐拓展**。我们的接纳呵护，是他的舒适区，这很重要；因为他需要安全感、大本营，需要休养并储备能量。家长的接纳理解和关爱，是孩子成长的基石。

但我们的另一个任务，是**鼓励他不断试探迈入他的挑战区**——我们多尝试一些方法，鼓励他挑战自己小小的极限：他每向挑战区迈出一小步，他的舒适区就扩大了一点点。

如果我们对孩子，只接纳、呵护，没有推动和要求，那么，孩子的成长就受到了限制，他就会错失一些成长的机会。

举个最简单的例子，好多婴儿都怕响声，于是在孩子睡觉时，家里有点响声，带孩子的家长就会使劲"嘘"。有经验的家长都知道，我们要避免突然的大响声，但是应该正常说话活动，孩子的适应能力在正常的环境里可以更好地提高。

其他很多问题都同理。我们对孩子，态度上要理解接纳，具体做法上，暗中一点点去挑战他的极限。

比如，如果觉得孩子交往上胆小，我们一方面不要强迫催促，而要采取接纳的态度，就是：我孩子现在可以胆小，我允许，我接受，我不把这当个大问题。另一方面，我们仍然给他提供交往机会，或许稍微降低一些难度。比如去他熟悉、喜欢的地方和小朋友玩，和比他小的孩子玩，约小朋友来自己家里玩……

再如，孩子吃饭不规律，我们不能强迫他吃什么吃多少，要信任孩子自己对身体的感受。同时，我们准备饭菜时，又不能只做他爱吃的，而是要各种菜变换花样去做。国外有研究，如果家长坚持把某样菜经常摆在饭桌上，家人都开心地吃，那么最终孩子会决定尝试一下，而且常常孩子会逐渐习惯这种菜。

所有的事情，都是这样，接纳的同时，必须也有要求和推动。

6 权威型教养方式效果最好

其实，在发展心理学里，研究家长教养方式，主要就看这两个维度：一个维度，是父母的接纳与反应性，简单说，就是对孩子的关爱、支持、鼓励、赞赏的程度；另一个维度是要求与控制性，指父母对孩子的管束、监控程度。

根据这两个维度，专家总结出了四种教养方式——权威型、专制型、放任型、冷漠型。

	接纳/反应性 高	接纳/反应性 低
要求/控制性 高	权威型	专制型
要求/控制性 低	放任型	冷漠型

其中，权威型教养方式效果最好。

权威型的家长，能提出合理的要求，并认真说明其中的道理，且执行始终如一；对孩子关爱、接纳、敏感；控制方式理智、民主。

列出这个，是想提醒大家：现在，是否有家长由于对自己成长经历不能释怀，对传统方式矫枉过正，正在从专制型家长悄悄变成放任型家长？

曾有对八九岁孩子的跟踪研究表明，在认知能力和社会技能两方面，权威型家长的孩子保持高水平，专制型家长的孩子处于中等或中等以下水平，放任型家长的子女，这两方面都更差。

家长对孩子有要求，比较好理解；至于控制，该是怎样的度呢，很多新手家长发现很难把握。

我们现在都知道，对孩子该放手、给自主的空间……但是，如果家长不能把握好这个度，就会缩手缩脚、不敢对孩子有干预，变成一个弱势被动的家长，没有尽到教育的责任。

有关掌控与放手，我的想法有下面几条：

第一，家长要对全局有总体掌控。你要有主导地位。

孩子不需要另一个玩伴，他需要你是家长。

第二，自由与能力相匹配，放手是基于你对孩子的信任。

家长如果敏感细心，就会感知到，何时是需要你来掌舵的时刻。你像游泳教练，看他如果要沉下去了，你要出手挽救。而这，就要求家长对孩子的能力有了解，并且能从孩子的反馈去反思总结。

比如，有家长说，六岁女孩被同伴要挟拿自己几百元零花钱给对方买了玩具，这里面且不说其他问题——让没有足够理财能力的孩子，可以拿到那些钱，就是家长给了她不匹配的自由。

第三，我们要学习的是，在不同年龄段，对孩子的掌控度有不同的分寸，你所掌控的领域也要不断改变。

比如，对一两岁的孩子，大人认为正常的卫生标准，常常是限制孩子探索的；大人认为有些脏的标准，恐怕对这么大孩子来说正合适。孩子玩，弄脏衣服，也是不必限制的，因为这时，探索是他的主要工作，他要先树立一种"我尝试，我就能有所发现和改变"的信念。

对四五岁以上的孩子，他就需要学更多的东西：保持个人卫生、尊重他人劳动、爱护环境爱护花草和小动物、对自己行为负责,等等。他仍然可以去探索,弄脏衣服时,家长可以教他,怎样把脏衣服特别脏的地方自己搓两把。关于接纳与推动、掌控与放手,其中的度如何把握,下面就几种典型的具体情况分别介绍。

7 给孩子指明界限

有一天,我女儿去同学家玩,两个男孩用棍子伸进鱼缸里搅和,我制止了。还有一次,她和一个男孩去街心公园玩,男孩发现地上一块坏了的小石板,想要把它磨成刀,坚持要带回家,他妈妈很难说服他。最后我出主意让他俩去把石板藏在树下,才算走人。发展心理学认为,对孩子的探索要鼓励,但别忘了,**孩子还有探索之外的其他东西要学**。在不同年龄,侧重点不同,要学的东西也不同。比如,对我来说,女儿一两岁时洗碗时玩水,把衣袖弄湿,是可以接受的。如果她四五岁时洗碗把衣服弄湿,我就会提醒下次小心点,让孩子自己去换。但是,穿鞋上沙发、上床踩,不管女儿多大我都会阻止。曾看到有人说,那有什么,回头洗床单就是了。我想,不论孩子多大,他都需要知道一个界限。

孩子偶尔在墙上涂鸦,我会赶紧给她贴张大纸可以随便画。如果她在擦不掉的东西上乱涂,我会阻止,然后把那些东西放到高处。或许有的家长觉得再买就行了,我觉得那浪费钱。总之,在鼓励探索的同时,孩子不仅要知道界限,还需要逐渐学习。

8 孩子要学着接受各种小"震惊"

现在好多家长都知道孩子的敏感期,于是对孩子小心翼翼,怕触雷一样,竭力避免孩子哭闹,闹了还要费力去哄。其实,不必过于小心。**我们接纳孩子的感受和**

情绪，但偶尔碰到了他的底线（常常是无意的），那也是锻炼孩子适应能力的机会。

孩子在不断长大，如果在他两三岁期间总是很小心地顺着他，没有一点"意外事件"发生，那么，三岁以后，他会很难接受各种"震惊"：被拒绝、不被满足、别人不一样的对待方式……所以家长也要放松些、迟钝些，不必太敏感细腻，做得太完美。

有一次女儿放学，出来遇见一个同班女孩，正在闹小情绪。她妈妈一路都在向孩子道歉："对不起了宝贝，妈妈来晚了，都是妈妈错了，这样吧，我给你买点好吃的……"然后她俩进了小超市。如果换作我，除非极特殊的情况，否则我会：如实解释，问问刚才着急没有，如果着急了，那么聊聊以后我来晚了可以怎样做，然后说现在我们去做什么。

对五岁多的女儿，我要求她学着理解他人、接纳现实、努力想办法。

还有，**我们要告诉孩子，世界上不是一切都按你的想法进行，任何人都得听你的决定的**。比如，不知道你还想玩包装纸妈妈就把它扔掉了；有人不经你同意就直接伸手摸你脸蛋；别的小朋友不和你商量就拿走你的东西；小哥哥小姐姐完全不按照你的玩法去玩……等等类似的情况，以后还可能有，这就是真实世界。

我们要随时利用这些小事，教孩子理解事物，学习怎样去应对。

总之，教育孩子的目的，不仅是要让孩子感到快乐，更要让孩子明白，所有的弯路、挫败、失望、被拒绝、无法满足、无聊、适度压力、负面情绪……都有价值，都值得珍惜。

我们都不是完美的家长，也无须做完美的家长。我们不必拿着刻度尺，小心地测量。我们也不是在走钢丝，战战兢兢左右摇摆。

我们只是拉着孩子的小手，一路向前同行。途中，有平坦有磕绊，有晴天有风雨，我们和孩子一起享受阳光、体验风雨，一起跺掉鞋上的泥土，欢笑着、憧憬着，继续上路。

我们诚实于自己，诚实于这个世界。在有缘和孩子同行的时光里，用真心来陪伴，这，就是教养的艺术吧。

童言妙语

"不打折！"（三岁）

那天她把衣服都摆沙发上，玩开服装店的游戏。我顺口问一句"打折不？"过会儿一看，她把每件衣服都整整齐齐地折上一些。昨天带她去书店，她挑两本自己喜欢的书。交款时，我问："打不打折？"收款员还没说话，她在那连声喊："不打折！不打折！"哈哈，别人大概都不明白怎么回事！

9 要孩子听话吗？——独立思考与理性服从并不矛盾

现在，常能听到专家和家长们说，我们不要"听话"的孩子！

我在微博上看到一位名人这样告诉孩子："根据我的经验，没被罚站过的孩子是没出息的，一定要找个机会被罚站。"

我很理解，大家不喜欢"听话"的孩子，是对过去某些教育做法的一种纠正。我们都希望孩子能独立思考，不要盲目顺从。但要当心，不要矫枉过正。

我们一方面希望孩子能独立思考，怕孩子是听话的乖孩子；同时，家长又在想，怎样才能让自己的教育生效。

我想，孩子与家长的关系是动态的，听话与否、听话多少，这都是随着孩子认知能力的发展，而不断变化的。

比如，一岁半、两岁以下的孩子，不论你怎么想，他自己是渴望听父母的话的；他本能地希望自己的行为，得到父母的认同和赞许。当然他有时会试探你的底线，和你玩违规的游戏；但总的来说，你可以用自己的态度，引导他有更好的生活习惯和行为规范。

两岁多的孩子，似乎永远在说"不"，这也并不表明他是不听话的孩子，只能说明他渴望他的成长得到你的认可。当你认可他，给他一些选择和空间，那么，他尽管表面在说"不"，实际上也依然在听你的话。对这么大的孩子来说，依恋关系使得他听你的话，这让他感到幸福、安全。

再大一些，随着你平时和孩子聊天、遇到事情一起商讨，孩子逐渐明白：不同的人有不同的想法。有事大家可以一起商讨；大部分事情家长说了算，因为实践也证明了家长的决定常常很有道理，值得他信任；孩子的意见也有价值，因为你当真把他的意见考虑进去了，他自己的一些事情，他也有机会自己决定。

如果孩子能有这些结论，这就是比较健康的亲子关系的状态。

孩子上幼儿园了，偶尔他会和你聊老师的言行。你们随时在路上、在饭桌上、在睡前聊几句，通过你的反馈，孩子应该明白，老师不是绝对的权威，老师也会说错话做错事。

我女儿在五岁多的时候，她有时回家和我说，老师今天说了什么威胁的话，结果老师没有真的去做，老师这么说不对，又威胁，又说谎了。我说："是的，不应该那样威胁，做不到，又成了说话不算数。"

在此基础上，在她能判断对错的基础上，这时，可以逐渐引导她，努力去理解老师的难处，支持老师的工作；鼓励她想更好地解决办法。当然这是更高一个层次的要求，这需要孩子的认知水平发展到位。所以对此我说的不多，她知道就行，或许她要再大一些，才能真的做到。平时告诉她，对老师要尊重、感恩。

等孩子以后上小学、中学，那么家长和孩子间，又是另一种互动状态：有更多协商、分享，各自有更大空间。

我希望我的孩子要懂得倾听和尊重大人的意见，要在顺利度过两三岁的小叛逆期之后，学会理性服从。

理性服从，是因为信任！

讲一个小事。一天，孩子和外婆去小区广场玩。天已黑，广场有一个大队伍正在转着圈跳广场舞，附近没几个孩子。我女儿发现队伍里有个四岁的小女孩，于是跑过去要和她一起玩。那女孩的家长或许不想离开队伍，就不让自己孩子出来玩。我女儿有点不甘心，在旁边继续游说。结果她俩就把跳舞的队伍给挡住了。外婆在一边着急，喊我女儿，可孩子不听，不离开。

回来后外婆说孩子不听话。我一问，知道了这过程。过一会儿，我抱着孩子和她亲昵，又搓后背又挠痒。逗笑过后，我说："和你讲个事，在外面，家里人要求你做什么，你要相信一定是有原因的。比如刚才，你没发现自己挡住队伍了，外婆远远地看见了。你当时如果不理解为什么，可以过来问大人。你也可以把你的理由讲清楚，但不可以不理睬、不沟通，记住没？如果你过来和大人讲讲你的想法，说不定我们能想出其他好办法来。"孩子点头说好。

作为家长，我会尊重孩子的想法，我也要求我的孩子能尊重我的意见。当孩子对我的话不倾听、不尊重时，我应该反思，自己是否已经努力，赢得了孩子的信任和尊重。

当然，我们必须真的尊重孩子的想法，而不是粗暴地以自己的感受和判断来推断，毕竟，我们不是她。

孩子如何对待老师和其他外人？我觉得，要鼓励孩子沟通想法，鼓励孩子动脑筋提建设性意见；不鼓励孩子不尊重别人的意见和要求，不鼓励孩子暗地里违背规则，不鼓励孩子处处认为自己是受害者。

据我观察，多数幼儿对老师的权威都很认同，这是他们在这个年龄的心智发展程度所决定的。我当然不希望孩子对权威有惧怕和盲目顺从心理，我觉得，**应该教给孩子的是，当你和权威有分歧时，你可以怎样去做**。如果没有这个具体办法，那么似乎孩子就只有顺从和违背两种选择。

有一次，陪孩子和同学在外玩，偶然听一男生的妈妈说："幼儿园户外活动时，不允许跑动，谁跑就罚站。"我问女儿："是这样吗？"她说："是。"我说："估计老师怕你们跑得太猛，互相撞上吧。那你们老师有没有带领你们列队跑步？"她说："没有。"我说："等有机会我问问老师。"后来我真的问老师了，老师解释，孩子们是有机会站队跑几圈的，并且每天上下午户外活动时间各一小时。我听了很满意。后来发现，老师对我的关注很重视，那些天带孩子们跑得更多了！

我想，孩子在观察大人怎样处理这样的事情时，会学到很多：她看到，遇到不一致的想法，家长先是站在对方的角度试图去理解，并且努力搞清真相，消除误会；她会发现，善意地、建设性地去沟通，不会带来灾难，别人是可以接受的；她看到这种沟通带来了一些小的变化。

所以，我们要教给孩子的，不是简单的听话与否的问题，而是当孩子和别人有不一致的想法时，对规则或任务不同意时，应该怎样去处理。家长要教给孩子的是解决问题和处理人际关系的技巧，是怎样从共赢的角度出发去解决问题。这些能力对孩子一路的成长都很有用。

10 孩子喊不动该怎么办

☆ 不随意打扰

家长要知道该何时叫孩子,要细心观察孩子在做什么,尽量不随意打扰,尽量在孩子活动间隙时和他沟通。

☆ 用适当的方法引起孩子的注意

让孩子停下手里的事情,看着你,这时和他讲。否则,很多时候孩子沉浸在做事情中,真的会没听见你的话。

☆ 少唠叨

家长话太密,就等于把自己的话变成白色噪音,适合哄睡觉用,不适合让话进入孩子的脑子。所以平时少说,有重要情况,谈一次话,完整透彻地解决。

☆ 指令要具体,不带负面情绪

给孩子的指令,必须让他知道你希望他此刻具体做什么,比如,不说"你应该整洁一些",而说:"现在把自己的桌面收拾一下,然后我们好做手工。"指令不要是抱怨、指责、数落,少带有负面情绪。当一个人发现自己是在被别人指责批评时,他一定更加不会愿意去听从的;因为他的心理能量此刻都用在"防御"你的"攻击"上了。指令要具体,不带负面情绪。

☆ 给孩子指令后,让他复述一遍

有时,您需要在给孩子指令后,让他复述一遍,以确认他真的听到并理解。

常常，孩子没有按照大人的要求做，并非他成心在抵抗，只是因为他年龄小，听知觉能力还比较弱；他的大脑还不能很好地加工处理听到的信息，就是说，他的确"听"到这些声音了，但他的大脑并未真的理解并记住你的具体指令。

家长要孩子确认，有时可以及时发现这些问题。然后我们做调整，把我们的指令变得更加具体、清晰、简洁。随着孩子年龄增长，我们可以逐渐提高指令的复杂程度，锻炼孩子的听知觉能力。

☆ 耐心等待反馈

下指令后，给孩子一些时间。很多家长的做法是，看到孩子没有即刻反应，马上发出第二道令箭，然后一道紧似一道，火力迅速升级，不一会儿就硝烟弥漫。给完指令，你要在心里至少数到 10，这时细心观察，找到问题所在。现在，当我喊女儿做某事时，她常常加快节奏嘴里喊着："好了好了，马上马上！"这时我会稍微等待。

☆ 生活中谁也不能随时处于起跑状态

有的家长习惯喊"1、2、3"，这个方法偶尔管用，经常用就不灵。生活中谁也不可能随时处于起跑状态。但凡有需要倒计时的时候，就有必要反省一下：孩子为什么没有行动，是否事情做到一半无法停下，是否没有看到全局，我可以怎样改进。比如，事先谈好，把这件事情交给孩子自己管理。

☆ 幼儿的大脑发育特点决定了他们是随时沉浸在当下的

有时我说完，稍微等待后，女儿仍然没有去做，我会走到她面前，说："我知道你喜欢做……但是我们现在没有时间玩这个，我们必须停下来，马上穿衣出门，才能按时赶到，你清楚了吗？"如果她点头，我就离开，做我的准备，同时等待。孩子的大脑发育特点决定了他们是随时沉浸在当下的，这就是他们磨蹭的根本原因。理解了这一点，我们就知道，最有效的办法，是你要把当前的情况和孩子解释清楚，帮他们从当下跳出来，看到整个情势，然后交给他，让他学着去抓紧。

当我们这样做时，我们就促进了孩子大脑的整合发展，帮他们提高了时间管理和规划能力。这些能力，在今后孩子的学业、工作中，都至关重要。

✪ 教孩子换位思考

必要时，和孩子讨论：当你喊妈妈时，如果妈妈不回应，你是什么感觉？当你喊小朋友时，如果对方没搭理你，你怎么想？当你有问题喊老师时，如果老师没反应，你觉得怎样？告诉他，回复别人的话，是最基本的礼节，是对别人的尊重。比如别人给你东西，如果拒绝，也要说"谢谢，我不要"，不能置之不理。生活中有一个潜规则是：你尊重别人，别人才会尊重你。

✪ 要尽量把事情交给孩子自己来管理

当你喊不动孩子时，要反思，是否对孩子指令过多、控制过多。如果我们能给孩子自主权和空间，鼓励他独立做事、自己判断、自己选择、自己决定，把属于他的事情交给他，只在真的需要你的意见和提醒时才出现，那么，你的意见和提醒，将会得到更多的尊重。任何人都讨厌被催促，家长的催促常引起孩子的反感，所以，要尽量把事情交给孩子自己来管理。比如，用闹表或定时器，来取代你的监管和催促，效果一定更好。

> **"我不是唯一姓王的……"（六岁半）**
>
> 早晨叫闺女起床，有时我顺手在手机的百度音乐里，看首页有什么歌就挑一个放。今天放的是甲壳虫的 *Imagine*，闺女伸着懒腰说："我不是唯一姓王的……"我起初莫名其妙，看到歌词后便大笑起来，她听的是这句：I'm not the only one，的确鼻音很重。

11 迎来第二个宝宝时，我们应该怎样做

☆ 为什么要再生一个宝宝

这是个很私人的话题。每位家长都有自己的想法。我的建议是，当您对此很犹豫时，问问自己这些问题：我是否非常喜欢一个更大的家庭？我是否很热爱生活、热爱这个世界？我渴望把一个小生命带到这个世界上来、参与他的成长，这个想法是否足够强烈，强烈到我可以有这样的承诺——愿意克服各种困难去实现它？然后，把您的这些想法，跟您的爱人聊一聊，看看对方的想法如何。毕竟，这是两个人的事情。

或许，这些是我们决定是否要再生一个孩子的更根本一些的问题。决定再生一个孩子，不要仅仅是为了给老大生个弟弟或妹妹，免得他未来孤单——不能把这么大的压力放在孩子身上。我们自己决定，自己为此负责。

财力、人力等条件，是一个考虑的因素，但也同样不是决定因素。条件都是相对的，一切在于我们安排。

☆ 是否需要征求大宝同意要二胎

这个事情，是夫妻二人的事情。**我们不因孩子特别想要个弟弟或妹妹就决定要二胎，也不因他不想要就决定放弃。父母不必征求孩子的同意，但需要跟孩子耐心地解释这件事。**

如果过多问孩子，会把孩子放在不恰当的位置，让他以为他有权决定此事。实情显然不是这样的，孩子无法决定父母的事情，他只能决定自己怎样去适应。把孩子放在不应有的位置、给他不相称的责任，对他来说是负担。我们要让孩子轻松做孩子。

如果大宝明确表示不希望有弟弟妹妹，那么，家长可以告诉他：我们知道了并且也理解你的感受，但是这是爸妈的决定，希望你尊重。平时你觉得爸爸妈妈是不是很好？如果你平时信任我们，那么这次你也可以先信任，然后，我

们一起去发现，有弟弟或妹妹将是多么美好的事情！这样谈过之后，不强求孩子马上改变看法，他可以保留自己的想法。

☆ 有了二宝，能给每个孩子的爱与关照是否就变少了

很多妈妈都在为此感到愧疚——不能给大宝过去那么多的关注和照料了，对他愧疚；给二宝的照顾，永远没有给大宝的那么多、那么专注，因为忙不过来，所以也对二宝愧疚……

其实，养育孩子中，事情是无法计时计量去算的。我们甚至都不必去想究竟给了孩子多少、欠了多少。有了两个宝宝，我们就要接受这样的事实——在多了一个家人、多了很多爱的同时，我们将以不同于养育独生子女的方式养育他俩。不存在少了、欠了的问题，一切都将不同了，正如我们当了家长之后，日子就必然永远与过去不同了。我们自己先要接纳这个事实，没有愧疚。

☆ 怎样帮大宝处理好嫉妒的情绪

通常，小宝的到来，很容易引起大宝的嫉妒心理，特别是当大宝是六岁以下的幼儿时。那么如何帮孩子很好地处理这种嫉妒情绪？首先，家长可以鼓励孩子表达出自己的感受，如果孩子小，您可以委婉地替他说出。说出后，告诉孩子这是什么情绪、它很正常、妈妈很理解你的感受。此外，做好下面几点或许会有帮助：

第一，尽量不要将大宝送出去由他人照料。

很多家长打算要二胎，但由于精力有限，计划将大宝送去老人家里由老人带，自己好安心照料新生儿。但是，这样做，非常容易让本来就有嫉妒心理的大宝，更加确认了自己的猜疑：妈妈不要我了，妈妈对我的爱减少了。还有些家长想：既然老大有些嫉妒，而小宝又年龄小，只有喂养任务，那不如多让保姆或老人照顾小宝，自己多带大宝。这样似乎解决了大宝的嫉妒问题，但妈妈与小宝间的亲子连接又会受到影响——我们都知道，孩子出生后，跟妈妈间建立安全型的依恋关系，究竟有多重要！

每个孩子都是自己的孩子。决定了要二胎，就要担负起照料两个孩子的责任。所以，如果忙不过来，妈妈最好请人来家里帮忙，请阿姨做家务，或把老

人接到家里来，使得两个孩子仍然都在父母的管理之下。这样做，不仅可以避免上面那些问题，而且，对于两个孩子来说，从第一时间起，就有手足间的各种互动体验，这本身就是一种美好的亲情感受。这种全家人共同面对一个新情况、共同解决问题、互相帮助支持的家庭经历，将是孩子可以珍藏一生的亲情回忆。

第二，鼓励大宝与父母一起为迎接小宝而做准备。

家长可以鼓励孩子加入自己，一起为迎接弟弟妹妹而做准备。这样，我们使得孩子参与进来，当孩子有所投入之后，他也会更自然地珍惜自己和爸妈的付出，认同自己作为哥哥或姐姐的角色。

这里需要补充一点，我们说鼓励大宝与父母一起为迎接小宝而准备、期盼，但具体参与的程度，要依大宝的年龄而酌情。对于五六岁以上的孩子，可以适当给他一些事务去做。但对于更小的孩子，或许父母要侧重在让孩子理解、知情上，而不必让他过多地参与；因为对于比较小的幼儿来讲，十月怀胎的过程是漫长得难以忍受的，如果让孩子参与过多，难免会给他带来心理负担，引起不必要的焦虑。所以，对于小幼儿，更多地让他做个孩子，而不是承担过多的压力。

第三，"妈妈也曾经给了你同样的爱。"

家长可以在妈妈怀孕时，多与孩子分享当年他在妈妈肚子里时的小事。孩子出生以后，多给大宝看看当初他刚出生时的照片和录像。这样，一来可以让他清楚，现在对小宝的各种呵护照顾，妈妈当初也是同样对待他的，这可以培养孩子换位思考的能力和同理心。另外，这个过程，也是让孩子重温当小宝宝的感受，满足了孩子的心理需求，补足了妈妈的爱，然后，他就可以出发，去更好地当哥哥或姐姐。

第四，关注大宝的情绪，不等于对他没有任何要求。

现在似乎有种新的现象，就是，有了小宝宝，家长似乎心里总有一些对大宝的歉疚感。而这时，大宝在三至五岁，也正好是处理不好情绪、容易发脾气的阶段；结果，家长对大宝的任何情绪发作，都理解为是有了新宝宝所致，于是，就对大宝没有任何要求，一味地纵容让步。比如，有的家长讲，要把亲友来看小宝时带来的红包分给五岁的大宝，这样他还是不满意。

我们需要明确几点：即便没有小宝宝，孩子在六岁以下也都会有各种情绪问题，都需要家长好好引导。家长要清理好自己的内心——有小宝是好事、喜事，不论大宝怎样反应。这不是让我们对大宝亏欠的事情。他要学会接受这个新的事实。对于四岁以上的孩子，我们有要求、有界限，这才是帮他成长。我们不要让自己的纵容妨碍孩子的成长。

第五，给大宝心理加油的方式有很多。

比如，多参与他的游戏、多认同他的努力和进步、给他安排有趣的活动等等，而不是通过对他放松要求和过度满足。

如果大宝真的对小宝宝特别有抵触情绪，那么家长要反思，在之前这几年对大宝的教养哪里需要改善。通常，如果家长给孩子的爱很充分，孩子心里就会有很多爱可以"支付"，给弟弟妹妹、给他的玩偶、给小朋友、给家人！

✨ 妈妈如何担负同时带好两个孩子的重任

有两个宝宝的家长，无疑需要付出更多辛苦。怎样能做好呢？

也许我们先要调整一下观念。我常常觉得，我们目前养育独生子女的方式，比较容易造成过度教养的现象。或许，人类在过去千万年里，对孩子更自然、更"原生态"的那种养育方式，才是真正适合孩子生长的。所以，有了两个孩子，我们不要把每个孩子都带成"独生子女"，而是以新的标准、新的模式去养育。就是说——我们常常感到自己没有做到的那些，没有给孩子把水果及时切块提供、没有把地擦得那么净、孩子撇嘴了没有立刻去哄……这，其实都恰恰是刚刚好的。

独生子女的家长，都盼望着能有机会"拼养""群养"，现在有了两个孩子，终于可以实现这个想法了。

✨ 怎样做才能减少两个孩子间的争执和冲突

如何管教，才能避免让孩子感到家长不公正？

第一，在小宝宝出生前和刚刚出生时，家长一定更多关照大宝的情绪。比如，在物品、活动的安排上，多考虑他的需求。得到家长这样关照的孩子，不会感到自己的地位被小宝宝取代了。这样他才会安心做哥哥姐姐，把父母对他的关爱，传递给弟弟妹妹。

第二，比较年幼的孩子，在爸妈有了小宝宝后，甚至会在各方面表现得比自己年龄小半岁，就是有"退行"表现。他似乎也渴望当一回小婴儿。这时，家长不要总是说：你是大孩子了，你都是哥哥或姐姐了……对于三岁以下的孩子，我们一定要记得他的年龄，他真的仍然还是小幼儿，他的能力并不会因为有了另一个宝宝就一下子有怎样的飞跃。与其总是说"你都是哥哥姐姐了"，不如我们把这句话做出来——做好第一条，当真给他哥哥或姐姐的地位和"特权"。

第三，避免比较两个孩子。每个孩子都是独特的，我们要学会去欣赏每个孩子的独特之处，学会用不同的方式去爱每个孩子。比如，平等不一定就是均等。我们给孩子的物品或活动安排，要有两人一样的，也要有两人不同的。我们跟孩子，既有全家一起活动的时间，也有分别单独共处的时间。

两个孩子争抢，有时他们所争抢的，只是家长的偏爱和关注。所以，我们要从最初就让他们明白这样两点：或许方式不同，但爸妈同样爱他们每个人；他们任何一个也不能独占爸妈的爱。他们必须接受这个事实——他们要共享爸妈的爱。

切忌用一个孩子来教育另一个孩子。许多家长把这作为很便利的一种管教方式。但是，这样做比较会鼓励孩子间的对立和竞争，而且，家长们忽略了这样一个事实——他们俩的确是独特的个体，没有可比性！有研究发现，如果家长总是夸奖子女中的一个，那么，另一个孩子往往会有意（有时是潜意识里故意）去做与对方相反的一面——这成了他自我实现的一种方式，他要通过这种方式来找到自己独特的定位。

第四，教给每个孩子，以自己的方式爱对方。中国古人说"兄道友，弟道恭"，意思就是，老大因为能力强，所以除了有"特权"和地位，还要对弟弟妹妹多承担、多谦让、多带领呵护；排行小的孩子，除了受到大家更多的照顾，也要多学习、多尊重哥哥姐姐。这样，两个孩子，是以不同的方式在尊重对方、爱对方。

我们要让孩子看到，每个孩子，都应对手足心存敬意和谢意——他们的存在，让孩子有了更多的亲情陪伴、更多学习交往、解决问题以及提高情商的机会，有了更多美好的童年回忆！

第五，对于孩子间的争执，家长要有总的规则，但不必每次都参与调节、

当法官。当两个孩子哭着来告状时，家长要引导他们分别说出事情的经过、自己的感受、自己的要求或期望。当两个孩子都讲清并听到对方的想法之后，再鼓励他们自己思考解决方法。

如果家长每次都能这样应对，那么过一段时间，孩子也稍大一些时，再有争执，家长可以给他们空间自己去解决，而不是第一时间就参与、裁决。这样，孩子们逐渐可以学会，遇到冲突不是告状，而是自己想办法。

手足间的每一次小冲突，都是你帮他们学习交往和解决问题的好机会。

✦ 怎样做能增进两个孩子间的手足情谊

我们可以用一些办法，帮孩子增进手足情谊。比如，与其比较和竞争，不如多安排一些需要他俩合作的游戏或活动。让他们多一些机会体验只有他俩、没有外人的时光。鼓励他们多发挥自己的优势，来帮助对方。

✦ 两个孩子，如何避免对某个孩子过于偏爱

些微偏爱或许是不可避免的。我们对人的某种性格、特质，比另一种更加喜欢，这很自然。有专家曾提出父母和孩子的"匹配度"这个概念。就是说，父母和孩子在先天性格上匹配度高、比较一致的情况，那么父母会感觉教养孩子是很轻松愉快的事情；他们亲子关系更容易好，他们在亲子活动中会体验到更多成就感和幸福。反之亦然。

那么对于有两个孩子的家长来说，首先要认可这一点，不必回避。其次，在每天的具体教养中，注意对每个孩子有不同方式的关爱。

比如，对于跟自己匹配度不高的那个孩子，我们需要常常在脑子里给自己开个"小会"——提醒自己，接纳包容孩子，而不是去强迫改变他。我们凡事不要太急于下判断，而是先多观察、分析，因为你的判断很可能带有过多你的偏见。

孩子的各种性格特点无所谓好坏，在于我们的引导。我们要学会欣赏孩子的独特性和闪光点。孩子的这些特点，也是由他的基因所决定，难以改变。如果改变了，那么他会很不快乐。

所以，要感谢与你相像的孩子带给你的轻松快乐；同样，更要感谢与你不太相同的那个孩子，教给我们接纳与包容，感谢他带给我们的成长和新境界！

12 比"要大宝让着二宝"更好的教养方法

现在有两个以上孩子的家庭越来越多了，而孩子的父母，常常自己又是独生子女，从小没有与兄弟姐妹共同成长的经历，这样，家长在教养多个子女时，往往更多地在听从老人的意见。遇到两个孩子有冲突时，老人常会要求大宝让着二宝。这似乎是比较便利的做法——老大毕竟年龄大一点，更有可能做到让步。但是，这种方法是否合理？有没有比这更好的教养方法？当两个孩子有冲突时，家长究竟应该怎样做？我们应该如何对每个孩子区别对待？

☆ 了解不同排行孩子的特点

如何教养两个孩子，首先需要我们对每个孩子有了解，这包括——孩子的随基因而来的独特个性、孩子的排行可能对他的影响。美国心理学家凯文·莱曼博士是专门研究排行理论的专家，他经过大量研究发现，一个人在家庭里的排行，对他的心理和性格有着巨大的影响。

他发现，排行老大的孩子，通常有着这些特点：领导能力强、积极进取、任劳任怨、有条理、干劲十足，等等，这使得他们常常能够担任领导职位，做出事业方面的成就。但同时，老大几乎不可避免地都有完美主义倾向，而这并非一个优点。如果引导不当，那么很多排行老大的人，最终都会变成一种"沮丧完美主义者"，他们可能对自己和别人都过度批评挑剔、无法接纳，他们会拖延、抗拒接受新事物和挑战。

并且，几乎每个老大都有过被"废黜"的感受，如果他与二宝的年龄差距小，那么他的这种感受就会更强烈。

如果家里有两个孩子，那么老二也就是最小的孩子。他们会有哪些特点呢？研究发现，家里最小的孩子可能会有这些特点：富有魅力、交友广泛、喜欢成为众人的焦点、性格单纯、有创新能力、敢于冒险和独辟蹊径，他们也很有可能不是特别守规则、过度以自我为中心、为博得关注而哗众取宠、容易被家人宠溺。

了解了这些特点，我们会发现：一味地让大宝让着二宝，恰恰就是加剧排行顺序在每个孩子身上烙印的做法！

对于大宝，这样的做法正是造成他完美主义性格的根源之一。即便家长不要求，老大从出生起，就一直在观察成年人的行为方式，以其为榜样来学习、要求自己。所以他们常会觉得自己做得不够好，他们已经走在通向完美主义的路上了。父母要做的，不是继续让他们时刻成为弟弟妹妹的榜样，而是帮他们缓解压力，学会接受自己的不完美。

另外，长期要求老大让着老二，对老大的影响是：一方面他会比较有责任感、有担当，各方面能力也可以得到锻炼。但同时，这也可能让他变得有些"弱"——他可能没有学会为自己的权益而争取、对别人说不。他甚至可能会在潜意识里，总是寻找需要帮助和保护的对象。这一点不论是在婚恋方面还是在日常交往中，都有可能给他带来一些麻烦。

二宝出生后，更多是在跟着哥哥姐姐学习，所以他们比老大有更多机会"当儿童"。如果家长遇到孩子间的冲突时，每次都把二宝置于被原谅和被保护的位置，那么，他们不仅容易被宠坏，甚至会本能地发展出一些利用家长这一点的"小策略"——他们会想一些小把戏，给哥哥姐姐设置"陷阱"；而家长在忙碌中，几乎总是会落入圈套，去保护这个看似弱小的二宝。

如果长期这样对待二宝，那么他们就没有机会锻炼出独立自主、有责任感的性格，容易变得总是很无助、缺乏力量感，总是需要别人的帮助和保护。

那么，我们对两个孩子该怎样有针对性地教养呢？

✩ 给大宝责任的前提是，给他"特权"与"地位"

大宝在头脑和身体的发育方面，在各种能力上，自然常常比二宝强出很多，所以，当两个孩子有冲突时，要求"大宝让着二宝"的合理的一面是——老大应该有着与自己能力水平相符的反应方式和解决办法。比如，二宝年幼，无法很好地理解一些事情，无法做好自控；大宝大一些，可以把这些做得更好。

那么，这时，与其说让老大"让着"老二，不如换一种更具建设性的说法。

我们可以对老大说："你还记得我们谈过的吗？在这种情况下，你可以使用哪些技巧和办法？"这种说法在暗示——老大掌握了一些更高超的技巧，而且这种技巧是爸妈单独教给他的。在老大听起来，这是显示他的特权和地位的一件事，他当然会欣然去配合。在老二听起来，这有点神秘、让他羡慕，他暗地里会渴望自己也能学会。

这种说法也引导孩子们明白这一点——遇到冲突，解决的办法可以有很多，我们都要积极地去想共赢之策，而不仅仅是一方做出让步、委曲求全。我们引导两个孩子明确地表达各自的感受和期望，想出大家都接受的办法来。

多子女的家长请一定记得——我们可以给老大更多的责任和任务，那是因为他们年龄大一些，能力也更强一些。与此相应的，我们也要给他更多的"特权"和"更高的地位"。比如，他可以有更多自主权，可以学弟弟妹妹还不能学的一些东西，可以稍微晚睡一会儿，可以开始有零花钱，可以更多地参与家里的决策，有跟父母更平等的沟通方式，有更多的个人空间……

另外，我们应该要求弟弟妹妹对哥哥姐姐有尊重的态度。有些年龄相近的同性手足，时刻都在竭尽全力与哥哥姐姐竞争，想要在各个方面超过他们。家长应该让家里的每个孩子都清楚这一点：即使弟弟妹妹在所有方面的能力都超过老大，他们也依然是你的哥哥姐姐。要求弟弟妹妹尊重哥哥姐姐，这与要求孩子尊重父母同理。如果父母允许弟弟妹妹对哥哥姐姐不尊重，导致哥哥姐姐与弟弟妹妹角色逆转，那么，这时老大常常会变得自暴自弃，向坏的一面去成长。

☆ 别忘了教给二宝这些——尊重、责任感、独立

对于二宝，当两个孩子有冲突时，家长要指出与他年龄相符的责任，提出相应的要求，要他学会对自己的行为负责。我们不能因为孩子年龄小，就剥夺了他学习解决问题、明确行为界限、锻炼自控力和情绪管理能力的机会！

很多家长会发现，二宝有时会故意搞怪、捣乱、哗众取宠，或者故意制造与哥哥姐姐的矛盾，然后让事情看起来是哥哥姐姐在欺负自己，最终让爸妈批评他们。要想从根本上改善这种状态，需要家长理解他们的心理。

家里最小的孩子，之所以常常变成惹事的"捣蛋鬼"，是因为——他们从出生起，就发现了一个事实：他们在各方面似乎永远也无法超越上面"完美"的、

超人般的哥哥姐姐！在他们眼里，哥哥姐姐永远都比自己能力强，凡事都已经抢占先机。当家里的小孩子做了什么了不起的"壮举"时，爸妈已经对孩子的"第一次"感到审美疲劳了，已经没有兴致大惊小怪地赞赏了。这就使得这个小孩子需要动脑筋、费力气去做一些另类的举动，有一些不一样的"成就"，来吸引大家的注意——如果我不能像哥哥姐姐一样做得那么优秀完美，至少我可以通过调皮捣蛋来展现自己的不同。

所以，家长对于二宝，要注意这些——不要总是用哥哥姐姐作为榜样来教育他；要多强调他的独特性，而不是拿两个孩子来比较，不要让他一辈子都在哥哥姐姐的阴影里成长。比如，我们要避免说这样的话："你姐姐在你这么大的时候就已经……了！"理性地想想，这种说法是完全没有道理的。**每个孩子都是他自己！**

随着二宝的长大，家长要记得给他分配一些符合他年龄的任务和责任。很多家里，家长一忙起来，就会找老大来帮忙、做一些琐事。这对两个孩子来说也是不公平的。**老二也要有机会承担一些事情，感受自己的能力和价值。**

☆ 记得两个孩子的年龄差，处理好手足竞争

研究发现，两个孩子间的年龄差，对于他们形成怎样的关系和性格，有很大的影响。年龄差较大的孩子间，竞争通常不是特别激烈，他们更容易有较多的关爱和较强的情感纽带。

对于年龄差比较小的两个孩子，家长要知道，当家里迎来新的小宝宝时，老大也仍然是个小宝宝。他甚至需要花费很多时间才能真的搞清——这个新宝宝不是哪天就送走，而是将永远住在这里了！这种新的生活方式给他带来的危机感，或许会持续很久，让老大必须紧张地捍卫自己的地位，吸引爸妈的宠爱。

对于两个年龄相近的孩子间的竞争和争宠，家长可以注意这些：

第一，多强调每个孩子的独特性。我们不给每个孩子贴标签。我们爱的是每个孩子本身，而不是他们的表现。

第二，对每个孩子区别对待。我们给两个孩子的物品和活动，不要总是一样的，而是要区别对待。他们可能学不一样的才艺，鼓励他们有不同的爱好。他们都需要从小就明白——他要做他自己。

第三，给每个孩子都留出与他单独相处的时间。父母与每个孩子单独相处，是他们可以给孩子加油的好办法。我们应该让每个孩子都感受到，他在父母心中是独一无二的。

希望家长在两个孩子有冲突时，改变"护大还是护小"这样的思路。**我们不是要护着哪个孩子，而是要根据每个孩子的年龄阶段、能力水平、性格特点，来提出与之相符的要求，帮助他成长。**

两孩的教养，看起来很复杂，但是我相信，如果我们能学会接纳每个孩子，爱这个独特的他，而不是爱你理想中的小孩，爱你理想中的某种表现；如果我们的目标是通过给每个孩子以支持，来帮他成长为最好的他自己——那么，我们就可以做好这一切。

我们以同样的量、不同的方式，爱着每个孩子。相信，孩子们也会以同样的量、以他们自己特有的方式，爱着我们。

 童言妙语

"总帮助人的车就是好车！"（四岁）

坐出租车，电台里说宝马，孩子问宝马是什么，告诉她是个车牌子，是好车。她问："我们坐的这个是不是宝马？""出租车都是普通的车，宝马是好车，等碰上了我指给你。"她还不服气了："我能看出哪个是好车！总帮助别人的车就是好车！"

晚上睡前我说："总帮助别人的车就是好车是吗？"她说："是，我们坐的就应该是宝马，出租车每天都在帮助别人！"她是真的这么想的，出租司机如果也这么想，该多幸福啊！估计是因为她过去看过赛车总动员，觉得车也有各种品德。

第十三章

在学习上,用最科学的方法帮助孩子

1 上小学前,家长要抓紧培养孩子哪些能力和习惯
2 把"让孩子适应学习"变成"让学习适应你的孩子"
3 不要用命令和责怪的语气让孩子学习
4 学校更关注的是学业、成绩,家长应该关注的是孩子全面的成长
5 好家长一定要培养孩子在学业之外的兴趣点、关注点
6 关心孩子品德的完善、价值观的建立,比关注成绩重要得多
7 一次讲清小学低年级写作业的事
8 我们每天所见所闻的事实,真的是事实吗
9 教孩子塑造"积极现实"的具体办法

常有家长问我幼小衔接问题。说实话，我自己的头脑里，一直没有这个概念。该做的，从孩子出生到现在，一直都在做，以后也会继续做，不会为了准备上小学而有什么改变。有时，家长对所谓幼小衔接的过分用力，反倒制造了新的焦虑和问题！

小学生家长问我的各种问题，表面是学习问题，实则都是学前积累的各方面问题的表现。

所以，学前我们努力做好，然后一如既往地保持积极平和的态度，以满满的祝福和信任，来面对孩子人生中的每一步。

日子如果在我们心里是这样轻松自然的，那么它在现实生活中，也会同样是轻松自然的。

1 上小学前，家长要抓紧培养孩子哪些能力和习惯

孩子上学前，家长最困惑的问题，就是不知道该培养孩子的哪些能力和习惯。以下能力和习惯妈妈们是一定要注意培养的。

☆ 时间管理能力

如何培养孩子的"时间管理能力"？比如我们可以告诉孩子："下午有两件事要办，一件是必须做的，一件是玩，我们先把必须做的那件事做完，然后就可以痛快地玩了。"这样，孩子就会有"要事先做"的习惯了。

✧ 目标意识,培养规划的习惯

平时和孩子玩时,可以逐渐给他渗透目标意识,培养他规划的习惯。比如在游戏之前,问问孩子要玩到什么程度;玩的过程中,要关心游戏的进度;游戏结束后,用一两句话和孩子总结一下。

✧ 自觉学习习惯

怎样让孩子有自觉学习的好习惯?我想,这种自主意识、对自己的事情负责的态度,需要从学前就开始培养。比如,**只有当一个小孩能够自觉地去完成分内的家务活时,他才能真的去自觉写作业**;否则,他的自觉性很可能是迫于老师和家长的压力表现出来的,并非很自然很情愿。

所以,在学前时期,家长要逐步让孩子从一些小事做起让他自己负责:收拾自己制造的垃圾、倒尿盆、倒洗脚水、收拾餐桌、盛饭、晾衣服、铺床叠被、准备第二天的衣物、倒垃圾、浇花喂鱼、整理个人物品、打扫自己房间、招待客人……

如果上小学前孩子习惯承担这些责任了,接下来他就会比较容易接受新的责任:学习、写作业。

2 把"让孩子适应学习"变成"让学习适应你的孩子"

孩子上学了,家长会想:怎样让孩子适应每天要学习、复习、写作业的生活呢?我建议家长可以颠覆一下这个想法,把"让孩子适应学习"变成"让学习适应你的孩子"。

我前面曾经介绍过哈佛大学教授霍华德·加德纳的多元智能理论。多元智能理论认为,**人生来就有八个方面的智能:词汇智能、逻辑智能、图形智能、音乐智能、肢体智能、自然智能、人际智能、自我智能**。

每个孩子在不同方面的智能有强有弱,而每种智能在孩子成长过程中是否得到唤醒，也决定了这种智能的发展情况。一般来说，学校的老师难以做到用多种方式让学生接触所学内容，个性化教学、因材施教也常是一种奢望，所以，这一切就需要我们家长去做。

需要我们细心观察，尊重孩子的特点，把学习过程变得个性化。比如，孩子对图形敏感，那么妈妈可以给他准备各种彩笔、小贴纸，可以和孩子一起制作卡片、画画，可以把相关卡片、图画在家里到处贴，可以多给孩子买相关的画册，给他找相关的视频，还可以把单调的数学用图来表示，并且详细画出解题环节的图示。

有的孩子肢体智能好，好动，那就多找机会让他在"动"中学习。比如摆弄积木块来帮他学数学；或者让他站着写字；或者把课本和练习本放在两张桌子上，让他写一个字，再回去翻翻书，检查一下写得对不对；或者，让孩子做完一项作业，就起来打一下玩具保龄球……

如果孩子喜欢说话、喜欢沟通，那么，比较好的学习风格或许是交流互动。妈妈可以让孩子把课业内容讲给自己听，讲给家里的玩偶或宠物听；或者家长和孩子互相讲、互相考。我们也可以让孩子待在我们身边写作业，这样，让他感到安全温馨，会给他力量；而他有问题也可以随时问家长。

还有的孩子对声音敏感，更喜欢听，那么家长可以多给他讲一讲学习内容，或者给他找相关的音频资料，甚至允许他边听音乐边写作业……

事实上，每个孩子都不是只有单一的某种智能，所有的孩子都是多种智能在同时发展。所以，**我们家长要多动脑筋，尝试各种方法，调动孩子的各种感官，把学习的方式变得更丰富、更多样化。**这样，孩子不仅会喜欢学习，效率也会更高。

美国有位一线教师叫罗恩·克拉克，他创造了很多教育奇迹。这位老师在教学上做过很多疯狂的事，比如，把孩子们最喜欢的歌曲重新填词，把歌词内容变成数学运算法则；用彩色粉笔在人行道上算代数题；让学生用马克笔在气球上解题，答对的学生可以坐在气球上把它坐爆……恐怕在学校里的老师很难这样去做，但我们家长在家的时候可以有各种尝试。

总之，帮孩子丰富学习的方式，帮孩子创造学习过程中的乐趣。

3 不要用命令和责怪的语气让孩子学习

与其用严厉的语调一遍遍地催问孩子:"作业写完了吗?!怎么还不去写作业?!"不如用商量的口吻和孩子沟通:"你觉得哪科作业比较容易?""你喜欢先写容易的后写难的,还是先做难的作业?"与其说:"写作业别磨磨蹭蹭的!"不如和孩子一起想办法,怎样用好玩的方式防止磨蹭、拖延。

孩子上学以后,很多家长对待孩子的态度,不知不觉中就变得严肃无趣了。什么原因呢?

第一个原因:孩子从幼儿园到小学,学习、活动的内容和方式变化很大,可是他自身的各种能力并没有同步发生某种大的飞跃。所以,家长就会没有耐心。孩子的很多能力提高要有个积累的过程,积累到一定程度,自然有突破、有爆发。如果心急,用各种高压逼迫的方式强迫孩子,那么这个积累再爆发的过程就会受到破坏。

第二个原因:在小学,对孩子表现的测评,不再像幼儿园时那样模糊,它被成绩量化了,这种量化给家长带来很大的压力。这就好比,我们往往在家里管教孩子时,觉得可以做好,但是一旦我们跟其他家庭一起出去游玩,妈妈们就容易沉不住气,因为有了横向比较。而小学里,这种横向比较被现在的教育体制变得理直气壮、合理合法。

4 学校更关注的是学业、成绩,家长应该关注的是孩子全面的成长

在孩子进入学校以后,家长一定要制订一个让孩子能够全面发展的养育计划。

怎么做呢?在每个学期开始的时候,我们和孩子坐下来详细沟通一次,告诉孩子,希望他在哪些方面有怎样的进步。比如,我们希望他在与同学的交往、家务、体育、某项具体的兴趣爱好等方面,能做到什么,我们对他在学校的课业成绩有怎样的要求等。**有了这种家庭版的目标和规划之后,不仅我们自己更**

容易保持平静，孩子也不会焦虑——因为成绩只是这个评价体系中的一个部分、一个指数而已；而且，每一项都是根据自己孩子的特点和现有状况量体制订的，不会给孩子造成很大压力。

家长需要清楚一件事——对于孩子，学校和家长同样都希望孩子很好地成长，但是具体目标或许不完全相同！学校更关注的是学业、成绩，家长应该关注的是孩子全面的成长。我们的目标是把孩子培养成完整的、健康的人，而不只是社会劳动力。家长和老师，职责不同，各有分工！

另外，我们一定要清楚，说不过分重视成绩，不是说不重视孩子的学习。实际上，因为学校教育的某些局限，现在的家长要做更多功课才能保证孩子全面发展。

家长要做的背后功课，主要就是给学校教育做补充。比如，我们要鼓励孩子独立思考，培养孩子发散思维和批判性思考；我们要启发孩子想更多解决方法，尝试各种路径，知道很多问题有开放的答案，而不只是满足于回答正确；我们要引导孩子听从好奇心的指引，学会寻找资源、寻求帮助，享受探索的乐趣……

5 好家长一定要培养孩子在学业之外的兴趣点、关注点

孩子在小学后，可以在课余兴趣方面广泛探索、尝试。在初中时期，最好能有让他为之着迷的兴趣点、关注点。这可以是体育运动、才艺、某一类书籍的阅读、某种社会活动，或者哪怕算不上什么爱好，只是对某个领域特有的持续关注。

很多家长在孩子幼儿期很重视这些，等孩子大一些了，就开始有顾虑，怕孩子投入过多时间，影响学业。其实，只要家长引导孩子把握好尺度、学会管理好自己的时间，那么这个课外的兴趣点就是有益无害的。它不仅是对学业的补充，还会对学业起到促进作用。

同时，学业之外的关注点也会对孩子的心理成长起到积极的作用。这样的孩子会更乐观、更自信，因为学业成绩不是他的全部，他在此之外还别有天地，有更多的支点。一个热爱生活、对世界充满憧憬的小孩，他的抗挫折能力

也更强。

而更重要的是，**它提供了一个把孩子与未来相连接的通道——它可能通向孩子未来生活的快乐、职业选择、使命与追求。**

美国青少年常常会在家里的车库中鼓捣自己的兴趣爱好，比如乐队、科学实验。很多我们熟悉的大公司、大品牌都是在卑微的车库中萌芽的：苹果、Google、YouTube……数不胜数。美国少年泰勒·威尔逊曾尝试在自家车库里搭建核反应堆，十四岁时，他成功制造出一个迷你核聚变反应堆；十七岁时手工制作了一台核武器探测仪，并获得了英特尔国际科学与工程大奖，堪称全球最年轻的核科学家。

我们在关注孩子成绩的同时，别忘了也给孩子留出一个属于他自己的"车库"。

6 关心孩子品德的完善、价值观的建立，比关注成绩重要得多

小学时期是一个人的价值观、世界观初步形成的重要时期。这时，家长不仅要帮助孩子处理学习、生活中遇到的各种问题，更要注重价值观、世界观的建立。

比如，孩子说不喜欢哪位老师，也因此不喜欢那个科目，家长怎么办呢？

我们可以就此跟孩子多聊，了解他不喜欢的原因。然后具体分析，怎样对别人尊重与包容，怎样接受差异。对于别人不好的做法，我们怎样去理解，可以做什么。我们教给孩子分清事物的界限，理清原因和结果，教他要对自己负责，不把责任推诿到外界因素上。我们带领孩子一起主动出击，扩大自己获取资源的范围，转化甚至利用逆境。让孩子体验到，事情是可以改变的，你是有主动权的，你不是受害者——当你能积极去学好那一科时，或许老师就开始喜欢你，或许你也因此开始喜欢那个老师了。

又比如，孩子淘气，老师总是当众批评孩子，使得孩子开始自卑。那么，我们一方面可以通过家庭的教育，丰富孩子视野，扩展他的能力，以此给他自信，帮他有更多元化的评判标准；另一方面，教给孩子怎样让自己的个性有合理的表现，照顾到老师的要求、环境的规则、对他人的尊重。同时，和老师多

做正面的、建设性的沟通，让老师更全面去看待自己的孩子，看到他的其他面，看到他的努力和进步。

当我们和老师意见不一致时，怎样沟通？我们要让孩子看到，自己既是在坚持原则，同时又是以最大的善意在与人沟通。让他明白，多换位思考，才能搞清对方的难处和动机，才能找到解决问题的突破口。

总之，与各科成绩相比，这些随时发生的关于品德、价值观的教育，其实更重要！

 童言妙语

"你的高兴程度是多少？"（五岁）

闺女还上幼儿园的时候，一天晚上，她边唱边给她的兔子们布置床铺。看她那么开心，我忍不住问："你现在的高兴程度如果是10，那在幼儿园是几？"她明白问题后说："在幼儿园是8。"我说："哦。"她又汇报："放学跟小朋友玩是9，要分开回家是4，收到'钻石'礼物是11！"

7 一次讲清小学低年级写作业的事

☆ 对作业量的客观评估

首先，家长对作业量应该有一个客观的评估。孩子不爱写作业，一个很重要的原因是作业量太大。一个任务，如果想想就觉得特别艰巨，那么人们就会拖延。对于很多小学生来说，他们看待作业就是这样的感觉。

现在小学都在减负，很多小学一二年级的作业不是很多，半个小时以内就可以写完。但也有一些学校的作业，需要孩子每晚花一个小时以上的时间完成。如果孩子放学回家，没有放松的机会，就算写完作业时间也所剩不多，不能出去玩，那么他必然会磨蹭——反正这之外也没有乐趣，不如在这里面多放松。

因此，家长要保证，孩子每晚除了写作业，还有一些自由玩、户外运动、阅读或做点其他自己喜欢的事情的时间。这样分量的作业，对于孩子来说，才是正常的、可以接受的事情。

如果老师真的布置得太多，那我也没有什么高招，家长要想办法多与老师沟通。

✦ 对孩子，切忌挑剔大于欣赏

这是非常重要的一点。一个幼儿、小学生如果有高自尊，认为自己是挺好的孩子，那么他凡事都会努力做好，俗话讲——有上进心。这个是不用过多说教，他自然就会如此去做。这样的孩子，无论对于作业、个人卫生和形象、自己的物品管理、学校的活动，还是其他方面，他都会尽力做好。比如，他不希望自己的作业本忘带、老师要检查的任务没完成、明天要考的没复习。你不监督催促，他都会记得去做的。

反之，如果他平时没有这个积极的自我形象，对自己的评估比较低，那么他就会认为做不好那是正常的、可以的。上进心太微弱，他的惰性就会战胜上进心。

怎么帮孩子？这在于家长平时——对孩子的无条件接纳、爱和欣赏；与孩子正面沟通，凡事多从支持帮助的角度去说，而不是过多地批评训斥打骂；鼓励孩子独立做事，感受自己的能力和自我价值；帮孩子构建自我、建造大本营详见……

有的家长想，我孩子就是什么都不在乎，这是先天性格吧？当然会与性格有关系，并且，不同孩子思想成熟的早晚不同，有些孩子特别是男孩，或许需要更多时间发展这些。但是，家长对待孩子的态度真的影响太大。

我身边有不止一个妈妈跟我抱怨，孩子对自己在学校表现好坏、老师批评与否、学习成绩如何，丝毫不在乎。妈妈纳闷：怎么是这样的孩子！我跟这些妈妈都很熟，我觉得她们完全没有意识到，自己对孩子的态度与此有很大关系。我认识的这几位妈妈，都是对孩子挑剔大于欣赏。她们总是觉得孩子没有优点、不够可爱。

其实我常说——你去爱他，他才可爱！你关注的光，照到他，他就会发光、有闪光点！

孩子都是好孩子。家长需要提高自己给予爱、看到积极一面的能力。

✦ 为什么自己的孩子害怕困难

有些孩子不只是不爱写作业，他们对其他事情也都畏难。他们不喜欢挑战，有一点困难就退缩放弃，不肯坚持和努力，总觉得自己什么都做不好。他们对自己能胜任、能完成任务的能力极度怀疑，这叫自我效能感低。这种对于做事能力的不自信，会导致他们拖延磨蹭、写作业效率低。

自我效能感高、有很强成就动机的孩子，他们无论是写作业还是做其他事情，都有百米赛跑一样的劲头。他们可以全力投入去做事，效率高，速度快。

这一点如何培养？

简单地说，家长要从孩子婴幼儿时期起，学会如何跟孩子互动、如何帮助孩子、如何对孩子反馈。具体如下：

孩子做事或玩东西，先要以他为主，让他自己尽情去探索、尝试，家长不要控制包办过多。

在他遇到困难时，家长要提供必要的那一点帮助（不要帮多了，一定确保最后是孩子自己完成的）。

偶尔，家长可以对孩子的游戏给一点挑战、增加一点难度、有一点小要求，然后让孩子在你的帮助支持下，努力做到。

对孩子做事的反馈，要多强调过程、努力，事情本身的乐趣、成就感，和内在感受而不是结果和外界评价。

家长常见的错误有：不提供任何帮助，给的任务太难或太没有挑战性，没有要求和推动，完全替孩子做好，只关注结果和外界评价性，控制过多（不给孩子自主尝试的机会），对失败和错误不能容忍、反应过激……

如果家长在孩子婴幼儿时期没有做好，那么现在就努力改进、补上！

我常想，为什么我女儿对学习不但没有厌烦心理，反而很喜欢？对她来说，上了小学后，无论是学校上课还是回家写作业，她基本上都能积极地去做。

我想，其中一个原因是——我女儿的幼儿园没有教她太多的小学文化知识，没有像其他很多幼儿园那样，从中班就开始学拼音、写字和学数学，在大班时超前学习小学课程。这使得她在学东西方面很有信心——她很少学超出能力范畴太多的东西。

心理学家维果茨基的"最近发展区理论"中说，在儿童学习方面，我们给孩子的任务应该处于比他现在的能力稍微高一点的区域，这就是"挑战区"。在这个区域内，孩子需要经过外力的帮助或他自己的努力，最终能完成任务。

如果高过这个区域，那就只能给他带来焦虑和压力——进入"恐慌区"。而如果永远只给他看电视、看动画片的话，那就是让孩子过多沉溺于"舒适区"了，错过成长的机会。

现在仍然有很多幼儿园教授超前的知识，这样做的结果是，孩子们学到的，仅仅是"习得性无助"，是对学习的厌倦和恐惧！

✦ 为什么自己的孩子专注力差

有一种情况，是孩子自己也想做好、写好作业，但是注意力能集中的时间太短、太易被干扰、视觉注意力差、做事缺乏目标意识、情绪转换能力弱……这些各种具体情况，常常都被统称为专注力差。

如何帮助孩子改善呢？

以下做法可供参考、尝试，当然需要家长具体分析，自己的孩子究竟属于哪种情况，然后有针对性地去做。

给孩子自由玩的时间。对于孩子喜欢的游戏，提供条件、支持，而不是只强迫孩子玩你认为有"养分"的游戏。

对于运动型的孩子，一方面要给足运动量——他静不下来，常是因为他没动够；另一方面，要保证他每天有一些静下来的时间，来锻炼专注能力。

多接触大自然。

提供刺激源适度的环境，比如家里电视不要总是开着，少去过于嘈杂的场所，当然也不必总是鸦雀无声。

注意避免感统失调。

带孩子玩一些他喜欢的、需要听觉或视觉专注的游戏。

对四五岁以上的幼儿，逐渐培养做事有目标、有规划、事后总结等习惯，做事有明确的开端和结束……

很重要的是，家长要给孩子提供稳定的情绪环境。就是说，从孩子儿时起，家长自己的情绪、对孩子的反应等，要稳定、温和，不是一点就着、反应过激。这样，有助于孩子发展自己的情绪控制能力。这样带大的孩子，可以比较迅速地随环境需要，来转换自己的情绪——有任务需要时，他能很快地兴奋起来；当任务结束了，需要安静下来时，他也能很快地静下来。

☆ 很多孩子写作业吃力是因为写字吃力

很多孩子写作业慢，常常只是因为他们写字吃力！他们因为对写字缺乏信心而讨厌写作业。如果作业量再大，他们心急，想尽快写好，结果欲速不达，写得更糟；然后他们情绪就变糟，写了擦擦了写，最后纸擦破了，事情已经完全变成情绪的发泄了。

我不主张孩子在学前过多地练习写字，但我们可以在孩子幼儿期，多多带领他做一些需要手部精细动作的活动，比如画画、做手工、拼插积木、做手指操、做家务活……这些都会对孩子发展手部肌肉有帮助，为他以后写字打好基础。

另外在孩子比较小的时候，多让他用手接触不同材质，比如玩黏土、沙子、豆豆，画手指画等，给他手部提供丰富的触觉刺激。

做动手的事情，意义不只是对于写作业有帮助。人都是手脑相连，手部活动会促进大脑发育，使心灵手巧。另外，多多用手，或许也会对某些孩子改变爱吃手的习惯有所帮助。

补充一点，家长不要对小学低年级孩子的写字质量有过高要求。孩子都是从写不好，到能写好。能力的提高不是一天可以完成的。追求完美、过多地纠错，都会降低孩子对写字的兴趣。小孩天生是爱写字的！能用文字符号来表达，会给他们带来极大的成就感、满足感。多多鼓励孩子随意写、按照自己的用途和意图去写，可以帮他爱上写字。

只要平时做好这些，那么通常，孩子即使一年级时写字还不够好，与提早练过写字的孩子比起来有很大差距，到了二年级，这些孩子往往都可以赶上来，可以写得很好。

⭐ 孩子学习不好，是因为思维能力的发展没有跟上

孩子未来学业如何，他的思维能力是非常关键的一个因素。很多学生学习不好，不是他不够努力，而是因为思维能力的发展没有跟上。

我常说，家长只要坚持好的教养方式，多做正面建设，那些小问题都会有改善或不存在。而帮助孩子发展思维的，常常都是平日教养中的一些简单做法：

如多与孩子聊天。在日常真诚的沟通中，家长可以了解到孩子的思维程度。可以做一些符合他现在水平的适当引导，比如问一些启发性的、开放式的问题，或鼓励孩子叙述一件事，准确表达自己的感受，分析、思考解决方法等。

给孩子读绘本、讲故事，支持他玩角色模拟游戏。

给孩子机会自由玩，提供丰富的玩的内容。比如，在婴幼儿期，支持孩子自主探索，四处爬、走、钻小空间，以及玩积木等建构式游戏，这都能帮助孩子发展良好的空间概念。空间概念是发展很多高阶认知功能的基础，这些做好，对孩子以后写字、学数学等学习方面，都有益处！

多给孩子机会跟爸爸玩。常常，爸爸的玩法跟妈妈的不同，因为男女大脑不同。爸爸的玩法常会帮助孩子发展逻辑思考等能力。

⭐ 如何教孩子时间管理

小学生会看表了，家长要鼓励孩子自己来安排放学后的时间。比如，让孩子说出来，几点做什么，然后，如果孩子偏离计划太多，稍微提醒他，免得影响后面的活动。

比较好的安排，当然是先写作业、再玩。这样培养要事先做的习惯，也免得玩过以后很累、情绪低落，影响作业的完成质量。

但具体如何做，可以更灵活。比如，我们住在北方，冬天天黑得早，那时我跟孩子都同意放学后先在外面玩，因为如果等写完作业再出来，就天黑了。夏天，天热，我们放学先回家，写作业、练琴、吃饭，然后六点多出去玩。

让孩子自己安排，既锻炼了规划和时间管理能力，也给了孩子主动权。他对自己的安排会更加负责的。

很多家长在孩子幼儿园大班时，让孩子每天回家写作业，说是要养成放学后写作业的习惯。我想，幼儿园实在不必回家写作业，那么小，学太多，写太多，对孩子发育不利，也容易导致厌学——没有在幼儿园就学伤了的孩子，以后会喜欢写作业的。

但是，我们可以在孩子五岁以后，让他有一些其他需要持续练习、坚持的事情，比如学琴、玩某个智力游戏、长期地做一个大的手工项目、练习某个体育项目等，这样，既锻炼了孩子自律、坚持等品格，也让他更有责任感，形成做事做到底、最终完成的习惯。

我们常感觉是时间管理的事情，实际是责任感、动机等方面的事。

☆ 其他具体问题（身体健康、情绪管理、读写障碍、学习环境等）

其他，需要家长对孩子细心观察，看看还有哪些具体因素影响他写作业。

比如，孩子身体状况不好，总是感到无力；孩子每天都因为一些小事而闹脾气，似乎情绪控制能力处于三四岁阶段；有读写障碍；家里环境太嘈杂，电视总开着，家人来回走动，孩子坐客厅里写作业；孩子在某个具体学习内容上，遇到了小难点，影响了后面很多内容；孩子因家庭纠纷、老师批评、同学交往冲突等，占据了心思，无心写作业……

了解到这些，再去有针对性地解决。

☆ 孩子写作业，陪还是不陪

家长常问我这个问题。我想，我们应根据孩子的能力来调整给他的自由度，并且以最终让他学会自我管理为目的。

比如有位家长说，放学后孩子自己在家，都是玩，回来他们总训斥孩子。这种情况，说明孩子年龄小，自控力差，还不能完全放手自我管理。那么家长就需要想办法，让孩子在自己或其他家人附近，保证他在做。等以后自控力强了，再稍微放手。

至于具体学习内容的辅导，也是同样。家长要掌握情况，做外围监督，但只要孩子自己能完成，就不必时刻在边上盯着。发现了大的问题，再干预、辅导或提示，然后放手。

如果作业是孩子无法独立完成的，家长要和老师多沟通，调整作业难度，或是发现孩子在校学习的问题。

孩子写作业的问题，是对幼儿期家长教养质量的一个检验。过去做好，那么现在家长根本不需要费太多力气。如果做得不够，也不要急，就从此刻开始改进。

最后提醒，我们凡事都要记得初衷、看到全景，一定不要忘了：写作业只是为了巩固复习所学内容，是为了学会东西；学业学习，只是孩子全面发展目标中的一个面。

写作业很重要，但不是一切，不要为此而伤害亲子关系。

8 我们每天所见所闻的事实，真的是事实吗

前些天，我妈要把家里的旧沙发换个新的。我陪她去家具城逛了几次。同一个家具城，每次我们都觉得全逛到了，但每次再去，居然总是能发现全新的上次漏掉的东西。为什么呢？因为我们每次去时，脑子里的目标和标准是不同的。

我们的大脑每时每刻都接收到海量的信息，大脑并非把它们全部加工，而是有选择地、只选取非常小的一部分来加工和处理。所以，我们以为的现实、事实，实际上，只是我们以自己特定的眼光所筛选出的现实，是个性化版本的现实。有时，它是你渴望的现实；有时，它是你所恐惧的、想躲避的现实。

不同的人，智商、情商等自然有不同。抛开这些，我们还有另一个巨大的差异，那就是——我们选择关注的内容不同；并且，即使对于完全相同的内容，我们在脑子里形成的解释和看法也不同。就是说，面对同样的情境，我们脑子里时刻都在塑造不同的现实。有些人的现实总是消极的现实，有些人就比较擅长塑造积极现实。

那些拥有积极现实的人，能够更多地发挥他的各种潜质和能力，也能够坚

持更久，更有毅力。

此外还有一个现象是：人们都是对负面的东西更加重视。人类的进化过程，使得我们就会这样——我们的感官会对负面的事物更敏感，我们更倾向于夸大困难和危险。面对困难，我们脑子里仿佛有个放大镜。

所以，我们要学会，把接收到的有关"困难"还原，训练自己，能看到"积极而真实的现实"。

克服困难，你需要的不仅仅是有强烈的动机、高昂的斗志，你还要有技巧，学会重塑积极现实！

9 教孩子塑造"积极现实"的具体办法

☆ 更加具体地帮孩子描述任务

客观具体的描述，可以帮你把感官放大了的误导信息还原得真实一些。

比如，作业多，这在孩子感受起来是：海量的、无穷无尽的、似乎一晚上也写不完的、没有能力完成的、难以想象自己能坚持到最后的、这一晚上都玩不了了……总之，是暗无天日的感觉。

这时，可以问他：一共有几样作业？田字格有多少，每页几行，每行几个字？需要预习的生字有几个？数学题有几道？如果孩子比较有经验，甚至可以算出每样作业需要几分钟。这样算下来，他会发现，实际需要写的时间，并没有想象的那么久。

对于已经有点情绪的孩子来说，这样具体的描述，另一个好处是，可以帮孩子摆脱焦躁情绪，回归理性。孩子因为类似问题而有情绪时，家长如果继续针对情绪来回应，那么不论是安慰、鼓励、训斥，效果都不会很好。有时我们可以共情，但很多时候，对于小学生来说，如果平时亲子关系很好，那么，此刻他也会知道你理解他；他需要的是你给他积极的力量，而不只是理解。

✨ 教孩子把关注重点放在已经完成多少事，而不是还有多少事没完成

积极心理学专家肖恩·埃科尔专门研究如何创造积极现实。他发现，人们通常在比较接近终点时，更有斗志。在马拉松赛跑中，这个点被称为"X"点，大约在赛程的70%处。这个现象不只限于马拉松。研究发现，它揭示了大脑最重要的特点之一：在大脑意识到你马上就要实现目标时，它会释放出一剂强有力的化学物质，帮助你加速。

据此，我们可以做的是：想办法，改变孩子对终点的认知。

①设定目标时，把已经做完的也包括进去，这样，就已经完成开端了。万事开头难，就是因为在起点时，感觉一切都是空白，终点遥遥无期。

②多关注你已经做了多少。当我们发现自己已经完成了一些时，我们会觉得离终点更近了，会增加劲头。并且，我们投入越多的事情，我们越会在意它，有决心把它做完、做好。这叫"承诺升级"。

③在中途，多设定几个小目标，这样，你会感到自己随时都在接近小的胜利点。

✨ 教孩子列出自己的能力与资源，回顾过去的成功经历

研究发现，人类的大脑还会在意识到自己非常可能取得成功时，释放出加速剂。

所以，我们可以帮助列出他们的资源，看清自己的能力；回顾过去的成功经历，这些都会让他们确信——成功的可能性很大。比如，提醒孩子，前些天的某个事情，最初看起来也是这样难，但最后你完成得很好。

✨ 增加孩子对事物观察和解释的角度

说塑造积极现实，并非盲目乐观，忽略难度和其他消极因素。我们要帮孩子塑造的是积极而真实的现实。

当头脑被困难所占据时，就会有个心理盲点，看不见事情好的一面了。其实所有的事情都可以是中性的，它的好坏取决于我们在具体情境下对它的解释。比如，下雨，有时它意味着"没机会出去玩了"，有时它意味着"终于可以穿上漂亮的新雨靴去踩水了"。

所以，可以做的就是，带领孩子，一起从事物的更多侧面和角度，挖掘事物的"空性"。

比如，用一个词，跟孩子一起头脑风暴，想出它可能让我们想到什么，意味着什么，引发哪些结果，积极的和消极的都包括在内。这样，我们训练大脑去发现更多观察和解释的角度，这也是锻炼孩子发散式思维了。

家长可能想，像"作业多"这个词，恐怕孩子想到的都是消极的：手腕酸、眼睛累、没时间出去玩了……还有没有其他的，积极的或是中性的？把题都做对了很得意，写字更熟练更好了，一气写完自己很有成就感，以后作业能写得更快了，写完了玩得踏实，在课堂上能交出完整的作业很体面，可以把铅笔写得更短……或许孩子会有很多我们所想不到的答案。

✩ 教孩子完成任务后，跟之前发愁的自己对话

很多小朋友最初上幼儿园或者上兴趣班，常有这种现象：他们去之前发愁，说不去，但是，当你放学或下课接他们时，发现他们其实挺喜欢的，这段时间是很开心度过的。这其中一个原因就是，在去之前，他们的头脑里想的，都是那些不好的事情：午睡睡不着，舞蹈课不喜欢压腿……

我女儿刚上钢琴课时，也是这样。下课了，我问她感受，她说喜欢，下次还要学。我说，那你想个办法，把现在的这个感觉记住，下次上课前用这个来提醒自己。她说可以画个画，但其实她什么也没做。不过，仅仅这样说说，也是强化了一下这个感受。很快，她每次都开心地去了。

不论是孩子还是成人，都可以尝试：让完成任务后的自己，跟最初面对任务发愁的自己对话。给过去的你写几句话。这些话，其实是给未来的那个你看的。比如，孩子写完作业就会发现，自己发愁的时间，比实际写的时间还要长！

想起在上个寒假，我女儿做事有惰性，我跟她说，你把必须做的几件事，每个打两个分，一个是做之前看起来的享受程度，一个是实际做时的享受程度。她认真写了，结果大致是这样的：弹琴，事先想是3，实际做是9；写作业，2和7；写田字格，0和4；毛笔字，1和5；画画，9和10；手工，20和30；讲书，9和10；讲英语绘本，8和9；建造东西，20和30……

我几乎记不得后来效果如何了，但我猜，这起码能让她明白，事先的预想，

和实际做，在感觉上有很大差别。

☆ 家长只有用自己的积极情绪，才能帮孩子营造一个积极现实

同样一件事，同一个要求和做法，家长不同的情绪和思路，可以给孩子勾画出完全不同的心理景致。

比如，孩子刚开始背乘法表，自然会不熟悉，会有忘了的或背错的。这时，家长的一种说法是："你加减法运算就不熟练，如果乘法表再不背熟，以后数学就根本学不会；别说做题，课堂讲课你都听不懂！"另一种："乘法表不难，最后没有不会背的。你现在刚开始背，我们投入的时间还不够，我们需要多花一些时间来练习，练多了就熟了。这样，你现在就在纸板上写个大一点的乘法表，每天在校车上多复习……"

这两种不同的说法，让孩子看到了两个完全不同的现实。

再如，同样是给孩子布置更多的练习，一种做法是，把这搞成"惩罚性"练习，孩子带着屈辱在做；另一种是，把这变成"胜利型"练习，孩子像冲锋或比赛一样在做。

两种做法，孩子的状态不同，效果当然不一样。

家长的焦虑情绪，不仅给孩子此刻的状态雪上加霜，让他有更多心理包袱要去处理，甚至把孩子直接推向崩溃。而且，这会让他把数学和糟糕的感受联系起来，以后对数学产生恐惧和厌烦。

家长的思路也直接影响孩子的思维方式——我们时刻都在用自己的语言给孩子塑造思维模式。第一种说法，是在培养一种无助、悲观、绝望的思路。

我常想，有些学生成绩差，排除智商或其他因素，大概有这样一种情况：最初上学时，孩子自己的生长节奏，与学校的学业要求有不合拍之处，导致最初有些不好表现，这又导致家长的焦虑和坏情绪。家长的这种糟糕反馈方式，让孩子觉得自己很糟糕、学习很糟糕，自尊降低，对学习失去兴趣，然后成绩当然更加不好，如此形成循环。

或许，道理都懂，但我们为什么常常做不到？

①小学生写字不好、做题错、写作业磨蹭，家长很容易被激怒，就像过去被孩子哭闹所激怒一样。一个原因是，很多家长自己上学时，总因成绩而被批

评、焦虑，现在一面对孩子成绩有闪失就无法承受，焦虑自卑都涌来，仿佛跌回过去的时光……这就好比，家长自己小时候一哭闹就被喝斥，现在就无法忍受孩子哭闹。所以，我们要整理好自己，保持清醒，让自己的心空一些、轻一些。这是做家长的内心修炼。

②很多家长说，这是来自老师的压力所致。我想，老师和家长的角色不同，应该各自发挥不同的作用。我们理解、支持老师，感谢老师的提醒，也并非想放松对孩子的要求。但我们要更全面地关照孩子的成长。老师的要求是中性的，家长的任务是——把它化成积极的动力，而不是化成焦虑。

③缺乏对孩子的了解。我们常觉得孩子应该做到怎样，应该会，但这不等于孩子真的有这个能力。我们要放下自己的预先判断，接受他现在的水平，然后想办法，在平时增加练习、提高效率，一点点去改善。

在孩子幼儿期，他哭闹，我们说，家长要温和地坚持，而不是粗暴地放任。上小学了，面对学习问题，也是同理。我们用好的态度，给孩子做一些合理的练习安排。

请记得：如果在孩子做不好、濒临崩溃时，你仍然能以正面、积极的态度去面对；面临危机，你仍然能奠定一个胜利者而不是哀兵败将的基调，那么，你就是给了他最有力的援助！

☆ 家长如何用自己的人生经验帮孩子构建积极现实

女儿开学后，有几次在学校做数学题有错题，老师很负责，特意给我发微信，希望我能督促她多练习。我过去没太在意，觉得一二年级学生，做题偶尔错一两道是正常的。既然老师说了，我也重视一下。

我跟她聊我自己的学习体会："我没有太多数学天分，但是后来高考数学居然考满分！你知道吗？上中学时，我们都做很多题，那些题你需要很动脑筋才能解开，就像你现在读的侦探小说一样。当时一有考试，我就想，来吧，我看你还能变出什么新花样！我见识一个就少一个……"

她好奇地问："比如说，什么样的题呢？"我举了个几何题的例子，其实，真的都想不起来了，那些题现在拿来，恐怕也不会做了。

我不知道这些话是否给她留下什么印象。

大约隔了一天，她写完作业，我把算草本拿来检查了一遍（过去不检查，现在老师说了，就看看），发现有一个错了。我告诉她，她拿去改了。改完后，她说："妈妈，你再给我出八道竖式题，错一个做八个，再错再做。""啊？是吗？你想练练？"她说："对！因为我发现这个算草本里都是A，一个A+都没有！"我出了八道题，她做了，都对。我说，看，多练练就行了，速度也快多了。

或许我分享的学习体会，帮她有了更多的斗志。

我们每个家长，在过去的生活里，总有一些成功的学习体会。除了学校学业，这还可能是学车、学电脑操作、学烘焙、学编织、学炒股……我们在任何领域的学习经验，都可以同孩子分享。

我一直认为，孩子们现在的学习，为的不只是学到那点知识，更重要的是，他们要通过在学校的学习，来获得学习经验，掌握学习之道！

在他们未来的时代，学习不只是限于学校围墙之内、限于学生时代的事情，学习是终身的、随时随地要发生的事情！决定他们未来成功的，不是现在的成绩，而是他们是否有了很强的学习能力！

写了这些，最后澄清几点：

①我们不是放松或放弃要求。

构建积极现实，不是要我们对孩子说：没关系的，你已经做得很好了，不写完也没事……我们要训练头脑去看到：积极而真实的现实。我们不回避问题，不轻描淡写，不推卸责任避重就轻。该严格的照样严格，该练习的照样练习，只是，你以不同的方式在做。家长要给孩子传达这样的态度：认真对待、重视，同时积极、正面。

另外很重要的是，平时多安排合理的练习，提高他相应的能力；而不是一下子给他一个超级任务，然后做不好了大家都焦虑。

孩子真正的信心，来自他做了足够的练习，然后有更多次成功完成的经历。如果总是过于放松要求，他倒会失去感受真正成功的机会。

②幼儿期的成就动机的发展、亲子依恋关系、自尊水平等，是基础。

关于小学生学习，这里讲的只是面临困难的一些小办法；更根本的，还是过去常说的那些：亲子关系、自尊、自我效能感、成长型思维模式等。

③帮助孩子解决难题，当然还有很多其他方法。

平时遇到有难度的任务,我们当然有很多其他办法,比如我常说的那些:切割成小任务;中途有休息和自我激励;用有乐趣的事情来调剂;提供必要的帮助;随时肯定孩子的努力和进步;多给孩子自主权,尽量让他自我管理,对事情的结果负责。

④把任务量控制在合理的范围内。

如果家长有足够强大的办法,那么,他可以做到让一个小学生在课余,用很多很多时间来学习、做练习、学才艺,但是——并非只要家长能做到,孩子也能做到,就是好的!

我们要记得全面的养育目标。如果一个小学低年级孩子,课余有太多时间在学习,没有时间自由玩和进行户外活动等,那对他的心理健康发展和整体的成长就是有害的。切记,把握好尺度。

学习不是受罪。我们所有人,都是在遇到挑战——想办法去征服——坚持——最后成功这样一个过程中提高能力、成长起来的。愿孩子们此刻能习得学习之道,以面对充满未知和挑战的未来。愿他们在这个过程中,感受到学习的乐趣,深度探索自己的潜能,发现全新的自己!

 童言妙语

"一定别发错了啊!"(四岁)

有一晚孩子快十点了才睡,早晨叫不醒。我说晚上不睡早晨就起不来,她说晚上不困。我说:"来,我把这些觉给拿出来,留着,一部分中午给你发过去,一部分留着,晚上给你放回脑子里。我现在就拿了啊!"然后开始像魔术师一样比画。她觉得这个办法好。穿衣时还说:"中午一定别发错了,别发到别的小朋友脑子里了!"

第十四章

假期如何帮孩子做好自我管理

1 假期是培养孩子自我管理的最佳时机
2 家长上班,老人无力带孩子怎么办
3 孩子在家总看电视,怎么办
4 上小学前家长要为孩子准备什么
5 小学生假期有必要上补习班吗
6 在假期,让孩子做好平凡的事情
7 如何让孩子的英语学习不走弯路
8 关于兴趣爱好的问题,这里都可以找到答案
9 我希望女儿学些"没用的"知识

1 假期是培养孩子自我管理的最佳时机

学校，是个相对整齐划一的地方。孩子们不论个性特点如何，都只能处于同样的模块式时间安排中。好在，还有寒暑假可以对此调剂一下。在学校，孩子们更多的是在被管理；放假在家，他们就有更多机会练习自我管理，这也让我格外珍惜每个假期。过了一个假期，孩子自己都会感到长大了。

那么假期具体做些什么？不同孩子都不同。比如，享受空闲、玩、自由；做自己喜欢但平时没空做的事情；去不同城市和环境体验；用集中的时间学习某些东西，包括才艺、课业或其他；对自控力的训练；和家人在一起的时光；体育锻炼；社会实践；阅读……家长根据自己孩子的情况，想一想，就大致可以知道目标和侧重点，然后好做安排。

这里，我提一些大的参考原则，比如：

①鼓励孩子自己制订计划，把计划画成表格。

研究表明，自主感可以帮人更好地自律，哪怕无关的自主感，也有益。另外，计划不要安排太满，多留一些灵活的空间。

②活动安排尽量做到有这些——需要自控力的、自由玩的；动手、动脑、动身体的；户内、户外的；独自做的，和玩伴一起做的。总之，动静结合、喜欢做的和必须做的相结合。

③要事在先。

在一天精力充沛时，安排重要的任务去做。

④对于计划的执行，让孩子自己评估、总结，有问题自己想办法修改计划。给他灵活变通的权利。

孩子的自主权要和他的能力相匹配。如果发现做得很差，家长就有必要和孩子一起分析、解决问题，然后再交给他自己来管理。对于在家自我管理的小学生，家长最好每天早晨和孩子聊聊今天的规划，每天晚上一起回顾一下。

⑤给他一些帮助自我管理的工具，如闹表、计时器等。

⑥教孩子一些自我激励的办法。

如增加游戏色彩，给每个环节设计一些好玩的名称。

在一些有难度的任务旁边，写上自我激励的话、贴一些小图等有趣的东西。

随时重温目标、展望愿景，学会"如果……就"这样的句式。

准备个百宝箱，里面放一些让他看见就能给自己加油的东西，比如奖状、别人夸自己的话、表扬信、能唤起美好回忆的照片、朋友送的卡片等。

做得好，随时给自己一些象征性的小奖励。

家人的正向监督，比如，做到了，全家鼓掌……

2 家长上班，老人无力带孩子怎么办

这大概是家长们面临的最普遍的问题。如果是幼儿园的孩子，我建议家长可以给孩子选择一家暑期园，这样，孩子有集体生活，作息有规律，也有玩伴。如果家里有人能稍微帮帮，可以上半天暑期园，下午半天回家。对于自律能力比较差的小学生，也可以找一些学东西的班，或暑期托管班。注意安全、卫生，不要超前教太多学校教材，每天有户外活动，就可以了。有些孩子都上小学了，如果在家里，老人还给喂饭，孩子也不好好吃。而到了集体环境，孩子也吃得香了，也更独立了，每天有同学一起玩，还挺开心的。把孩子送园或者托管班，最好能够和他的好朋友一起去，能帮孩子减少陌生感。

如果是这样的安排，那么，建议家长除了精心挑选之外，还可以做的就是——和暑期园或托管班的工作人员搞好关系，建立起相互间的尊重、信任和支持。尽管我们也付费，对方有收益，我们仍然要心存感激——感谢他们给孩子提供了一个和学校不一样的环境，让孩子可以认识新朋友、锻炼适应能力，让您可以放心去上班。

还有一种选择是：小区里的几个家庭拼养孩子。我不知道幼儿园孩子是否适合，反正上小学以后，这种方式的确是可行的。我们小区里，大学老师比较多，很多家长寒暑假都在家。去年，曾经有三家一起拼养。孩子轮流到各自的家里，不同的家长负责上不同的课:《论语》、英语……当然都是比较灵活的。对于有一定自律能力的小学生来说，可以半天时间让孩子在自己家里做事，有家人在家就可以；半天让孩子们聚到一起，学习或户外活动。我女儿的假期就会这样安排。我们小区的几个同龄孩子家长建了个群，每家报上有课的时间，其余时间，就可以约在一起。我对我小时候假期在学习小组的时光一直记忆犹新呢。

3 孩子在家总看电视，怎么办

我觉得，这不只是看电视的事，以下这些方面您要好好想想如何改善：

①孩子是否有自己特别喜欢和热衷的事情？

有自己兴趣点的孩子，电视开着，他也会看几眼；但关了，他也不会太在意，因为他很忙，他原本就有很多计划。

②孩子是否有自己经过努力和坚持，最终克服困难，成功的经验？

对这样的孩子来说，电视的吸引力不是特别大，因为他感受过比被动接受更大、更有回报的快乐。

③孩子是否有玩伴，享受和好朋友一起玩的时光？

很多孩子迷电视，只是因为缺乏玩伴。对于幼儿和小学生来说，真实生活中能和他互动的朋友，比电视更有趣。

④孩子平时对自己评价如何？

一个有高自尊、觉得自己不错的孩子，会渴望更好地发展自己，他会选择更能拓展自己能力的活动，会希望自己有更多独特的本领、才能。

所以，家长要注意观察孩子，多在上面这些点上下功夫，并且多动脑筋，为孩子提供各种有趣、有益的活动和资源。幼儿的家长，注意家里的电视不要总开着，孩子看电视，也要有大人陪伴，有选择地看。

4 上小学前家长要为孩子准备什么

现在大部分小学教学都是零起点,大部分幼儿园也都会在大班时略微教一点点东西。并且小学刚开学的两个月里,教学进度通常很慢,给孩子留出了适应的时间。所以,如果说一定要为上小学做准备,那准备的内容不见得是超前学小学课程,而是其他。比如:

通过让孩子多做动手的事情,来锻炼手部肌肉;也可以少量练练写字。

和孩子做一些需要视觉注意力和听觉注意力的游戏,比如找不同、听多个指令来寻宝等,提升这方面能力,以便以后上课听讲和写作业效率更高。

锻炼自理能力,比如给他个小书包,每天自己负责整理。

带去不同环境,和新结识的小朋友玩,锻炼交往能力。

给他每天分一样任务,如家务活、练琴、写字、照顾宠物等,培养坚持做一件事的责任感……

另外,家长要根据自己孩子的情况来分析,看看哪些方面薄弱,是写字、自控力还是交往,然后有重点地加强。

很多好动的男孩,在小学最大的问题是上课无法专注听课。家长可以这样做:

每天给孩子足够的运动量。

每天有一定时间,坐下来,做一件他喜欢的、需要专注一段时间的事情,比如下棋;专注的时间逐渐延长。

多多带孩子接触大自然,接近花草树木绿色植物。

给孩子自主安排的空间。孩子自己安排的活动,以及自主掌控的感受,都可以帮他提高专注能力。

此外,健康的生活方式也很重要,比如,充足的睡眠、少吃零食、家庭环境简约安静……都有助于改善专注能力。

5 小学生假期有必要上补习班吗

我一直不主张让孩子超前学习学校的教材，因为那样得来的能力和自信，都不是真实的。并且，以后孩子开学了，每天上学会太无聊。请放心，学校本来就会反复练习、复习这些知识的。不过，我们倒是可以根据孩子的具体情况，给安排一点学习内容。比如，如果孩子上学期某科确实很弱，那么我们可以想办法把这科重点巩固一下。这不一定非得是教材里的内容，也不一定都要报班。让孩子多查查字典，每天写点小日记，做一点数学题，听一听英语故事，找一些桥梁书来自主阅读，按照书本做一些科学实验……都可以。

这里再次强调：假期，不是仅仅让孩子查漏补缺、补课的时间。在帮孩子提升弱项的同时，您一定记得，给他机会去发展优势长项，去发展他对某个方面的热情。这将是他自信的源头之一，也是给他未来的发展提供空间！

6 在假期，让孩子做好平凡的事情

现在各种媒体、自媒体上，关于暑假，看到最多的大概就是各种高规格的夏令营、游学介绍，这些很容易搞得家长心里忐忑。去吧，真心贵啊！不去吧，又觉得对不起孩子，似乎孩子没输在起跑线上，输在寒暑假了！我的想法是，那些都是锦上添花，有，当然好；没有，如果其他方面做好了，也不缺什么。这就好比一两岁的孩子上早教班，如果家庭教育做好了，那么这些只是可有可无的事情。

在家里教孩子做家务活，在小区里玩玩花草，克服困难、学会一样技能，发起一项小小的公益活动……这些平凡的事情同样有价值。不积跬步，无以至千里。平时扎实的点滴教养太重要！

学习、自我管理、户外活动、自由玩耍和交往、接触大自然、体育锻炼、家庭责任和亲情活动……总之，请记得您的养育大目标，您对孩子的全面教

养规划,不要跟风、攀比,要个性定制,不要因我们自己内心的恐惧焦虑而做什么。

最后,请您在孩子的整个假期都记得——没有完美的一天,没有完美的假期。无论规划得如何好,我们都允许其中任何一天被"搞砸""浪费"掉!只要我们有乐观、向前的眼光,随时珍惜、享受每一轮的进与退,我们就没有浪费任何一天!

效率,不是孩子成长中的唯一目标。他在长大后的某天回想起来,他不会为此刻错过的一道习题或浪费的半天而纠结懊悔的。他将会记起的是。在或进或退或停滞的每一天里,他与父母一起,在爱与欢笑、阳光与绿色中,留下的成长印记。这一切,不仅将是他珍藏于心底的美好回忆,更将是他一生前行的支撑力量。

童言妙语

"把所有的路灯都变成蜡烛!"(五岁)

放学路上,孩子坐自行车后座上,像挥舞魔仙棒一样挥舞着一串气球,自编自唱:"把所有的雪都变成蛋糕,把所有的路灯都变成蜡烛,把所有的树都变成筷子,把所有的垃圾箱都变成巧克力,把所有的小猫小狗都变成奶油,把所有的人都变成小花,把所有的妈妈都变成恐龙!"哈哈!

7 如何让孩子的英语学习不走弯路

有了孩子以后,很多人都和我说过,你可以和孩子用英语对话呀,那样她英语一定学得很快。其实很多家长大概都试过和孩子用英语对话,但是估计很小的幼儿一般都会强烈抗议或不合作。我女儿也是。所以我那时基本上不和她用英语说话,也没有系统地教她英语。

我分析,这里面主要的原因是,对于很小的幼儿来说,听爸妈突然不好好说话,估计那是一件挺恐怖的事。小孩对父母的依恋还是很强的,换一种语言,就破坏了熟悉感,好比戴上了一个面具或化了浓妆。孩子要的是那个熟悉的亲人,不是这个满嘴外语的怪物。学英语总不能以牺牲亲情和依恋感为代价。当然,如果父母一方是母语为英语的人,那自然例外。或者说,如果一个人从孩子见到起就始终说英语,那大概他是能够接受的。另外也不是绝对不能说,我的经验是,可以和孩子在游戏中,或以开玩笑的方式说,就是用趣味抵消了陌生感,这样孩子通常是可以接受的。

总之要让孩子在听到英语时开心、喜欢,否则就不如不说。

昨天周日在家,下午女儿睡了一个半小时我就叫醒她,否则晚上又不睡了。硬叫醒就得想办法哄她高兴。我躺下,肚子咕咕叫了一下,我逗她说:"你听!妈妈肚子说'You do?'"(电影《加菲猫》里的台词)把她逗得哈哈笑。这些天每次我学《加菲猫》里的英语台词,她都被逗得直乐。对于大一些的孩子,如果父母英语够好,当然可以英语交流。

我在工作单位常能听到有妈妈用带着浓重本地口音的英语与孩子对话,孩子不合作还不行,到最后听起来像很滑稽的逼供。日常中用英语对话其实困难很多。首先,家长自己的英语说得是否地道、发音是否准确,这是个问题。另外,语言反映的是文化,离不开文化环境,就是说在中国的生活情境里,要想说出地道的英语,本身就是有难度的事,语境、思维方式、价值观都完全不同。我曾有个美国朋友,在中国待久了,回美国偶尔也会说出中式英语,所以家长也不必自责英语不好。

那么,孩子到底应该怎样学英语?其实基本的道理和大人学英语是一样的,只是对小孩更要多强调兴趣,对大人可以更多依赖逻辑思考的能力。比如,大人可以早些学语法,早些尝试语言输出,多纠错;小孩要少依赖语法、输入积累时间长一些、少纠错。

具体说,我希望我女儿能够有机会大量接触她感兴趣的、真实的英语。

我一直认为语言输入的重要原则就是:真实、有意义。真实就是说让孩子听到的、读到的英语素材要是原汁原味的,来自真实生活的,而不是为了学英语而生硬地编出的脱离实际生活的对话。

记得我小时候的英语教材的开篇对话是这样的："What's this? This is a book. What's that? That is a table."我们都跟着老师大声读。现在想，即使以我女儿的标准来衡量，这些对话也较弱智，怎么能让她感兴趣呢？当你看到 UFO 时，说："What's that?"这还说得过去；当你的孩子把书当成 iPad 时，你说："This is a book."才显得你没有侮辱孩子的智力。

在网上看到有人把英语单词编成顺口溜，比如同样元音的单词编在一起，把这作为给孩子的英语教材。我觉得这些顺口溜偶尔说着玩可以，就当是说儿歌了，但不要当成教材让孩子认真去背，因为这些单词都没在语境里，对学英语用处不大。

语言输入原则的第二点是"有意义"，这个"有意义"有两个层面的含义：

第一个层面的含义

我们在接触语言时脑子里要反应语言所表达的真实意思，而不是把它当成空洞的符号。以单词为例。很多学生看到 cup 这个词，脑子里想的是中文"杯子"，而不是 cup 所表达的那个东西。这样，就会说"a cup of beer"而不是"a glass of beer"。这种现象恐怕很多中国学生直到高中、大学还有。

从小就习惯了背单词表，习惯了认为在两种符号之间建立了对应关系就是学会了，学生们大概早就忘了这些符号本来都是干什么用的。

第二个层面的含义

语言所表达的内容对你来说最好是很重要的、能引起你兴趣的。比如，在我女儿三四岁时，《加菲猫》说的每句话对她来说都是刻骨铭心的——你喜欢的人的一切细节都是有意义的。

当我们对一个事情有特殊关注，我们的大脑就工作得更高效，这个大家都有体会。所以让孩子接触到的英语，最好内容是他感兴趣的。

这里多说一些，现在中国的孩子，大概从上初一开始就进入了应试教育的轨道。学生们把学考题当成学英语。我看到中考题的选择部分有很多是口语对话，这样没有背景没头没脑地冒出来的对话，不能用来当作学习素材。考题只是用来检验的，不是用来学的。考试本不是学习的目的，量体温不是治病。如果从小就陷入考题、单词表、错题本之中，孩子的成绩一时会好，但是他很难真的学好英语。我们家长要对孩子的学习有长远打算。

前面说了语言素材的两个重要原则是真实、有意义；如果继续说，那么其次的原则是大量、难度适中，这些更多是针对学生说的，这里就不多啰唆了。

有人会说，我们中国学生花那么多时间学习外语，量还不够吗？问题是，我们的学生学的更多是"考试学"，真正高质量接触英语的时间是不够的。没有足够量的语言输入，单靠语法去分析是很低效的，特别是对于孩子。语言是习惯；句型、短语、词语搭配，都是习惯，需要以生动的方式去重复，以巩固。对于大一些的学生，随着输入量的增加，就可以适时地鼓励他大胆尝试，去说、写英语。使用英语同样是中国学生极度欠缺的。我想根本原因还是大家太把考试当回事了。

当然，使用英语的前提是，输入量积累到一定程度才能输出，这是水到渠成的事情，不能急着逼孩子往外冒英语。正常的情况，学外语有个沉默期，就是只进不出的阶段。了解这些规律，我们就不会对孩子急躁。

话说回来，大孩子以后慢慢再谈，这里集中说幼儿英语学习。

我女儿幼儿园有英语课，学了一些英语儿歌，也挺好的。她两岁左右时听过很多英文儿歌，我想这也很有用。英语儿童歌曲更注重游戏性，节奏感强，所以听歌不仅是熟悉发音，也是在感受文化。后来她又先后迷过一些动画片和电影：《汽车总动员》《海底总动员》《加菲猫》《粉红猪》《极地特快》《冰川世纪》《冰雪奇缘》《小鬼当家》系列和《驯龙高手》，等等。

三四岁以后，我逐渐给她讲了一些英语绘本。讲的总量不多，但是进阶跨度很大。讲过的绘本或童书大致有这些：《兰登双语彩虹系列》《培生英语分级阅读》《开心的米莉茉莉》《A-Z神秘案件》，苏斯博士的一些绘本，等等。英语基础不够好的家长，除了动画片和电影，还可以多找一些有语音资料的绘本，和孩子一起听、一起看。

现在我女儿上小学二年级，最近她把《A-Z神秘案件》的音频反复听了近半年，里面的话甚至能大段复述，虽然常常发音不准。她听这些，完全是当作兴趣、想了解其中的内容，而不是作为语言学习。她甚至做梦都会梦到和书里的三个孩子一起玩！我想，有了语音和语感的基础，以后再多一些自然拼读、词语和语法的学习，逐渐能够说、阅读、写，慢慢就可以学好了。

现在有些家长会把很小的孩子送去外语班学习。我想在上学前，让孩子多接触他感兴趣的英语素材，或许更有意义。三四岁的孩子，他的发音、认知和逻辑思维能力都很有限，所以对教学方法要求很高。

总之，对于幼儿来说，培养对语音的敏感和对文化的兴趣是侧重点，这比学会多少单词、会几句会话更重要。

现在很多人抨击中国的外语教学，进而质疑中国人学英语的必要性。其实如果方法得当，学英语是不必耗费我们那么多时间和资源的。学英语当然是很必要的！我们当家长的也都希望孩子能掌握这种工具，关键是方法要对。而决定学习方法的，是我们的学习目的和学习观念。为了什么而学英语，这需要我们时时牢记，以便随时修正我们的做法。

8 关于兴趣爱好的问题，这里都可以找到答案

那时我女儿五岁多。一个周末的下午，天气晴好。孩子上午游泳，下午做点什么呢？她的舞蹈鞋小了，我想，一起去买舞蹈鞋吧！我们这里的省歌舞团大院门口有舞蹈用品店，正好那儿也有很多乐器学习班，我们还可以顺路进去看看各种乐器，带孩子长长见识。

我希望她能学一样乐器，具体学什么，我没想好。曾经问过她，她的回答是："三角铁！"也难怪，她在幼儿园只见过那几样乐器啊。

我也没打算现在学，我想上小学一年级，等孩子适应小学生活了，自己的想法也比较成熟了，手也长大一些能控制得更好了，那时再学。现在只是先了解一下。

这样，我们拿着新买的舞蹈鞋，敲开了一个乐器学习班的门……

第一，提供资源，自由选择。

我们那天咨询了几位乐器老师，回到家我说，你现在大概知道了，我们可以等大一些的时候再学。但她说她希望学钢琴，现在就想学！问她为什么选钢琴，她说："因为钢琴是基础。"我想起来，这是那天听一位乐器老师说的，这位老师说，这么大，别的都学不了，钢琴是基础，有了这个基础，以后如果想改学其他乐器也可以。

我心中暗想，给孩子自由的选择权真的很重要。如果在咨询时，我带有倾向性，听到老师说钢琴是基础，就连忙回头对她说："听到没有，老师说了钢琴是基础！"那效果一定很糟糕！

现在想，如果她当时什么都不想学，我也不会太劝她的。

这之后，我当然就是一通委婉的劝阻，让她考虑好，是否能坚持练琴，怕不怕困难，等等。她都一口答应下来。那就学吧。我们从幼儿园回家的路上正好有一个钢琴学校。

最初，给孩子提供哪些资源让他接触，这个家长应该基于对孩子的了解，心中大致有数——提供他可能喜欢的、可能擅长的。这样对孩子来说，难度就比较小。同时，也不要让我们的选择变成框框，我们不是他！最终，要尊重孩子自己的喜好。

切记：兴趣爱好，不仅限于兴趣班提供的那些。擅长，也不总是等于热爱。家长要给孩子机会广泛接触，去体验、发现。路途上，终会遇到让他心动、热爱的事情！没遇到之前，可以先学点还算喜欢的东西，同时继续探索。

第二，遇到困难怎么办。

第一次课上得很好，她和老师都很开心。第二次课，老师开始纠正手型。她的手如果使劲弹，手型就变了；如果注意手型，老师就说："要大胆放松地弹，这样才能声音响亮，怕什么？"我当时心想，大手小手都用同一个钢琴啊！

之后再上课，她说不想学了。我也开始犹豫：或许等手长大一些再学更好？所以我建议，学钢琴最好在孩子五岁半以后，等他的手部肌肉发育更好一些，手也长大一些，同时各方面能力都更强时，不要太早学。

我说这样吧，你现在不用决定，可以先不上课，我也先不去退费，我们放学有空去那里玩玩。我想如果过一些天，她还是不想学，那就放一放。

后来搞清，她的真实情况是：愿意学，但还怕累。我猜很多幼儿学才艺，都有这么一个阶段。

所以这时，家长要做的是，搞清孩子的真实想法：他是否渴望学会？是否很欣赏、憧憬别人乐在其中的样子？通常，只要最初孩子是自愿学的，并且也没有明显表现出来这方面完全没有天分，那么，孩子所有对这个项目的负面说法，很可能只是一个意思——"太难，我需要帮助！"

既然她自己实际是愿意学的，那我就应该帮她争取一下。家长的作用就是，在这时推她一把，帮她越过这个小瓶颈。

当时我用了这些办法：

①把大任务切碎，变成小任务。

一次该去上课了，我说："今天咱们不上课，你就进去看看你的那个小琴房，跟老师聊会天。"一问，老师说："哎呀，你好几次没上，这个时间段都分给别人了，我们只能挤出十分钟时间。"她听说只有这么少的时间，并且她很喜欢上课的小琴房，就同意了。我之前抽空跟老师沟通了一下。老师真好，用这十分钟教她学会了一首《小星星》，并且答应她下次还学小曲子。她会弹个小曲子，非常自豪，说没上够，希望下次时间再长一些！

②储存美好。

随后的几次课，就这样一半学小曲子、一半学教材。偶尔上课前，她还会有些不积极，但实际上，每次上完课，她都非常开心，感觉又学到新东西，有成就感。一次下课后，我说，那我们就想办法，把现在这个感觉给记住。你想想有什么办法呢？她想的办法有：买个小玩具，下次上课前打开；回家画个画，下次带着。这样说完，后来我们实际什么也没做，但或许这样说说，已经帮她在心里留住了那种开心的感觉。后来她基本都是很愉快地去上钢琴课了。如果我够勤快，下课时拿出手机给她拍个照片大概也不错。

平时，除了偶尔听钢琴曲，她经常会在姥姥的电子琴上（当时家里还没买琴）作郎朗状，优美陶醉地乱弹一通。

她认为学钢琴是个很让她自豪的事情。一次去上课的路上，她自己抱着教材，说："别人看见我拿的书，就知道我是去学琴的！"没事时，她会拿手指比画练习。一次睡前竟然在我肚皮上练！我严肃地说："当心别给我又弹出几个肚脐来！"

第三，怎样坚持练习？

最初这一段，一直没有督促她课后练琴。其实对于小曲子，不用我说，她自己会想着练。但后来逐渐不学小曲子，她就没有动力去自觉练习了。现在学到了双手弹大琴谱，难度增加了，我觉得应该有一些练习。

一次课上学的两手配合有点难，当时在老师指导下，反复弹了好几次才弹对。第二天，我拿出琴谱，让她弹弹看。我发现，即使她没练，过了24小时，再弹起来，也是一下子就掌握了，仿佛她的手和脑偷偷地在继续自学！

我说："真是太神奇了！你的手和大脑在偷偷自学呢！你没发现它们进步了吗？"她很震惊，也很开心！我接着说："我看现在非常好，这些有点难度的小节你已经都能弹好了！接下来，我们要做的，就是把这些小节连起来，这样才是一个完整的曲子，听起来才好听，对不对？"她表示同意。

"怎么才能连起来呢？我觉得有两个办法，一个是，你的手对琴键要更熟悉，手指头自己就能找对键子，不用一直看，对吧？第二个，就是眼睛看谱，最好一次能看一小节。这样，看一眼琴，再看一眼谱，就能连上了。是不是这样？"她同意但是表情开始不聚焦了。

"这样吧，我们接下来弹四遍，第一遍和第三遍我帮你读谱，第二遍和第四遍我帮你看着手，好不好？"她问："四遍之后，不管到什么程度，我都可以去玩了？""没错！说话算数！"

我们这样弹了四遍。弹完我说："玩去吧，你放心，你的手和大脑会在你玩的时候偷偷地继续练呢？"她表情神秘地问："我睡觉时它们也在继续练吗？""太对了！就这么神奇！让你弹四遍，就是让你给它们开个头，要不然它们就偷懒了。"她高兴地蹦蹦跳跳玩去了。

上面这段对话内容，基本就是我说过的"沟通三明治法"，就是：**先肯定，再指导，最后展望**。这其中如果能添加进一些趣味，效果总会很好的。

当时，她并不能保证每天都把刚学的曲子弹四遍。但毕竟，只要我稍微提醒一下，她就可以去练，为的是让她的手和脑能够偷偷加班。

我相信，这样坚持一段，等她能弹得更好了，她逐渐会进入下一个阶段，就是，不用外界督促，能为了弹好而主动去练琴。

这里说的这些办法不一定适合每个孩子，其实我更希望的是，能把我的乐观、信心和对孩子的尊重信任表达出来，让大家感受到。

好的办法从哪来？当家长自己心里没有那么多焦虑，能以端正的动机、积极的心态对待学习时，我们就能做到细心观察、想出好的办法。

我们每天放学都顺路去钢琴学校练琴，平时都是我在前台看书等着，孩子自己进小琴房，自己练。练哪个练多久，她自己决定。她有时练几遍会出来玩一圈，然后再回去，觉得弹够了，就自己关灯拿琴谱出来。

昨天，发现她进去没弹。我去看，她几乎哭了，后来慢慢说明白了。原来，前些天为了准备钢琴学校的演奏会，她练的多是那首演奏曲目，已经弹得很熟悉了，完全是享受。现在演奏会结束了，老师教了新曲子，她一弹就错，沮丧无比，觉得根本无法弹下去！

我表示理解，跟她回顾了一下那首演奏曲子刚开始是多么不熟悉，后来我们弹了多久。我问她，那现在你有什么办法。她说，没有办法。我说，那这样，试试我的办法。

我让她把最新学的也就是最难的曲子,只弹右手,只弹第一行。她弹了。再左手、再双手,只弹第一行。她都弹了。我心想,能开始弹就好!我告诉她,这首我们今天只练第一行。这样,她把第一行弹了几遍。然后我问她,这之前学什么了。她找出之前学的一首,就是对她来说第二难的曲子。我说我们可以练练这个。

这首她稍微熟悉一些,可以完整弹下来。我看到她弹了很多黑键(升降音),曲子名字是《行星》,就说:"我听的时候,感觉到一种神秘感,好像进了宇宙,可能是因为你弹了很多黑键?"曲子最后有一个突然的高音。"最后那个高音吓我一跳!好像有个星星'叮'地冲我一眨眼!"说完我冲她"叮"地使劲一眨眼,给她逗得哈哈大笑!"你能不能再制造一下这个效果?我这回闭上眼睛好好感受一下!"天哪,她可真是小孩,听我这么说,兴致勃勃地开始弹,完全投入——带感!

我每次听完,都很夸张地感受着。最后说,你这跟画画做手工一样,就是一种魔法,能给我带来很特别的感受!

这样把《行星》练了几遍,然后又回头把最难曲子的第一行再弹一遍。临走前我说,你把演奏曲子最后弹弹,享受一下。她拼命要制造效果,边笑边弹,都不流畅了!

晚上睡前,我总结,我今天用的几招是:把大任务像切菜一样给切成小块,这样看起来就不那么难了;搭配,把喜欢做的和有难度的,搭配起来,就像夹心饼干;把枯燥的事情变得有趣,什么事情都可以变成是游戏哦。她想起来那个"叮"一眨眼,又笑!

我们下次上课,老师让带去歌本,打算从里面再选一个歌来学。她学歌比学练习曲更有兴趣。演奏会上,她自己看上了《致爱丽丝》,老师说对她有些难。

那天钢琴演奏会上,她弹的曲目和技术虽然都一般,但比平时发挥好;关键是,她弹琴的样子很好,很美很享受的样子,这就好!

现在女儿学琴已经快两年了。

这期间,我没有陪上课和陪练,我自己没有跟着学,孩子在家练琴时我也无法指导。如果单从学习效果来看,这样并不是最好的做法,这常常不是钢琴老师希望的做法。因为如果孩子年龄小,各种能力都有限,那么,家长能自己也学,也在家辅导,一定会提高孩子学习的准确程度和进度。

但是权衡利弊,我还是选择这样做。

我觉得与学琴的进度相比,对孩子学习能力和自我管理能力的培养更重要。

我希望学琴是她以后学习生活的一个小前奏,很多我们对孩子学习的想法,都先在这里实践了:感受乐趣、品味美好、自主探索发现、自我管理、自我激励、练习自控、有规划和目标也有灵活——总之,随时体验学习的乐趣和成就感!

学琴过程中,我的角色更多是辅助者、协调者,比如跟她沟通、跟老师沟通,协调学习中的问题,是鼓励者、欣赏者。遇到特殊难题时,一起想想办法。在她有惰性时,提醒她合理安排,坚持练习。

这样做,或许对家长要求更高:**我们要控制自己追求完美和效率的劲头;我们并不是真的放手,而要对孩子的学习进程随时密切观察、了解,在他需要时,给他必要的督促、推动、帮助和支持。**

曾经有几次孩子忘了一些细节内容,我陪她去学校问老师,好在就在马路对面。后来我们给老师一个笔记本,每次写下回家练琴需要加强哪些,她现在上学了,也认字了,可以自己看。

平时练琴时,她常常求我坐旁边听,好随时给我讲各种随想感受。有时我坐一会儿,有时我站旁边随着她的节拍锻炼身体,有时我在远处做别的事情,评论一句哪首好听,她就给我多弹一遍。

最初,练完她常会回头看我,问我可以了吗,后来我说你自己决定,觉得可以了就自己收了。偶尔她也会说:"我不知道还要不要再练。"这时我会具体问她新学的内容掌握如何,这样她给我介绍时,通常自己就能决定,哪部分还不够熟练,哪里需要再多弹一弹。也有时,她明显是在匆忙敷衍,我也会更具体地问她。

在督促练琴方面,批评训斥挖苦,远没有跟孩子具体讨论学习内容效果好。我们可以严肃客观地指出他的不足,比如练习不够;同时,也要记得指出过去练习和进步的联系,并告诉他,老师对你的严格要求,是对你能力的信任。

我还一直鼓励她在弹累了时,自由弹一会儿。她自己都惊叹自己乱弹琴的水平越来越高。我在旁边可以看出来,她在反复探索各种音的不同组合,感受不同效果。有时她甚至可以记住几天前自己随意弹的片段。自由弹琴,是孩子享受音乐、玩音乐的时刻,或许也是自己编曲的前奏。

我甚至想，学琴，为的不就是能以更高的水平自由弹琴吗？

最后还想提醒，我们都知道刻苦练习的重要性，但是，当孩子有了内在动机，能够多练习时，家长也要注意，不要过度练习了。很多家长这时信心满满，踌躇满志地给孩子忙着报比赛、考级。这样，弦绷得太紧，往往就违背了学习规律。

要让孩子劳逸结合，累了就休息。避免过度练习，一是健康考虑；另外，也为了孩子更有后劲、有创造力。因为孩子在练习基础上，还需要去感受、表达、实验、创作、开阔眼界、思考，以及单纯地享受。这些齐头并进，才能让孩子真的走得更远更稳。比赛获奖只是一些小路标而已。效率，不是一切！

正如王阳明所说："凡授书不在徒多，但贵精熟。量其资禀，能二百字者，止可授以一百字。常使精神力量有余，则无厌苦之患，而有自得之美。"

无论孩子具体学的是什么，他所学的，都是学习之道。

无论让孩子学什么，都请记得初衷！

9 我希望女儿学些"没用的"知识

我希望女儿学什么？

想学的东西真是太多！首先，我希望她在小的时候能用很多时间去了解艺术。希望她有自发的享受艺术和创作艺术的行为，明白艺术的根本目的就是表达自己。每次看到她自娱自乐弹琴唱歌，随着音乐舞蹈，或是大声唱歌，我都万分欣慰。我不担心她自己乱弹琴以后就学不好钢琴了，领会艺术的本义比技巧更重要吧。我希望她学习和欣赏艺术不只限于小时候的兴趣班，而是持续终生的一件事。

艺术有什么用？我学电影时学到，一个好的故事应该让观众经历"情感过山车"，而所有的艺术都是一个道理吧。听德彪西的《月光》，或是看印象派的画、古人的书法，或是欣赏别的艺术品，我们的情感受到触动，超越了平庸，来到了过去从未到过的地方，我们看到了一个更美好的世界。我相信，情感所经历的这种伸缩历程，可以为我们的心灵拓宽空间。

我希望艺术的滋养，能使我女儿对生活充满兴趣和希望，使她感到自己正在变成一个更好的人。我也希望艺术能促使她思考，看到人类的了不起，看到我们所能做出的好东西，看到一个似乎超越人类的更高层的空间。希望她能为自己曾一睹那里的风光而感到欣慰和感激。

我自己在西方古典音乐方面所受教育比较少，好在现在技术发达，我甚至可以在网上看到耶鲁大学的音乐欣赏课。为了我女儿和我自己而学习音乐欣赏，还有什么比这更重要的事情呢？

我还希望女儿能读一读文学。现在似乎是一个排斥文学的时代，现在是读图时代。文字似乎已经out（过时）了。图和视频占据了大片视野，眼球变成了不安分的东西，正在四处被抢。从大人到孩子，谁能坐得住？我们的头脑和生活正在被拆成碎片，没有太多连续的、沉静的、完整的体验，看长一些的小说似乎已变成了艰难的打坐和修炼。

我很难想象，如果孩子们从小就这样长大，他们最终会长成什么样。如果所经历的一切都是零碎的，整个人是不是也更容易不完整？

小时候每到寒暑假，我爸妈就从各自的图书馆借回一些名著，我们翻包一本本往外拿书。这在那个物质贫乏的时代是一种很奢侈的体验。我至今还记得那种终日沉浸于书中时空的感觉。合上书，回到现世，很有穿越感。阅读可以让你体验平行宇宙。

读文学，不仅仅是为了看到不同的人生，加深对人生和生活的理解，也不只是为了开发想象力，更不是为了应付考试作文或增加谈资等功利目的。阅读的乐趣本身就值得我们为之期待。当你看了一本好书，翻完最后一页时，心里就会有些怅然——一次阅读的快感就这样结束了。如果孩子没有过这种感受，那该是多大的遗憾啊。我希望女儿还能读诗，能享受文字所变出的魔术，能时时为之惊喜、为之所温暖。我很羡慕读英美文学专业的人，因为我自己英美文学原著看得不多。我打算找机会一点一点补课。

除了文学，我还希望女儿喜欢阅读历史、哲学、宗教、儒释道传统文化等等各种"没用"的书。看这些，不是单纯要做思维体操，而是希望她能更加丰富自己的见识，以便少一些偏见和狭隘。希望这些见识可以同她的经历一起慢慢发酵，酿出一些属于她自己的智慧来。我希望女儿能够热爱科学，如果说女孩不善于学科学，那么这更是我希望她学习科学的一大理由。学科学，不仅可以提高她的逻辑思维能力，更能学到一种客观的、理性的、平等公正的态度，以及一种渴求真相的探索精神。

我希望她对各个科学领域都能很有兴趣，能从中看到人类探索世界的种种尝试。世界究竟是什么样的？到目前为止，我们人类所发现、所知道的都在那里面。那就像是一个大博物馆，她可以去参观，然后再想想，外面究竟还有些什么呢？她还可以提供什么吗？

我希望她能多参与体育运动，可以选择一项运动认真训练。希望她在训练的过程中不仅提高了体能，更能加深对自己的了解。希望体育运动能帮助她弄明白挑战、坚持、成败和快乐这些词的含义。

我还希望她能学到各种让自己个人生活变得更舒适的本领。比如，她要去学怎样能做出自己喜欢的好吃的，怎样能让自己看起来更令自己满意，怎样和他人交往，怎样保持健康，怎样去管理日常生活。这不是因为我不能一直替她做这些事，关键是，我相信她一定能比我做得更好。我就不太会做菜，等她大一些，我希望能带她多吃美食，然后和她一起学做。现在我就能看出她在这方面比我更有潜力——她多会吃啊！

我希望她能以各种方式去亲身实地了解这个世界。书本以外的世界有太多需要她去学习的。她可以通过工作、旅游、社会活动等方式去接触、去观察，用自己的眼睛和心灵去学习。在和世界互动中，不仅认识外界，更是认识自己。

希望她能在发现世界的同时，不断发现自己的价值，发现自己的道路。希望她能学到幸福和快乐实际上是怎么一回事，怎样保持内心的安宁，怎样才能喜欢自己接纳自己，怎样才能像她现在一样清澈透明，吃饱了就高兴，没烦恼，没愁事，好像心里有无尽的快乐源泉……

以上就是我希望女儿能学到的一些东西。至于说那些为了谋生而学习的实用技能，我倒不是太操心。我想她也不笨，随便学点什么她喜欢的，对他人和社会有用的技能，都应该能达到谋生的目的吧。

其实，我们很多时候希望孩子学实用技能，并不只是为了谋生，而是为了谋更好的生，为了最大限度发挥潜力谋生。可是未来变幻莫测，我们谁都不知道哪种技能在未来世界最受欢迎啊。

另外，我觉得我们应该换个角度去想这个问题：当你的孩子通过以上种种"没用"的知识，就能感受到莫大的乐趣和力量时，谋生的段位就变得不是那么重要了吧?

如果一个人有学习的能力,有感知幸福快乐的能力,有体现自我价值和享受生活的能力,那么他处于世界的哪个角落、位于各种排序和链条的哪个位置,都不是个问题了吧?无论在哪,他都能过得很好,对自己很满意。我们对孩子还有更多的期盼吗?

这样看,那些"没用"的知识才会管用一辈子,那些"没用"的能力才将是孩子未来的核心竞争力!

童言妙语

"这天,说冷就冷。"(三岁)

小孩总把大人的话当真。姥姥说:"哎呀,成长牛奶,喝了长高个呀。"她听了咕咚喝两口,然后说:"姥姥拿尺给我量量。"我说:"吃得多,睡得香。"她说:"吃得少,睡得臭。"我说:"这天,说冷就冷。"她站那大喝一声:"冷!"哈哈,以为声控的呢!

第十五章
大自然是孩子的"成长维生素N"

1 被太多家长忽视的"成长维生素N"——大自然
2 怎样给孩子补充"成长维生素N"
3 如何把大自然带回家中

1 被太多家长忽视的"成长维生素N"——大自然

现在家长们用尽力气，要给孩子提供最好的一切。我们买进口的奶粉、有机食物、上各种昂贵的早教班……这时，我们常常漏掉了一个最宝贵的资源——大自然。大自然究竟有多好？接触大自然有多么重要？实际上，我觉得现代人，对自然于我们的意义，都不够了解。我们一直生活在对自己的误解之中。人类进化的大部分时间，是在自然界里度过的。所以，在很多层面，我们都只是自认为是现代人的原始人，或者说，是自认为是城市人的乡村人。比如，至今，我们的很多心理机制，都是原始人为了能够在野外安全生存而准备的。我们都是被误放入都市里的自然物种！

说"大自然是人类的摇篮"，这并非抒情，而是陈述事实。

在都市里生活已久的人类，就像远离家乡的人一样，渐渐地，已经忘记了他们究竟错过了什么……

如今，科技发达，越来越多的关于自然对于人类身心健康的影响，正在被发现。很多研究都表明，人们可以从大自然获益太多！比如，早在20世纪80年代，就有研究发现，窗外有自然景色的手术后病人，比起窗外是一堵墙的病人，要康复更快，使用更少的止痛药物。在一项由伊利诺斯大学"城市景观与人类健康实验室"进行的研究中，研究者比较了住在完全相同的社会福利房屋里的人群，他们得出很多有趣的发现：那些碰巧住房附近有更多绿色植被的住户，比起没有绿植的人群，他们邻里间相互支持和关爱的程度更高，犯罪率和家暴率都更低；家里所见的景色中自然越多，女孩在专注力和自控力测试上得分更高……

类似的研究还有很多。人们发现，接触大自然本身，就是一种很有效的康复疗法。我想，或者应该从另一个角度看——我们本是应该生存于自然中的，现在远离自然环境，所以才更加脆弱，容易有各种身心问题。我们本应是健康的！

对于正在成长中的儿童来说，大自然对他们的影响或许更大。儿童的感知觉处于成长发育中，而大自然环境与人工环境不同，它随时都提供着丰富、细腻、富于变化的感官刺激源。自然界中这种千万年物竞天择的结果，是人类智力的设计所无法企及的。在自然环境里，孩子的所有感知觉都处于开放、活跃的状态。他可能会为青蛙在手心里的软软的感觉而震惊，为蝴蝶翅膀颜色的微妙而着迷。这些感觉，常常会让孩子终生难忘。而他们的感知力，也正是在接触这样丰富的信息源时，得到了充分的发展。这种感知力，将会成为他未来发展情感、创造力、智商等的重要基础之一。

自然界中的一切，自有它独特的法则。孩子们在和自然的接触中，会通过观察、感受、解决问题等，来探索和发现其中的种种奥秘。大自然，是孩子，乃至所有人类的启蒙老师。它所蕴含的美和真理，不仅等着孩子们去发现，也始终在引领着人类智慧一步步向前发展。所以，当我们带领孩子身处自然之中时，即使我们并未着意去教育，孩子也是随时都在学习——向大自然这位更好的老师学习。

在自然界里，一切都生生不息——花在开放，草在生长，生命力在随处跃动。这种难以用现代科技测量的生命的能量，对于人，特别是孩子的影响，也一定是巨大的。传统中医认为，孩子应该多接触泥土，以"接地气"。我理解，这种接地气，不仅仅是说孩子需要接触各种物质以锻炼免疫力、减少过敏等症状的发生。我想，这其中有更深刻的道理等待现代科学去验证。自然界里生命的能量，是人造之物所不具备的。它好比是庞大的能量"加油站"，随时在以无形的方式，滋养孩子生命的成长。

而现实是，随着城市化的发展、社会竞争升级，儿童，正在越来越多地被我们带离大自然！研究表明，当儿童被过多地剥夺与自然环境接触的机会时，他们会出现一些被称为"自然环境缺乏症"的身心紊乱的表现。这些表现可能有：肥胖、注意力缺乏、情感单一、抑郁等。而这些症状，在孩子有了更多机会进行户外活动，重建与自然环境的连接后，都会得到明显改善。还有研究发现，接触大自然，是一种安全、廉价的帮助儿童缓解多动症的方式。根据一项研究，"与在其他环境中相同的时间相比，在一个公园里二十分钟的参观，有助于增加年龄介于七岁至十二岁之间多动症孩子的注意力。"

孩子们本应是在自然里生长的！自然界，应该如同乳汁和睡眠一样，是他们成长的要素之一。我们现在要做的，只是让事情回归它本来的样子。"Nature"，是我们生存必需的"成长维生素N"！

2 怎样给孩子补充"成长维生素N"

家长应尽可能多地带孩子去附近的自然环境。在您的交通方式所能到达的范围内，一定有一些可供孩子去走走的大自然区域，无论那是公园里的树林、近郊的小山，还是偶然发现的一片绿地。我的一个朋友，每个周末都带着他九岁的女儿，去北京郊区爬山。他在网上的地图上，搜罗到北京周边的各种"人迹罕至"的地方，然后父女俩驱车前往，一人拿一根手杖。一路上，不仅锻炼身体，观赏了景致，他们还意外地发现了各种小规模的古迹和奇奇怪怪的小"野景"。孩子所爬的山的高度逐渐进阶，现在已经可以爬海拔一千米的山了！

如果无法走得很远，那么我们总可以就在您的城市的边缘，找到一些合适的处所。毕竟，城市终归都是在自然环境里建设起来的。还可以约一些想法大致一样的家长，规模不宜大；大家在一起，不仅资源共享，更能让孩子有了伙伴。有时，家长之所以回避带孩子走进大自然，部分是因为家长自己心中的焦虑——对于不熟悉的环境，我们身为家长，常会莫名地感到恐慌，我们唯恐出现各种意外和乱子。而这种焦虑，必然会被家长转嫁到孩子身上。我们即使带孩子去了，也容易看守过紧，不敢让孩子放开去探索。当几个家庭结伴出游时，人数的增加，可以让家长的心里感觉更安全。我们的注意力也会在成人间被分散。我们可以像牧羊犬一样，在外围巡视——既保证孩子的安全，又保持一定距离，不干涉过多。

带孩子去野外玩，我们既可以随性所致，无拘无束地探索、感受；也可以每次设计一些小任务，对孩子有一些引领和挑战，帮助他们丰富自己感受自然的角度。

比如，一段平常的林间小路，初一看，似乎完全没有城市里的游乐场那样令人兴奋,但是,您可以带领孩子玩一个"盲行"的游戏,让孩子把眼睛蒙上,再去走这段路,那么他会调动他的所有其他感官,去领略这个环境中的一切。他会发现刚刚没有注意到的声音、气味、空气湿度和脚下土地的变化。他会明白我们平时是多么依赖视觉。当他重新睁开眼睛来看,他会觉得自己现在才是真的走在立体的环境之中。

再如,对于喜欢虫虫的孩子,我们可以带领他寻找、观察各种虫子。对于爱画画的孩子,我们可以让他画下来途中所见到的不同的叶子……而这些,也不见得一定要走很远、走到大山里才能做到。我们在家附近的公园、树林里,都可以去尝试!

3 如何把大自然带回家中

现代城市的建设,使得我们真的难以时时走入自然之中。那么,当您尽力做了前面那些之后,最后您可以再试试这个——把大自然带回家中。

比如,可以在家里的露台、阳台上,尽量绿化。在家里,充分利用立体空间,多养植物,搞个"垂直花园"。或者领着孩子养小动物,蚂蚁、乌龟、昆虫,都可以成为孩子的小宠物。在家庭装修装饰上,也尽量多一些自然元素。给孩子讲的绘本、书籍,可以多选择一些和自然有关的内容。此外,家长自己,常常流露出对自然的由衷热爱,这对孩子也会有很大影响……

我过去说过,孩子在儿时所接触到的事物,对他们的一生,常常有一种神奇的"种子效应"。这些在童年时期所接触到的自然元素,同样也会像种子一样,深埋于他们小小的心里,在未来的漫长日子中,伺机萌发。所以,此刻我们嵌入他生活中的所有那些绿色,都将成为他未来人生的优先背景色。童年所接触之物,日后,会给一个人带来回家的感觉。或许这也正是为什么大自然于人类如此重要——那是人类童年时期的家园。

我们家长,每日都处于各种选择之中。比如,如何安排孩子有限的时间,才能最好地帮助他的成长?每日这样的选择和取舍,都在考量我们的认知和价值观。而现实呈现给我们的,常常只是一些表面的、肤浅的利害关系,这很容易干扰我们的注意力,让我们拿长远的身心健康,来换取眼下的省力、满足或光环……所以,请不要过多地把孩子限制于教室之中——哪怕是为了好的成绩和发展!因为,更好的成长,常常发生于孩子在大自然中"撒野"之时!

 童言妙语

"以为是外国小朋友呢!"(五岁)

闺女一直怕狗,某天告诉我,在海里游泳,旁边有一个卷毛小黑狗,跟她并排游。开始她一直不知道是狗,还以为是个外国小朋友呢,并排游得可齐了,她还想没准能跟"他"交个朋友呢!后来脚踩着地时才发现是狗,赶紧躲开。我说幸亏你没跟它聊天。她说怕"他"不懂汉语!

第十六章

这个时代,我们为孩子做得太多了

1 对孩子日常的照料并不需要那么精细

2 过度关注给了孩子更多压力和更少的空间

3 不要让"过度辅助"束缚孩子的成长

4 我们真的需要为孩子铺设完美的成长"路径"吗

5 不要给孩子过多物质的、感官的、即时被动的享乐

6 替孩子屏蔽一切负面体验,恰恰使孩子变得更加脆弱

在我们成为家长的这个时代，有两件事情同时发生：第一，我们这一代家长，大概是迄今为止有着最强大养育实力的家长，我们有能力给孩子提供有史以来最无微不至的照顾。第二，现在资讯发达，人们信息超载，你随时可以得知一切，你也随时暴露在别人的目光之中。

强大的资源，加上强烈的焦虑，结果，我们育儿中的各种无节制，几乎就是必然的了。

我们太希望孩子好了，我们为孩子做的越来越多。家长、老师，所有的人，都一直在给孩子更多、更多……但是，孩子的成长规律告诉我们，这是在缘木求鱼！

孩子的成长取决于两方面因素：基因和环境。他们是在与环境的互动中成长的。好的成长环境，需要有丰富的资源，有各种支持，但同时，环境里的些许匮乏和欠缺，也会给孩子提供锻炼的机会。

冬天时，我和闺女每天放学后都在外面玩很久。回到家里，她发现自己脸蛋又红又热，一边练琴一边摸着脸蛋问，妈妈我发烧了吗？我说，你刚才身体哪里露在外面了？只有脸蛋。对呀，你脸上的皮肤刚才一直努力在适应外面的寒冷，现在它还没反应过来呢！

我们的身体就是这样跟环境互动的。孩子的成长，也与之近似。什么叫成长？成长就是一种变化，是动态的。孩子的能力是随环境而在改变的。

我还曾讲过一个不那么贴切，但是很生动的例子。曾经看过报道，说一位英国的农场主种出了世界上辣度最高的辣椒。据说，他的方法是每天让工作人员伪装成入侵者，进入辣椒园去恐吓辣椒。

其实，我谈的也不是挫折教育。我想说的是，我们要当心，是否正在把孩子所处的环境变得过于完美，到了妨碍他正常成长的程度了！如今，我们让孩子们，在学习方面，过早地进入了"恐慌区"；在生活方面，却过多停留在了"舒适区"，错失了成长的机会。

1 对孩子日常的照料并不需要那么精细

现在,家长带孩子的人力、物力都充分,很容易在日常养育中做得过多,过于精细。比如,孩子很小的时候,水果要切块吃。但是,孩子已经很大了,仍然吃切块的水果。牙医们说,现在的小孩新牙长出来,乳牙也不掉,或许就与此有关——乳牙磨损得不够。

再如,家里常是几个女性在带孩子,爸爸就退后了。结果孩子只能接触到女性温柔的互动方式。有研究表明,当爸爸抱小宝宝时,宝宝的心跳都会加速,处于兴奋的状态。这对孩子的胆量方面,都是锻炼。

家长总怕孩子嚼不动,把食物做得过于软烂,其实,这样的食物会妨碍孩子口腔肌肉的发育。有的孩子口齿发音不清,就与食物做得过于精细有关。

一些家长对小幼儿限制过多,什么都怕,怕脏、怕危险,不让孩子碰。孩子日常接触到的一切物品,都是光滑柔软的。如果做得过于极致,那么孩子的触觉发育就会受到影响,严重了还会形成触觉防御。表现出来就是,宝宝会对不一样触感的东西非常抗拒,比如用手接触颜料、泥巴、小动物,他会感到陌生得难以忍受。这种状况如果持续,甚至会影响到他以后的交往,因为他会对别人偶尔的触碰都严重抗拒。

上面只列举了几个日常照料中的例子。其实,现在孩子的生活环境跟过去有了太大的变化。很多孩子从出生起,出门就是车来车往。从幼儿园起,接触的就是不怕磕碰的塑胶操场。孩子们在学校没有春游的机会,因为怕有意外发生。孩子们在幼儿园和小学,都在室内度过了大部分时间,户外活动和接触大自然都不够……

很多人都发现,现在敏感、胆小的孩子似乎越来越多。当然,每个孩子都有不同的性格。但是,敏感的孩子这么多,或许也是养育方式的结果。

我们人类的身体,是千万年进化的结果。如今我们的生活环境和方式变化太快,孩子们的生长环境和家长的养育方式,也变得太快。对此,我们的身体是否能反应、识别、相匹配?

2 过度关注给了孩子更多压力和更少的空间

现在，孩子几乎成为每个家庭的中心，他们生活在几双眼睛的严密监控下。我有时走在小区里，看到一个三岁的幼儿出来玩，姥爷在身边扇着扇子赶蚊子，爸爸在前面带着他跑，妈妈在后面拿着水壶、外衣、推车……我想，孩子可爱，家人自然都爱，这时，我们要常常提醒自己，把孩子放在恰当的位置上。过度关注，孩子在家庭中的位置不适当，那么他会有更多的压力和更少的空间。

过度关注还表现在，家长对孩子的交往和自由玩，盯得太紧，干预太多。被干预过多的孩子，常常变得不会玩、交往能力差。他们做事的主动性、交往的灵活策略，都没有机会得到发展。久了，甚至他们的性格情绪都会受到影响。

3 不要让"过度辅助"束缚孩子的成长

家长们还常会对孩子帮得太多。小时候，扶着孩子学步，让他更早会走路；大了，帮孩子吃饭、穿衣，帮孩子学琴、写作业、交友。如果没有及时的觉醒，这样的帮助一不留神就会延续下去，直至孩子成人，家长继续帮他找对象、找工作……

养育孩子，不要太追求业绩和效率了。我们真正在乎的，不应该是孩子在外人听起来是怎样的，而是他实际的能力、实在的成长是怎样的。

我们的帮助，永远只能是在孩子能力不及时，帮那么一点点。家长要尽可能多地把孩子放在主动的位置上。我们懒一些、笨一些，他就多一些尝试的机会。

记得，是他在成长；让孩子在先，我们在后！

4 我们真的需要为孩子铺设完美的成长"路径"吗

每个家长，都会尽力给孩子做最好的安排，给他力所能及地找最好的幼儿园、小学、中学……但是，有时，如果我们对此投入过多，从家庭总体资源角度来看，有些失衡，那么就要好好考虑一下。想想，结果是否真的是我们想要的，家庭其他生活是否会因此而受很大影响，家人和孩子是否会感到有太大的压力……然后来综合权衡。

现在，似乎每个家庭都是在跟着孩子而动，我们跟着孩子搬到学校附近租房子住，我们为了孩子留学而举家移民……有时我想，生活真的一定要这样吗？难道不是应该孩子跟着大人吗？大人如果没下班或者要加班，孩子就在办公室写作业；大人工作需要，调动到一个小城市，孩子也跟着去那里上学；家长如果派驻到国外工作，孩子也跟着去国外上学……

曾经有一次在某地讲座，讲座结束后的互动环节里，现场一位孩子妈妈问我，北京的公立学校好还是国际学校好。我好奇地问："孩子父母在哪里住？"她说，不在北京，在另一个城市。我说，小学生需要和父母在一起，需要有家庭教育和亲情，与此相比，中西方学校的差异可以小到忽略不计。我觉得，对于小学生来说，全世界最好的学校，也不值得离开父母去上——家庭教育是任何学校教育也无法代替的。我们不能为了所谓的好教育，而人为地制造一个"留守儿童"。

我们都太希望给孩子最好的一切了，可是，只有大家好，才是真的好；只有家长好，孩子才会好。不是吗？我们是否真的那么无法忍受，让孩子去面对命运随机抛给他的各种境遇？如果我们有力量，为他打造一条近乎完美的成长路径；那么，难道我们没有力量去让他长得足够强大，可以应对各种际遇？

或者，这只是我们自己没有胆量而已？

况且，有时，家长费尽心机安排的最好的幼儿园和学校，并不能给孩子的成长带来那么好的机会。

我还听到过一种说法：上好的学校，为的是给孩子的未来打造人脉圈子。

我没有想过那么多。孩子的同学、同学的家庭，当然会对他有很大影响，但是，影响最大的，还是我们自己这个家庭。至于未来，或许同学的人脉的确能为他带来更多社会资源，但是，换个角度来看：如果孩子从小接触到社会的不同群体，跟他们有很深的感情，谁能说，这不会为他未来的发展带来新思路、另类资源、不同的视角，甚至是激情和动力呢？

未来的不确定性，是超越我们头脑算计的能力范畴的。与其想那么远，不如全力做好眼下那些更根本、更核心的事情：家长自己的成长，以及对孩子的家庭教养。

做到这些，也不只是胆量的事，这还需要我们有一种对自己和生活的接纳。接纳，就是说"是"、说"可以"，这也包括：我们对我们所不能给孩子的，不过多感到愧疚。我曾经说过，我相信，我所能给我女儿的，不多也不少，刚好够她很好地过她这一生。这不是自信，这是一种接纳的态度，是人生哲学。

5 不要给孩子过多物质的、感官的、即时被动的享乐

现在生活好了，我们自然都会给孩子更多一些舒适、享受和体验。我想提醒家长的是，请记得带领孩子，用各种不同的方式获得满足和快乐，而不仅仅限于物质满足和舒适愉悦。比如，用低消费的方式来获得满足和快乐；通过学东西、做事，感受由成就感和心流体验得来的快乐；通过帮助他人、做有意义的事情，而体验快乐……这样做，我们就是让孩子未来可以活得快乐和满足的渠道变得更加丰富。

人的适应力太强，对物质或环境的舒适，我们很快就适应了，没了感觉，需要升级才能继续满足。所以，对孩子，不要把爱心都变成物质来表达，那样久了，孩子容易变得更少感到快乐。

一个事实是：**孩子的成长需要多种体验，而不只是方便、舒适或豪华**。对于五岁以上的孩子，如果没有条件带他亲身体验一些不那么舒适的生活环境，我们可以给他讲讲在艰苦、特殊环境里生活或生存的故事。这种虚拟的体验，对孩子都会很有益。

6 替孩子屏蔽一切负面体验，恰恰使孩子变得更加脆弱

我们家长常常有个不切实际的目标——希望孩子时刻都开心。我们所做的很多事情，都是在精心给孩子营造一个免压、免失败、免孤独、零负面体验的生态环境。

其实，负面的感受和经历，都有价值。只要家长有正面诠释生活的能力，那么孩子的各种际遇都将是他成长的土壤。种种不完美，同样是助力：失望、被拒、挫败、孤单、无聊、单调……对这些，我们不仅要接纳，甚至要珍惜，因为正是它们，将使您的孩子真正强大起来！

比如，家长希望孩子只结交懂事的小孩，希望班上没有调皮捣蛋的学生，但是，正是那些不那么乖的孩子，才会让我们的孩子学到与不同类型人交往的技巧。

我们希望孩子最好别有压力和失败，但是，我们的孩子恰恰需要在经历压力和失败的过程中，去学习如何管理它们，提升抗挫力！

我们非常害怕孩子没有朋友，体验孤独。但是，孤独一定是坏事吗？研究创造力的专家经过对众多在各个领域取得巨大创造性成就的人做了深入的调查研究后发现，他们往往在儿时有过孤独、被边缘化的经历。这种经历使得他们有勇气在某个鲜有前人涉足的领域做深入持久的探索。我想，除了发展创造力，一个人正是在独处、体验孤独的过程中，才能有机会深入探索自我，并发展出更丰富的应变策略。

我们想让孩子学更多的东西，暗暗祈祷，千万别有什么事耽误他的时间，结果偏偏这时严重堵车……其实，正是这样的事情，才能让他有机会学习时间管理。

就连那些我们认为正确的育儿方式，如果其他家人没做到，或者您一时没做好，您都不必太纠结，因为那未必多么糟糕。比如，对于两岁以上的孩子，我们不见得在孩子每次有脾气时，都第一时间去回应、共情、安抚和陪伴。这些，我们大部分做得好，就足以让孩子健康成长，剩下那些您没做到的时间，正好给了孩子机会，去尝试独自处理，发展了他的适应、承受和解决的能力。

心理学家唐纳德·温妮科特提出了一个"足够好的母亲"的概念：

母亲不竭尽全力马上满足孩子所有需要，这会使孩子成长为更有调适能力的成人。

很简单，如果我们从来不让孩子的生活中遇到任何挑战他满意度的事情，那么孩子的能力就得不到锻炼。

养育孩子，这是需要家长投入、付出，同时又要学会节制自己的投入和付出的事情。做家长的艺术，不仅取决于你做了哪些，还有你没做哪些。而这种节制，来自我们明白孩子成长的规律，来自我们对他的信任！

所以，当我们再次想要无微不至时，请稍稍停留片刻。

请先努力做好自己，把自己的内心变得丰盈充沛。那时，我们看孩子，就不再有那么多担忧和焦虑了，我们不再是个疲惫、纠结、玻璃心的家长。

我们的气度，使得养育孩子，变成一件真正轻松愉快的事情！

童言妙语

"你认为我是世界上最好的小孩，就足够了！"（五岁）

每天晚饭时是孩子跟我聊天的时间。她会讲白天好玩的事或一些小烦恼。某天说到她对自己感觉怎样，她说觉得自己不漂亮，觉得谁很帅……最后她说了一句经典的："反正你认为我是世界上最好的小孩，那就足够了！"好大的恭维啊！

第十七章

家长的格局决定孩子的命运

1 你此刻的富足心态,就是孩子未来所生活的富足世界

2 万物的云图——以道育儿

3 成功,只是你顺应了大循环的自然结果

4 每天都能用上的黄金法则

5 请把你的孩子放在主动的位置上

1 你此刻的富足心态，就是孩子未来所生活的富足世界

有一年的"十一"，我们去了北京，回来之后，孩子习惯了游玩，对上幼儿园就兴趣大减。其他都很好，就是早晨到教室门口换鞋时会不高兴。我就和她一起想办法。最后的办法是，我们送到幼儿园楼门口，让她自己背书包跑进去。那几天效果很好，老师夸她，她自己也说觉得自己长大了。以攻为守，真是好办法！

还有一天放学后，孩子忽然说，在户外活动时，几个女孩拉手跑，不带她玩。后来慢慢问清楚了：老师规定不让跑动，她遵守了，但又看她们很开心，就感觉被冷落了。我表示了理解。过后又找机会和她说，小朋友间玩游戏，不要想别人带不带你玩；而要想，你有没有给游戏添加新角色、新玩法，把游戏变得更好玩，或者你能不能想出更好玩的游戏吸引大家。

由此我总结，对待问题，最好的策略是"以攻为守"，变被动为主动。

其实任何事情都是这样。比如人际关系，我们觉得幼儿园老师做得不对，或者和公婆、同事有不快，与其怨恨、冷淡，不如我们付出关心、理解，甚至认同和赞美，因为这样才有可能达成沟通，才能解决问题。这就是我常说的"对他笑、给他倒杯水"的态度。老子说的"以德报怨"并不是懦弱，而是真正能解决问题的上策。

对待事情也是一样，不要哀叹、自怜，而是要珍惜逆境中能得到的收获，然后好好利用这些收获，主动出击。

这个道理，我们都会觉得自己也知道，但是为什么往往遇到具体事情时，就做不到。我们会想，谁能总是那么积极啊，哪有那么些力气去积极啊？

所以我想，这还不只是一个积极与否的问题，如果有更深刻的认识，那么

我们就不会觉得那样的积极是一种额外的累了。

我写过:"解决问题的黄金办法就是'布施'——付出你的关心、认可、智力、时间、服务,以及其他各种资源。或许,有问题,这就是我们"布施"不够的反映。每个问题只是个小提醒。"

说"布施",可能有人会觉得词用大了。其实道理真的是一样的。布施,俗话讲,就是付出。布施不一定就意味着捐钱。做慈善不一定非要用钱,我们能付出的还有很多:知识智慧、关爱的语言或眼神、方便他人的服务等。

我再换个现代的说法来表达。

现在都讲商业模式,我发现,付出——收获——付出,这就是人生的"商业模式",或者没准也是整个世界事物运行的模式。这个模式无处不在:先播种,再收获;先孕育、辛苦养育,再收获亲情,就是这么简单。

问题是,我们往往太在意收获了,结果就只盯着这个环节。我们总爱计较收获,很少计较自己究竟付出了多少。孔子说:"敬其事而后其食。"意思是要先恭敬做事,然后再考虑俸禄问题。没有因,哪来的果?

如果我们总能这样去想,能处处认可这个"商业模式",那就不会觉得积极主动是一种额外的累;我们知道,那只是事情正常的开端而已。凡事别先想收益,而是先想,自己可以付出贡献什么;有了收益之后,别忘了再想想,自己可以怎样继续贡献;如果对收益环节不满,有问题,那就回头查看一下,自己第一个环节是否做好了。

这样,就是按照正常的顺序去做了,就会很好。正是"物有本末,事有始终;知所先后,则近道矣"。这么做,不是刻意要做圣人、要行善事,只是遵循了正常的程序去行事,仅此而已。

另外,我们也不必目光敏锐地寻找机会去付出、做布施,其实我们每时每刻都生活在付出、布施的状态中。我们可以用自己的各种资源,随时发挥些作用、创造些价值、促成一些好的变化:聚会上活跃讲笑话,是在布施友谊快乐;和好友倾诉,是在布施信任;转发微博、微信,是在布施认同……

所以,不是一说付出、布施,就要想到很大的事情,就想那是多么崇高,和自己没有多少关系。对我们任何人来说,这都是贯穿一生的事情。想通了这一点,我们做事就会更顺利,遇事就更有办法,心情也更愉快。

想起多年前看过的一部美国电影叫 *Pay it forward*(《把爱传出去》),讲的是一个小孩，立志要用这种先付出的方式改变世界，他计划对三个人付出善行，要求这三个人每人再对另外三个人付出，以此传递下去……

如果追根溯源，我觉得，这种先付出后收获的人生"商业模式"，根植于一种富足思想。有富足思想的人，为人做事就遵循了这个模式；而顺序对了，符合规律，自然就一切顺利。

老子说："是以圣人后其身而身先，外其身而身存。非以其无私邪，故能成其私？"也是同理——当你关注的是付出，你个人的利益自然也就有了保障。

什么是富足思想，我总结，就是：认为世界上的资源是够用的，认为人本来就是有价值的。而很多现代人的焦虑，都来自一种贫穷思想，就是永远都觉得资源不够，并且随时感到自己在贬值。这样想，就会一心盯着自己的收益，就会有攀比、争抢，各种不安全感。

我们当家长，不同阶段就会面临孩子的不同问题。从吃喝拉撒、情商培养，到交友、学习。面对这些新情况，没有哪个专家或哪本育儿书能告诉我们每件事都该怎样做。那么，我们凭借什么去指导孩子呢？凭着我们家长自己的价值观、世界观，以及为人处世的人生智慧。

所以我想，如果我们自己有了这种富足的思想，能随时在小事上体现出来，那么，我们给孩子的，就不只是一种积极进取的人生态度，而是一种心灵的滋养。

如果我们能引导孩子少关注收益，多关注自己的贡献，那么放心，您的孩子在收益方面一定会越来越丰盛。

我们要让孩子感觉到，他所生活的这个世界，资源是够用的，他个人生活中的资源也是够用的，他不必不惜代价地攫取；他是有价值的，同样，别人也是有价值的，他不必有怕贬值的危机感。总而言之，这是一个富足的世界，我们有资本去付出。我相信，有了这样的感觉，不论未来他遇到怎样的人和事，他都会有顺利、充沛的一生！

2 万物的云图——以道育儿

我经常讲，先付出，再收获，这是人生的"商业模式"。我们也常听说，布施什么，就得到什么。那么，究竟为什么会这样？为什么舍即是得？

要想看清这一点，需要把眼光拉开，看到宏观全景。

如果站在卫星高度看地球，你就能看到云图变幻。如果把时间的尺度拉开，那除了云图，还能看到各种物质的循环流通。

与此同理，我们可以想象：你若站得足够高，时间跨度足够大，同样，就能看到这个世界还有很多难以直观看见的东西在流通，比如情绪的传染、观念的传播、文化的传承，还有各种能量的变化。你也能看到，爱、善意、利益、钱等等，也在流动。

倘若我们有某种精密仪器，能观测记录下能量、爱、金钱的踪迹，那么我们就能看到一个奇妙的"万物的云图"。金钱云图、幸福指数云图、垃圾云图、资源云图……这是一个大数据时代。

那么，金钱和爱在怎样地流通？是个怎样的循环路径？

老子有个简洁的回答——"天之道，损有余而补不足！"万物都如同水一样，循环、均衡，是大规律。"曲则全，枉则直，洼则盈，敝则新，少则多，多则惑。"

"故物或损之而益，或益之而损。"为什么？因为"万物负阴抱阳，冲气以为和"，这正如前面所说"舍即是得"。舍与得，是同一事物的两面，合而为一。"天得一以清，地得一以宁，神得一以灵，谷得一以盈，万物得一以生。"

局部的阴阳盈缺，从全景看，就是整体的流通循环，是损有余而补不足。

那么我们应该怎样做？你的任务就是不要让这个循环在你这里停止，你要顺应它，并且促进它流通。促进的方法就是主动付出，让你这里空掉一些，这样动力就产生了，就推动了循环。这就是顺应天道，这样才能更好地与世界相融，接近所谓天人合一。

这样看来，"天人合一"，即是——循道。

现在的社会，之所以"善无能""善萎"很普遍，是因为人们眼光狭隘，没有摆脱动物的特点，被生存训练得过于关注利益得失。在进化过程中，我们的身体是人，部分大脑是动物。我们常常只看到眼前在争抢的这些食物，看不到远处。

现在，看清了这个云图，你就会更加明白——你所拥有的这一切，都不是你的，你暂时借用而已，这样你会少一些执着。

无论对于利益还是善意，我们要做的就是感谢、然后把它们付出，给更多人，去推动这个庞大云图的循环。我们永远不是拥有者，只是个通道。这些都是浮云，在此处掠过！我们要让它们飘到气压更低的地方去。

如果固执于这些拥有，那就会造成凝滞堵塞，就会妨碍这个循环。这时，这个庞大的云图就会安排一些更大的事情，帮我们来推动（这并不是因为云图是高智慧灵性生物，这只是它本身规律所为，它蕴含了巨大推动力，好比水往低处流）——当然，这个帮我们推动的事情，很可能是我们不喜欢的。比如，俗话说，贪小便宜吃大亏。

3 成功，只是你顺应了大循环的自然结果

爱的流通比较好接受，刚才我把金钱和利益的流通也放在一起说，为什么？

我过去视金钱如工具，现在我又有了新的认识，看到了金钱的"神圣性"。我发现，钱似水，近道。开个玩笑，英语里就常用水来形容钱——cash-flow、currency。

金钱的灵性体现在，从大的尺度来看，钱是跟着爱和善意在流通，两者有依附关系，所谓厚德载物。《大学》中说："德者本也，财者末也。"是本末关系，是树干与树梢的关系。

比如，我们想想，成功是怎么回事，怎样来的？

成功是有效的善意服务的积累。你提供的服务，很好地帮到了别人，给别人带来了好处，这样你就成功了。善意服务，即是爱。服务得好，你就成功，你促进了爱的流通，金钱和利益的流通也就随之而来。

我们常说一句话：但行善事，莫问前程。善事是因，前程是果。按佛教的说法，你若带着善念帮助了别人，积累了善业，就可供未来享用。未来怎么享用，就是老天会加倍补偿，"天之道损有余而补不足"。

况且，前面说了，金钱利益，本不是你所拥有，所以不必关注过多。立竿见影，你只管去立竿，不必总操心影子。

成功，本不是我们要去追求的东西，只是你顺应了大循环的自然结果。

4 每天都能用上的黄金法则

前面说的这些，和我们具体有什么关系呢？我觉得，这是一种基本的思路，我们在每天每时每刻的事件上，都可以去应用。

比如，孩子生病，除了积极治疗之外，家长能做什么。保持乐观情绪？很多人说，那太难了，我乐观不起来。我建议您试试——可以想象，此刻，还有众多母亲也和你有同样的忧虑不安，我们要给出更多的祝福，去祝福她们和她们的孩子们。我们去观想，天下生病的孩子们都在恢复健康的景象。

相信我，当你能把爱心面向更多的人时，你就不再是脆弱无助的状态了，**你是博大而富足的。这种状态，正是孩子康复精神养分的来源。**

再如，家庭关系有问题，觉得家人对你不好，怎么办？去给关系账户里存款。如果别人心里的油罐更满，那么我们会更受益。我常说，去给婆婆买东西。

孩子不爱上幼儿园，让他承担一些责任，带去一些东西分享，第一个到幼儿园。

孩子学习不好，不是继续逼他学，而是让他教你，让他帮助其他差生或低龄孩子。

你对孩子老师的做法有些不满，那么，不要抱怨对抗，而是给老师更多的理解、支持和关心。这样，我们才能获得更多良好沟通的机会。同时我们也是给老师的油罐加了油。老师心里的爱如果满满的、能量满满的，那么这些爱他自然会再给到孩子们身上。

生意不好，想想，我们还可以怎样为消费者带来好处，让他们受益，而不是怎样打败对手，怎样敲诈客户；人生不成功，消沉，怎么办？去做义工当志愿者，去帮助别人。我看到有很多心理治疗师用积极心理学成功治疗抑郁患者的个案。

总之，正如过去所写过的：**主动付出，是解决问题的黄金法则。**

我们不仅仅是因为满溢了才付出。付出是前提、是方法，是在你匮乏时帮你走出困境的最佳办法，付出就是我们创造世界、创造自己命运的途径。

5 请把你的孩子放在主动的位置上

培养孩子的秘诀，就是想办法，把孩子放到主动的位置上——让他主动做事，有内在动机。

家长为孩子操心的所有事情，大多源自没有让孩子处于主动的位置——抱怨孩子啃老，因为没有让他从小自理做家务；抱怨孩子学习不好，因为没有让孩子探索自己的兴趣，从而为了兴趣而学习；抱怨孩子婚恋问题，因为在孩子幼儿园小学该锻炼交往的时候，让他忙着去补习班；抱怨孩子找工作难，因为没有从小引领孩子了解世界，发展职业兴趣；抱怨孩子与同事和家人关系不好，因为没有让他从小多想着关爱服务别人……

我写过的教育类文章，有一半是关于品格的，另一半是关于内在动机的。这关系到孩子未来的成功和幸福。

我对我女儿就是这样，凡是她自己在主动忙活的时间，我都觉得非常有意义，不担心她没用这些时间学识字数学。有了内在动力，以后她会学得更快。

要想孩子未来成功，家长要引导的思路不是看哪个行业有前景，哪个职位高薪，谁走什么路子现在发达了。而是带孩子这样去想：你有哪些能力可以发挥？你可以怎样让别人生活得更好？你看周围有什么需要改进的，同时也恰好和你的优势相符？你所能想象的更好的世界是怎样的？

孩子要结婚，不要总想着对方能如何照顾你的孩子，总觉得自己孩子找谁都吃亏了，而是要问，你的孩子可以给两人的婚姻幸福做哪些贡献。

这是一种积极主动的人生态度。

前一段毕业季，大家都在议论大学生找工作难，我想这太正常——如果没有从小进行职业教育，没有创业尝试，难道指望孩子们一毕业就自动有了职业目标和工作能力？

或许我们在为孩子未来工作着想时，可以参考这样的途径。

幼儿园：自理、关爱家人；小学：自理、分担家务、帮助家人、关心社会社区、小规模的社会实践；初中：分担家务、义工体验、成型的社会项目、创新创业构思；高中：义工、创新创业项目；大学：义工、创业。

孩子工作的能力和思路都不是大学毕业了，到了就业季就自动爆发出来的，而是从小培养的。能力，从自理开始；思路，从关爱家人开始！

很多国家的孩子都是，从学生时期就开始锻炼，积累了做事的经验，提升了各种能力和素质。美国有研究表明，儿童时期的工作能力，能准确预测成年后的事业和婚姻。这个"工作"，是真的有偿做事。我们的孩子如果在上学期间一片空白，毕业时，在工作方面没有任何原始积累，那就错过了很多教育的时机，成为教育的半成品。

所以，对于担心孩子做事会影响学习的家长来说，我们要清楚一点：做事，就是最好的学习。家长要做的，就是帮助孩子进入体验式学习的状态，给孩子机会，让他在做中学！

总之，这里讲的，并非仅仅是如何养育孩子，而是一种可以帮助我们和孩子，解决各种问题，走向成功与幸福的人生智慧。

 童言妙语

"我说点客气话吧！"（五岁半）

睡前给孩子讲完两本书，她非让我再讲本长的，我说："没时间了。"她蹬腿喊"不行不行"，然后滚个来回说："这样吧，我说点客气话。"我洗耳恭听，她看着我认真地说："你很有教育力，很有天赋，（游泳时）水感很好，这算不算客气话？"——我只有再讲一本了。估计她想起我过去说的，你要是求人帮忙，说话客气比较容易成功。

第十八章

做内心强大的家长

1 你和孩子都比你想象的更强大——写给新手妈妈的一些话
2 妈妈强大的第一步：减少心理能耗
3 妈妈强大的第二步：接纳自己
4 我们如何变成状态饱满的家长
5 一生只有一件事

1 你和孩子都比你想象的更强大——写给新手妈妈的一些话

生完孩子，如果你感到情绪有些低落，看着孩子也没像"应该"的那样欢欣激动，孩子似乎也不是"应该"的那么可爱，带给你的更多是担忧和无助……那么请你知道，你非常正常！

国外专业的数据是，产后抑郁比率至少为10%。我猜，每个新妈妈都免不了有各种无助感，这不是你的问题，只是生理反应（当然如果有严重抑郁，请及时就医）！如果家里对坐月子要求严格，家庭关系复杂，那么或许你在生理上的不适之外还要面对更多的东西。

记得我刚生完孩子那几天，感觉糟透了！身上流着各种东西、肚子上有刀口、尿不出来……最糟的是，我顾不上孩子。她躺在那里，大家围着照顾，似乎没我什么事！我心里其实指望她能对我笑笑，不打个招呼至少也给我一个含情脉脉的眼神……后来有一些天，我总梦见各种为孩子担忧的梦：自己玩半天忽然想起一个月没给孩子喂奶了！我怎么把孩子揣到口袋里她不会闷着吗……这种梦做了一些天，之后慢慢消失了。后来我明白，这些梦只是当时焦虑的体现。

生孩子前，我爸安慰我说，女人生孩子应该是本能的事情，过去就在家里生，动物都是自己就生下来了……后来带孩子久了，越发体会到这些话的含义。现在铺天盖地的育儿经，容易搞得新手妈妈过于谨慎胆小，生怕哪样做错把孩子养不好。我的建议是：当您真的面对孩子时，把所有那些信息都放在背景里，不要太当回事，大胆地听从自己作为妈妈的直觉，用你的本心去对待孩子。不论你对自己怎样挑剔，在孩子面前，你就是他最好的妈妈，你真心给孩子的爱就是他能得到的最好的养育。

只要你本色地去爱他，那么你所担忧的各种养育细节，通常都不会对他的成长构成很大影响。孩子没那么脆弱，反倒是，家长做得太完美就会剥夺孩子锻炼的机会。我妈有好几个弟弟妹妹，她讲，那时大人干农活，孩子就放在地里垄沟上。现在她的弟弟妹妹也都生活得很好。过去多少年间，世界各地各民族，孩子都不是像现在这样被养大的。孩子常是在妈妈的背篓里伴随妈妈做各种事情，颠簸中，睡着又醒来，妈妈没有在挖空心思研究孩子的睡眠问题。困了就睡，饿了就吃，会有睡眠问题和不吃饭的问题吗？

我当时曾经和一个朋友交流，她是大学美术教师，比我先几个月生孩子。我那时一个人带孩子，常常很不适应地想：这何时是个头啊！她说："放心吧！以后会越来越好的！"这话给我印象很深。后来事实证明，真的如此。我女儿五个月大时，一次我俩坐沙发上，她还坐不太稳。忽然，她的小脑袋猛地靠向我，开始我以为是她没坐住倒了，但马上发现：那是她在和我亲昵，往我怀里拱呢。这个瞬间让我觉得一切都值得！

相信吧，你的孩子会越来越好！他会某一天突然被你逗得哈哈笑个不停，他会自己抱奶瓶，会和你开始沟通……以后，他会一天天长大，说出你想不到的有趣的话，做出各种让你有成就感的事情。而你的生活，也会越来越好。你不仅很快就会恢复体型重新开始穿漂亮衣服，你更会随时感受到自己脱胎换骨的成长。如果此刻你感到无助，请别担心，很快你会变得难以想象的彪悍勇猛，鳄鱼来了你敢去扳开它的嘴，天塌了你有力气顶住……转眼间，你就从一个小女生变成一个顶天立地的大人。

初当妈妈，孩子很容易就变成我们的全部世界，变成我们宇宙的中心。这很正常，母性本能使然，你就是他在这个世界上的保护神！

但是，这只是你的小宇宙。在外面，世界照常运转。或许你身边有个老人攒了一辈子育儿经验，就等着现在发挥出来并得到认可。或许老公对你有些许对妈妈般的依恋，此刻正感到几丝莫名的被冷落。你的老妈也许爱你胜过爱你的孩子，她指望你对自己再好点，否则的话，她就会扑上来对你好……每个人都有自己的角度和理由，都在坚持自己的正确！

这些都会让你感到压力。化解的好办法，就是努力去看到他人的角度，平和地以最大的善意去理解。

原则的事情，你要去坚持，比如感冒发烧不能捂，要物理降温。不是原则的事情，就含糊一些，力所能及地和稀泥。你多喝一口汤，孩子好不容易哄睡着却被吵醒……从长远来看，都不是事。妈妈乐观、家庭和谐，对孩子却重要得多。

其实你可以这样看待自己：你不是个既受累又被众人挑剔批评的角色，相反，你是你孩子育儿团队的领队。调动你身上的领导力吧，带好这个团队。另外，你这也是在教给孩子正面积极地诠释周围世界啊，孩子虽小，其实什么都懂。

新手妈妈的压力或许最多来自：对未来的不确定性和无助感导致的担忧，紧绷的神经没机会得以放松。所以，首先你要时刻告诉自己：相信自己，相信孩子，他一切都会很好，他会很好地长大。

这种信任将是你今后育儿路上的法宝——气度决定格局。当你的心彪悍起来，你认为他很好，他就真的会好。

然后，想办法安排好生活，给自己休息的机会。休息不只是身体上，更多是让紧绷的神经缓一缓。你给自己油箱加满了油，才能给你的宝宝以力量。

当了父母，我们就对孩子有了过多的想法：希望他拥有我们所知道的好，避开我们所经历过的或看到听到的不好。简单说，这两个想法，一是执着，一是抗拒，都是引起焦虑的根源。

我现在对孩子的态度，如同我对他人和世界的态度：尽力去做我们价值观认为的好；同时，在更高的层面，我认同两个方面的一切。

这种态度也是基于一种谦卑心：我只是个妈妈，我假装是个神，但实际当然只是个力量有限的凡人。我尊重自己的局限，尊重孩子自己的命运和生命，尊重世界背后未知的巨大力量。

如此，我可以很心安地做个尽可能好的妈妈，孩子也可以很心安地做他自己。

2 妈妈强大的第一步：减少心理能耗

或许每个妈妈最难受的时刻，不是辛苦劳累时，而是觉得自己做了很糟糕的事情之后，深深自责的那个时刻。我们为大大小小各种事情而自责、内疚：忽视了孩子感冒迹象，喂奶月份不够多，出差不能陪孩子，早晨起床催促训斥孩子，晚上让孩子脸上挂着泪珠入睡，逼孩子学东西，在孩子喝水时间话导致他呛着……

有时，如果前一晚和孩子生气了，那么妈妈可能第二天上班时都在想着这事，一上午阴云笼罩。我们常常因为一些小过错就给自己来个"心理判刑"——自我囚禁若干时间，直至找到机会"赎罪"。

☆ "内疚自责"最耗能量

曾有心理学家给人的各种情绪按照能量级别排序，其中，"内疚自责"仅次于"羞愧"，排在倒数第二位。可见，这是一种杀伤力极强的情绪，它会造成很大心理能耗，让人无力向前。妈妈们经常感到自责，除了因为母爱之深，也和"好妈妈"这个概念有关。"好妈妈"，就像"人家的孩子"一样，是个我们永远都无法企及的虚拟人物。广告里、杂志上、电视中、周围人的嘴里讲的，到处都是"好妈妈"，唯独我们自己随时都在犯错。

所以，要想少自责，就要看清，没有完美的"好妈妈"，也没必要做完美妈妈。你的小失误，或许正是孩子的偏得。在你的种种不周到、不完美中，孩子能有更多成长，能变得更强大。**不完美的妈妈才是好妈妈，每个妈妈都是好妈妈！能宽容、接纳自己，停止自责内疚，我们才有心力去宽容接纳孩子。**

☆ 停止自怜

有时人们以为自怜是在爱自己，其实正相反；要想爱自己，就要停止自怜。构成自怜的有两点：第一，我的处境很糟糕；第二，我是被动、无助的，一切都怪别人和外界，我不该为此负责。这是一种受害者心理模式。自怜的不好之处在于，它强化逆境和负面信息，培养了无助，让人不能转念并积极地寻求办法。

我见过那种自怜情绪严重的老年妇女，她们能把任何一个中性事件给套上自怜的解释；有时，甚至仿佛她们要特意制造受虐情节，成功地让自己跳进受害者角色里，然后她们好坐在那里自怜自艾，这才满意。人都是要自我证实、自我实现的,每一次自怜过后,你都会不自觉地去创造逆境,以证明你的自怜是有道理的。不自怜,就是能从积极的角度去解释事实,并且对发生在自己身上的事情负起责任。

☆ 少受外界评价影响

每天我们都会受到各种外界的评判——对你养育孩子的方式;对你的衣着打扮;对你的职位收入;对你开的车、你用的手机……如果我们的内心不够坚定、清醒,我们就会像个小船一样,被这些评价的浪潮冲得忽上忽下没有片刻安宁。

外人的评价多是盲人摸象。比如亲戚来做客批评你不管教孩子,因为孩子这顿只吃青菜不吃鱼肉蛋。你知道这是因为孩子早餐吃了很多蛋白质食物,而对方并不了解这一点。这样的事,或许我们还能很好地处理。其实,所有的其他事情,何尝不是一样的呢?你的外观、职业、学历、收入、老公(老婆),等等,都是自有原因,外人哪里会都清楚?

少受外界评判影响,就是——不因为别人的信息不足而不悦、而惩罚自己。孔子说得精练:"人不知而不愠。"不愠的前提是,我们自己要足够自知,要清楚自己是谁、想做什么、在做什么。有了自知,我们就可以少依赖外界的参照。

看清了,才能看轻,然后放下。这样做久了,熟练了,慢慢地应对能力就提高了。

3 妈妈强大的第二步:接纳自己

今早手机没电了,闹表没响,我晚上熬夜,就睡过头了,孩子还非要像往常一样吃点什么,小区门口又堵车……总之手忙脚乱,到了教室门口,发现别人基本都吃完了。小朋友们蹦蹦跳跳地自己去找本书,在小椅子上坐下休息,我女儿一个人在饭桌上吃早饭。我当然感觉很不好,立在那儿痛苦片刻,老师走到门口笑说:"阴天孩子不爱起来是吧?自己吃饭有点没意思哈。"我忙说下次一定早点来,然后赶紧退下。

出去时转念一想,估计孩子一定没有我这么痛苦。她的感觉可能比较中性——品尝食物、看到某本书的封皮、被谁的表情或新衣服吸引、感觉肚子渐鼓、然后决定早餐结束……她在中性情绪中,逐渐把自己从半迷糊状态调整到幼儿园状态。这么一想,我一面体味着心里隐隐的羞辱感和挫败感,一面对她的混沌蒙昧产生了某种轻度膜拜——对于一个像我这样被严格要求长大的人来说,这是要经过多少修炼才能达到的状态啊。

我看过美国一位女性社会学家讲述自己科研经历的演讲视频。主人公历时六年,考察了N多个案,研究"羞辱感"。其间她出了一本书,写了若干论文,最后,她被"脆弱"这个概念给绊住了。

她发现,那些真正情商高的人、生活中幸福指数高的人,并非是外人眼中的强人,而是那些比较真实的人。他们戴较少的面具,承认自己的脆弱,敢于不计回报预先付出情感。好笑的是,这位社会学家是个强人,她跟"承认脆弱"有点过不去,她感觉自己在研究过程中经历了某种崩溃(从积极的角度,崩溃也可被称为"心灵觉醒"),为此她去接受了一年心理治疗!

如果我们太强了,强到都不敢承认脆弱,那才是真的脆弱。

要接纳自己,明白容易,做到难。为什么难?因为我们在长大的过程中,一直在被要求、被评判、被挑剔,我们把这些内化了,就学会了要求、评判、挑剔自己。套用育儿的话说,就是我们学会了"有条件地爱自己"。我们这样对待自己已经很久了,要想改变,还真得有意识地去做。

接纳自己,这样做可以让你减少心理能量的消耗。对自己、对别人,都是这样。

当我们不接纳自己时,我们心里的羞辱、责备、挫败的感觉,都是阻力,它们需要耗费你很多心理能量去中和抵消。我们都得承认的事实是——在你感觉好起来之前,其实你做不好什么事情。

对别人更是如此。当我们对孩子、对老公、对同事朋友不能接纳时,就是说,当我们用自己的标准和条条框框去评判他们,而不是接受他们现在的样子时,我们就引发了他们心中的自卫反击战。而只要他们把心思放在了自卫反击上,他们就错失了自动变好的能量和时机。如果我们接纳他们,我们就帮他们保存了这些能量,这时,他们更能听清内心良知的声音,更能看清正确的方向,更容易发挥潜能,所以,他们反倒会更快地变好。

怎样去接纳自己和别人呢?我想,不是放弃标准和要求,而是肯定自己和别人固有的内在价值。我们仍将继续努力去提高,但是我们不会因为那些瑕疵而感觉不好。如何肯定自己的内在价值?

我的策略一直是,不要抛弃铲除小我,而是把小我当作孩子去安抚。当你对自己感觉不好,当你觉得工作量不够,或者表现不够出色,因此感到自己不配休息、不配快乐、不配被肯定被尊重时,把自己当个孩子,对自己说:你是个好孩子,无论你做得怎样,我都爱你。你有一切权利去失误、不完美。你可以把事情放一放,去吃个雪糕、冲个澡吧,放心,你还像过去那样好……

这些,对于追求完美、期待完美、害怕因自己的失误而影响孩子的完美的妈妈们来说,尤其重要——只有妈妈们先接纳了自己,然后我们才能真正去接纳我们的孩子。

4 我们如何变成状态饱满的家长

很多家长不知怎样跟孩子玩,发愁自己没有游戏力。我们当然可以学一些小游戏,但是,归根结底,真正起决定作用的,不是这些玩法,而是我们这个人——我们是否有一颗玩心,能处于游戏的状态。如果您是一个有玩心有乐趣的人,那么,生活随处都是游戏,整个世界都是个大游戏场。否则,即便我们学到了无数种游戏,孩子也会感到无趣枯燥。

所以,我常常想对大家说:不论您觉得孩子有多少问题,您都需要有一些时间,放下孩子的事,好好关照自己。这不是浪费时间,这恰恰可能是您没意识到的一个解决途径。

我们,是孩子的土壤。

下面分享一些我觉得很有效的做法,可以帮您改善自己的状态,变成传说中那种能量满格的家长。

✪ 休息

我们常感慨：如果我不累，那我也是个有游戏力的、油罐满满的好家长。所以，改变的第一条非常简单——休息。

那天晚上十一点躺在床上我写："当一个人累成狗时，他真的很容易像一只恶犬，对满世界都回以狂吠……所以，累了就好好休息睡个好觉吧，醒来，又是一只温柔可人的小猫。"

尼采也说过类似的话："你若是觉得自己不中用，或是开始憎恶他人，那便是你疲惫不堪的证据。这种时候就该立刻休息。"

这，其实也是我常说的油罐原理——你总要先把自己弄好，满血复活了，重新做回文明人了，你才能有余力给予别人。

请您不仅自己要记得这个道理，并且，请一定要把它讲给孩子、孩子爸、其他家人听，得到他们的理解和支持。

✪ 多做身体运动

您可以独自运动，也跟孩子一起运动。做各种有肢体动作的事情，通常都会有助于改善心境。

我们平时都像是生活在平面国里。身体的运动，会把我们带到一个更高的维度，让我们以不同的方式去思考和感受。头脑本来就只是身体的一小部分，现在它被赋予了过多的任务和重要性。身体的活动，会帮我们记起自己是个完整的人——我们已经把自己头脑以外的身体遗忘太久了！

✪ 做一些自己喜欢的事情，宠自己

我们常常忙得都不知道自己究竟喜欢什么了。停下，想想，什么事情会让你满足。生活中，一定有一些属于我们自己的"小确幸"（微小确定的幸福）。你喜欢的事情，就会滋养你。

✿ 学会给自己的情绪清零

通常,我们的情绪是绵延弥漫的,我们常常像陷入泥沼一般,沉湎于某种情绪里而不自觉。然后,这些情绪延伸至我们的下一件事情,所有的事情,乃至我们身边的人身上……

我曾跟孩子发明了一种"变脸"的做法,就是当两人不高兴、互相爆发过后,我们说:"好了,现在开始变脸吧。"然后我俩像京剧表演里那样,用手在脸上掠过,让表情和语调恢复常态。这样强制地转念后,通常也就真的转念了。

我想,我们也要学会,给自己的情绪变脸、清零。一事一清,随时回到平和愉悦的预设状态,以正念来过每一分钟。

✿ 你可以随时决定让自己转念、开心

我闺女曾有咬手指甲或抠手指甲的恶习,她也想改变,但是,当她又咬或抠时,我提醒,她却不能停下来,似乎是:反正已经开始,总得进行下去。我说:"现在停止,就来得及。总比继续要更好……"

我们的情绪也常常如此。有时,你经历了非常糟糕的一上午或一整天,此刻仍然在愤愤或郁郁的状态里。似乎,这一天已然搞砸了,无可挽回了。但是,就在此刻,就在任何一个你意识到这一点的那一刻,其实你仍然可以选择让自己开心起来。任何一个时间点,都不晚,都比不转念要好。

无论之前发生了什么,你仍然可以对此后的每一分钟负责。

✿ 让自己变得更真实,接纳不足与不完美

我们的人生,不在社交媒体、朋友圈里,而在当下。

我们的种种不完美、遗憾,都是我们完美人生的一部分——只要你允许它们存在。

而这种对自己不完美的接纳,其实也教给我们一个道理,那就是——不要随意评判别人,要接纳别人的不完美。

当你能抛开这些自责、不满、挑剔和评判,你的心才可能轻快起来。

✨ 接触积极乐观的人和资源

接触这样的人，看一些这样的书、影视、媒体信息……你可以按照你的意愿，来给自己构建一个能提供情绪支持的小生态环境。

没有跳舞的一天是浪费了的一天，没有大笑过的一天同样也是浪费了的一天。

✨ 开点儿玩笑

记得闺女几个月大时，我抱着她，在地上遛。我用夸张的播音腔对她说："吃——奶——，睡——觉——……"她被逗得咯咯地笑。后来，随着她长大，我可以越来越多地开一些她能理解的复杂玩笑了，这真是超级有成就感的事情。

我们的玩笑，可以让孩子发现，事情有这么多角度。你可以把世界颠覆来颠覆去，它就像一个水晶球一样，有无数个面，变幻莫测。

✨ 保证每天有机会自己独处几分钟

我们每天的大部分时间，都处于某种关系或情境中。所以，你一定要保证有一些独处的时间。在这些时间里，你可以看书、做喜欢的事情，可以想想、在笔记本上写写，可以感受自己的身体……

花一些时间独处，不仅可以深入探索自己，更能理清思绪，记起什么才是更重要的！

✨ 你需要主动做一些事情，不论那是怎样的小事

我们要尝试对这个世界发出一些主动"攻势"，这可以是各种小事：给别人一些赞美或激励，提供某种帮助，主动提出承担一点什么任务，建一个社区家长的微信群，跟不熟识的家长主动搭话聊天，买点水果送给朋友同事……

你的每件小事，都在改变你的大脑，进而改变你与世界的互动方式。你主动做的每件小事，都在给你增强力量感和掌控感。做多了，主动地生活就变成一种自然的状态了。

✪ 尝试新事物、新习惯，做一些小的改变

我看别人跑步看了好久，最后终于，在陪孩子玩时，我也开始随意跑跑。然后我发现，这会带来很大变化；而且，这个开端，其实不是那么难。

我们不能总是把今天过成昨天。每一个小的尝试，都可能打开一个世界，让你的生活从此不同。

✪ 接触大自然与艺术，阅读文学等"闲书"

我常在微博转发一些好看的画、好听的音乐。有时提一提看过的闲书。这些跟育儿无关，只是希望这些分享能提醒朋友们，把头脑从孩子的问题中摘出来，或许，外面世界的各种美好，恰恰会改善您的状态，帮您变成更好的自己。

✪ 对父母表达你的关爱，给家人亲情账户存款

有时，做了，你才会发现：对父母表达你的关爱，就是在满足你内心最深处的一种需求。不要计较表面的那些事情。对父母好，这不是道德要求，是我们自己心灵的渴求。

给家人的亲情账户存款，是明智之举；想到，就要随时做——趁着你此刻还有余额。

✪ 不要被经济压力困住头脑

很多人心境无法轻快起来，是因为有经济压力。经济上的拮据，让我们觉得好似有沉重的担子压在身上，逼迫你要一直埋头赶路，似乎任何一点玩乐，都是耽搁浪费。

但是，研究者发现，穷人更容易继续穷，那是因为长期忧虑经济困难，会使人的头脑"带宽"变窄，让人思维受局限，看不到机会，无法创造性地生活。金钱或时间上的稀缺，都会对人的心理和思维造成类似的影响。

所以，我的建议是，我们可以制订一些应对办法，然后，把这事放在一旁。

不要让经济压力时时影响你的生活状态。你可以转移你的关注点，在低消费的生活中，也感受到充裕富足。

我不会卖特别贵的课给家长，因为我不相信学习或分享育儿与个人成长，需要经济门槛。同理，我也不相信，享受生活、有轻松愉快的心境，也需要经济门槛。

开心是免费的！

✨ 凡事多留出一些时间

我们的焦虑常来自于一个简单的因素——时间压力！请记得，差不多所有事情都比你所预期的要花费更多时间。留出一些时间，就是给自己留出一些机会，避免狼狈、暴躁和恶性循环。这就好比，你不会只带着刚好的钱出行。

时间其实没那么紧，你其实不必那么急。人生里，都是那些时间，我们只需努力把每分钟变得更有品质就好了。

✨ 事情通常没有你当时以为的那样重要

我们的焦虑常常来自这些：计划被打乱，错过、忘记或搞砸一些事情，本应做好却阴差阳错没做好的事情，不完美、遗憾、囧……

其实，当你一年之后回头来看，你会发现，这些没有你当时感觉的那样重要。它们没有那么多不良后果。即便在当时，也没有全世界都在盯着你、嘲笑你。而真正的不良后果，倒是来自我们当时那些糟糕情绪的连锁反应。

学会拥抱不确定性，事情可以有变化，我们只需谦逊地、耐心地去发现这变化的道理和好处。

学会拉开镜头，把现在的事情放在更大的时间尺度里去看待。

在糟糕的时刻能够 hold 住，这才是优雅！

✨ 关注宏观的世界

当一个人沉浸在自己的负面情绪中、无法转念时，有一个比较有效的办法——把自己的关注点调整一下，去关注更宏观的世界。

整个世界，每天有那么多事情在发生：有天灾人祸，有科技进步，有大自然变迁，有商业金融风暴……而所有这些，又都发生在宇宙里毫不起眼的这颗小星球上。此刻，你还确定你刚刚在烦恼的事情，真的那么重要吗？

✪ 关心别人，为他人付出

这是我所认为给自己加油最有力的途径！

请记得：就在你以为自己已经匮乏、亏空的时候，在你以为自己需要得到更多的时候，你要选择去付出和给予！这不仅需要勇气，更需要的是智慧——懂得这个道理，你自会有勇气去尝试了。

✪ 找到自己的目标，过一种积极投入的生活

在低迷和缺乏动力时，我们要多想想自己的目标与愿景。这个目标与愿景，大概不会是我明年一定要挣出出国旅游的钱，而是我希望经过我的努力，使世界的哪个部分会变得更好。前者容易导致你越发自责和焦虑，后者会让你不纠结自己此刻的得失，获得新的力量。

✪ 记得多多微笑

最后，无论怎样，我们都要记得多多微笑。微笑，不仅仅是对别人表达尊重，更是一种对自己的命运和境遇的尊重。

我一直都说，我们要多放下孩子的事，关注自己。真正的轻快与力量，来自我们多放下自己，去关注他人和世界。

当你不总抱着自己的那些得失纠结和烦恼时，你才是轻快的，你才能散发出清新、温暖、玩乐的气息！

5 一生只有一件事

我目前正在践行一种很好玩的生活方式。

比如说花钱。在我看来，这是这样一件事：去选择自己认为付出了努力和智慧、有诚意的商家，购买他们的产品或服务。买东西或服务，就是我们用自己的钱，表达认同、支持、感谢和祝愿。希望我们的钱，带去了这些，帮助他们继续把好的产品和服务变得更好，给到更多的人……

那天我提到一些很有特色但经营状况不乐观的书店。一位朋友说："我每次进到这些书店，都会或多或少花点钱，因为我怕他们经营不下去……"的确就是这样，这位朋友在这个书店里花的钱，就是放了自己的心念在里面。

那么，这么做，对我们自己和对方，究竟有什么作用，将会带来什么不同？我无法用"科学"方式说清楚。但是，我对此的感觉是，这同我们总觉得被骗了、吃亏了去花钱，有天壤之别。

还有一位朋友说："我结婚时去买礼服，在实体店买的比在网上贵不少，我很郁闷，我老公说结婚是喜事，让人家开开心心地做生意挺好。我觉得他的觉悟真高！"是啊，我也会这样去想，因为——与多花的钱相比，我们予人的祝福和收获的祝福，或许价值更大。

结婚是喜事，平时的每天也都可以当喜庆的日子去过啊！

我想，我们平时的很多做法，比如货比三家、精打细算、维护权益等，不是说不要，我也会做这些，但是，我觉得这些不是全部。我认为，这个世界上，除了我们看得见摸得着的钞票、收支平衡、产品这些之外，还有很多隐形的东西存在，它们是意识，是能量，它们不因我们看不见和忽略，就不存在，不发挥作用。所以，有时我们只看到了表面上的收益，却不知，在这些隐形的东西上，是否损失更大。

以如此的心念去花钱，那么，你所有的钱——或者说，此刻恰好流通到你的名下、暂时归你支配的这些流通货币——都是你这辈子宝贵的慈善资金。我们每天，在用钱来换回商品和服务时，顺手也是在做慈善、表达自己的心意、参与创造世界。

购物，不再仅仅有乐趣，而且变得有意义。

挣钱也是同样。我们寻找、选择、创造出某种能够利用我们能力和天分，能以某种独特的方式给世界带来好处的事情；做的同时，顺便还能得到别人的认同和支持，使得我们可以持续发展……

钱，其实就是这样一个大游戏中的游戏币。我们认真去把这个游戏玩好，时刻记得去感受游戏的本义，这样就好，不必太多在意游戏币的多少和来去。

除了花钱，生活中还有其他很多小事也是一样，我们完全可以用自己的心念，让这些事情变得不同。

比如，我做饭，这不是单纯地干活，而是在用这种方式表达对家人的爱；扫地，我希望整洁的环境给生活带来美好……

前几天，孩子的班级搞讲故事活动，让孩子们讲英雄的故事。我计划在办公室电脑上，把几个故事整理成文档，打印出来。如果仅仅把这看作是一个给我增加一点劳动量的琐事、一个小麻烦，那么我会嫌烦、会拖延和抱怨。但是其实不是这样，这是我在帮助女儿把这些故事传播给她的同学们，让更多的孩子听到，万一，这些故事能打动其中某些孩子，对他们一生有些好的影响呢。

那天，照顾我爸的保姆回家了，我妈自己把几个锅都擦得锃亮，边擦边说："我给这些锅都开光了！"哈哈！

我刚才说的这些，也好比是：我们随时都在用自己的心念、意识，给所触及之物、之事开光。用这种方法，你可以让你生活中的每件琐事都饱含深意、充满灵性。

我们每天有选择和取舍地去做事，不滥施自己的注意力。那么，对于所做之事，我们不是机械化麻木地去做，不是混沌地被卷入，而是记得事情的本意，记得赋予它意义。这种清醒、有意识，是我所认为的"觉知"的真义。

必须说明，我觉得，这不只是对自己的心理调整方法等，这也不仅仅是在改变我们自己。我认为这是在调动你的最大力量，在改变世界。我们每个个人，跟世界无法分割。而我们的所为，反过来又会实在地影响到我们自己。

这也不都是境界的问题，而是我们是否认为人的意识可能是有价值、有能量、有巨大影响的问题。如果认同，那么这些做法就是自然的，是哪怕只为我们个人利益也要这样做的。

现在都在谈"转型",我想这是我们人生最明智的转型方式。

想起过去给孩子讲过一个绘本,叫《花婆婆》。里面的花婆婆每年春天,都在兜里揣很多鲁冰花的种子,走到哪里,就撒播到哪里。她在完成这辈子的第三个目标——做一件让世界变得更美丽的事情。

我想,我们也是同样!每天,我们随顺周围的各种机缘,同时也创造性地发展出因你的存在而产生的新的机缘,去用心念来为善。生活里,随处都是你为善的机会,都是你播撒鲁冰花种子的好地方。

我们的一生,似乎做了很多很多事情,但其实细想想,如果这样去过日子,那么一生里所有那些事情,实质都可以是这一件事——像花婆婆那样在播撒你心念的种子。

并且更好的是——你的一生都是在春天里!

 童言妙语

"爱是一个个种子不知飞到哪里……"(四岁半)

睡前问她爱是什么,她刚进屋,听到后信口胡乱唱起来:"爱是喜欢一个人,爱就是随时都在身边,爱是一个个种子不知飞到哪里,爱是一种说也说不出的感觉……"然后停唱,正经地说:"我不知道爱是什么。"

| 后记 | EPILOGUE

此刻即是最美

有了孩子,你的世界就重启了!

时间,变慢了。日子开始以吃奶睡觉来计算。日期,变成天数、月龄。夜,变长了。那些哄孩子睡觉的下午,房间里只有闹钟的滴答声,窗帘被风吹起舞动。

现在想,所有的父母,原本过着种种生活,或年少轻狂,或历经沧桑,有精彩、有失意,也有几分肆意、潇洒、傲慢任性、无牵无挂……然后,突然在这一刻,孩子到来了!你的旧生活,瞬间全被格式化,所有的一切,都重启了!

我们来到一个全新的时空。

这里仿佛退回到石器时代,一切缓慢、原始。孩子似乎蓄意要带领我们,重温漫长的人类进化之路。

她藐视你的专业资历,把你的各种世俗的资本都踩在脚下。她嘲笑你们这些大人的严肃和自以为是,挑战你的理性和各种"观"。她用屎尿和哭声挑战你的矜持,用不断增长的体重训练你的肌肉筋骨。你很怕放下就醒,于是练就一身好轻功……

她那么轻易地,就颠覆了你的整个生活,然后在那无辜地看着你笑!

我们从各自的高度,落到地面,变得谦卑、驯服。然后,我们一边修炼,一边开始偷偷地盼着。我们盼孩子会抬头翻身、会坐、会爬。我清晰地记得自己当时想,何时,孩子自己能走路了,我拉着她的小手一起走,那时就好了。然后盼着,断奶就好了。又盼,上幼儿园就好了。分床就好了。上小学就好了……

现在，我女儿七岁了。

那天晚上，在夏夜的凉爽中，她穿着吊带纱裙，露出胖乎乎的肩膀和胳膊，我跟她搂抱着。幸福之中，不禁想：多年以后，她已长大我已变老，这肉肉的感觉，我也依然会记得吧！

那一刻，我猛然回想起上面的那些盼头！我发现，似乎永远只有在回头看时，我们才会明白：原来，我们生活中的每一刻，都是你这一生里最美的时刻，包括那些空前超重的身体被一口一口吸空的时刻！

所以别再只是盼着了，因为，此刻足够美好！

你的每一刻，无论你当时以为它是多么糟糕，其实都太好，都可以被装入相框挂墙上！都好得足以让你害怕它会褪色、淡掉！

此刻，无论你在哪、穿着什么，正在忙碌还是疲惫或是狼狈……你都可以换一副心情——以盛装的心情来对待这一刻！你正生活在自己的大戏中。你的每个瞬间都可以被隆重起来。

不只是与孩子、家人，我们每日的各种相遇，或许都有无尽的渊源可以追溯。我们每一刻的所见所闻或许都意味深长，我们自己的所言所为或许都影响深远……所有这些，使得你的每一刻都有神圣的一面。

我们所期盼的、所梦想的、所等待的、所追求的、所不敢奢望的……所有的一切，不在别处，就在此刻！

此刻，即是最美！

罗玲于沈阳家中
2015 年 12 月 23 日

附录 | APPENDIX

受益家长真情反馈

每次我在育儿路上遇到困难时，都会翻看罗老师的微博，她的话语不是鸡汤，而是实实在在的干货，是你实际操作的最好指引，她会让你明白如何做父母才是合格的。孩子本没有错，只是你不会做父母而已。

努力的兜兜

一直看罗老师的微博，从这里学到平和地对待身边的人和事；顺其自然，自然会给你惊喜。育儿方面要顺着孩子的身心成长规律，帮助他，而不是管制他，孩子就能长成他本该成为的样子，独特而出色。

嘻嘻 1996788595

罗老师的育儿经，除了接地气，更是有一种恢弘而又润物细无声的气息，让忙碌、焦急、烦躁的现代父母，学会静下来、慢下来，把握好养育大方向，和孩子共同学习成长。

hei-jude

罗老师的文章是从实际出发，面对孩子的种种问题。从大方向给予指导，从细节入手迎刃而解，如同炎炎夏日中一丝清凉的山泉，瞬间抚平家长因面对孩子的毫无章法而焦躁急切的心。慢慢看了更多的文章，对孩子很多行为更能理解，我现在很多文章都是和孩子一起读，共同探讨学习。

秋颜我爱

听罗老师的课,以及看她的微博,感受就是:做妈妈虽然不容易,但很幸福。把自己的油罐加满了,才能给别人更多的爱。罗老师对我的指导,如沐春风,润物细无声。

星星宝蛋

不知道罗玲之前,我在育儿路上东一榔头西一棒子地拼凑了很多碎片化知识,看到罗老师的文章,才知道育儿路上也可以有"葵花宝典"。罗老师的文章内容之深、涵盖面之广完全称得上育儿中的"葵花宝典"。

亦一,南京"妈妈爱美丽"团长

罗老师育儿观念给我印象最深的就是,站在孩子的角度理解他们奇妙的世界,耐心宽容,却不滥施同理心而忽略引导约束。这样能让孩子积极乐观,自律有上进心,还能正确面对成功与挫折。而在教养孩子的同时,家长也通过不断学习和自省,得到了宛如涅槃的成长。感谢罗老师,让我和孩子一起变得越来越好。

小禾仰脸笑

每天回家的地铁时间,都是在看罗玲老师的微博中度过的。把自己的加油罐储满快乐成长的种子,回家给孩子一张笑脸,做努力、阳光向上的家长。真心感谢罗玲老师的育儿经验分享。

绿萝之姿

这两年每个临睡前的夜晚一定要看罗老师的微博才安心入眠。作为一名普通的小学教师,真心希望罗老师的微博和博客内容能直抵每个家长的心扉。罗老师的观点不偏不倚,有科学理论支撑,并和生活实践相结合,这样的教育理念才是我们最需要的。

玉珊瑚虫

罗老师，看你的博客好长时间了，我没有见过你，却能感觉到你的稳定、慈悲和温暖。谢谢罗老师！

diannao 的小窝

罗老师是在育儿路上对我帮助最大的人，在迷茫的时候偶然一个机会发现了你的微博和博客。你博客的文章我基本都看了不止一遍，偶尔没有方向的时候，看看罗老师的博客，让我有了方向和动力。

小汗他娘

现在的家长缺的不是大道理，而是怎么做才能对孩子更好。罗老师可以教我们这些，感谢您~

空口无凭 a 全是伪情

不只是育儿答疑，更是育己明灯，谢谢罗老师，让我们轻松而喜悦地成长！

懒妈勤快爹在 NZ

罗老师是最接地气的教育专家，她的文章不仅给我们育儿指明方向，还帮助妈妈们从自身提高和成长。看老师的文章可以育儿修心双丰收。支持罗玲老师！

祝 yuhong-joyce 祝

没有触及成人个人成长层面的育儿理论只是"术"，只有伴随成人个人成长的育儿理论和实践才是"道"。罗玲老师的育儿之"道"，要成人把挑剔孩子的目光收一收，把自己和孩子"爱的油罐"加满；修己与育儿相伴相随，道法自然如来！

胡爸爸修己育儿

在我被西式育儿和传统育儿理念搞得摇摆不定时读到了罗老师的文字,她对中西教育观点客观、中正的评述,对焦虑家长平和、淡定的回复安抚,深深地吸引了我。后来在活动中和罗老师有了进一步的接触,更感受到了罗老师字如其人的独特魅力——博学、宽容、平和、真诚。努力向罗老师学习育儿、育己!

芭豆阳光

刚开始接触罗姐姐的文章,是从她写的修心的文章开始,每一篇都能让我对世界有新的认知,对自己有更深的了解,使自己内心充实坚定地做自己做妈妈。后来罗姐姐开始在博客上发表育儿的文章,带孩子带得迷茫困惑时,翻翻罗姐姐的育儿文章,就会有很多安慰。文章里透出的能量,有如灯塔般的指引,内心会豁然开朗。她的文章就像加油站一样,总能让我们这些做妈妈的加满"油罐",继续前行。

希尔麦妮

罗老师是真正的中外贯通——既有国外的生活经历,又对国学有很深的研究,同时对国外的心灵科学、心理学方面的知识也很丰富。最重要的是罗老师是在一线带孩子的人! 所以老师的育儿知识把国内外的理论转化成实践,转化成具体的事例。文章读来幽默风趣,实践起来立竿见影、可执行性强!

Fcandy

罗姐,太感谢啦!我今天看了这篇文章后,提醒自己要用正面语言和孩子沟通,效果真的很好啊!女儿做作业也主动了,动作也快了不少,还帮忙干家务。她也自言自语:妈妈今天怎么这么文雅呀?我怎么这么乖啦?太谢谢您给予的指导和精神力量了!

快乐糖果

图书在版编目（CIP）数据

妈妈强大了，孩子才优秀 ／ 罗玲著 .
-- 南昌：江西科学技术出版社，2016.1(2021.4重印)
ISBN 978-7-5390-5408-7

Ⅰ．①妈… Ⅱ．①罗… Ⅲ．①家庭教育 Ⅳ．① G78

中国版本图书馆 CIP 数据核字 (2015) 第 223689 号

国际互联网（Internet）地址：http://www.jxkjcbs.com
选题序号：ZK2015159　　图书代码：D15072-112

监　　制／黄利　万夏
责任编辑／魏栋伟
特约编辑／马松
营销支持／曹莉丽
项目策划／装帧设计／紫图图书 ZITO®

妈妈强大了，孩子才优秀

罗玲／著

出版发行	江西科学技术出版社
社　　址	南昌市蓼洲街2号附1号　邮编 330009
	电话:(0791) 86623491　86639342（传真）
印　　刷	嘉业印刷（天津）有限公司
经　　销	各地新华书店
开　　本	787毫米×1092毫米　1/16
印　　张	19.5
印　　数	81001-86000 册
字　　数	230千字
版　　次	2016年1月第1版　2021年4月第12次印刷
书　　号	ISBN 978-7-5390-5408-7
定　　价	39.90元

赣版权登字 -03-2015-175　　版权所有　侵权必究
（赣科版图书凡属印装错误，可向承印厂调换）